책읽기와 글쓰기를 위한 이상적 교과서

명작속에 숨어 있는 논술

책 읽기와 글쓰기를 위한 이상적 교과서

명작 속에 숨어 있는
논술

이은정 · 한수영 지음

살림

좋은 글을 쓰고 싶다면 명작을 읽어라!

'좋은 책'에서 '깊이 있는 생각'이 시작되고
'깊이 있는 생각'에서 '빛나는 글'이 나온다

책읽기와 글쓰기를 중요시 하는 시대가 본격적으로 열렸다. 새로운 시대를 열어 갈 창의적 인재가 되기 위해서도, 교양인으로서 자질을 갖추기 위해서도, 입시를 치르기 위해서도, 책읽기와 글쓰기가 더 필요해졌다.

좋은 글을 읽고 쓰고 싶은 것이야 모두의 소망이겠지만, 어디에서부터 어떻게 시작할지는 쉽지가 않다. 특히 현재의 글쓰기교육은 마치 마른 우물에서 물을 퍼 내려는 것처럼 성급하게 결과만을 요구한다. 하지만 글이란 그냥 써지는 것이 아 니다. 상식 몇 가지를 외운다고 되는 것은 더욱 아니며, 어려운 고전을 무턱대고 읽어댄다고 되는 일도 아니다.

'좋은 책-깊은 생각-빛나는 글'은 늘 함께 다니는 단짝 친구이다. 명작을 만나 는 축복과 명작에 대해서 깊이 생각하는 시간 없이 빛나는 글은 나오지 않는다는 말이다. 그래서 이 책은 '좋은 책을 실제로 읽고 생각하고 쓰게 하자'는 의도에서 집필되었다. 이 세 가지가 균형 있게 조화를 이룰 때, 실력을 갖춘 진짜 교양인, 좋은 글을 쓰는 사람이 될 수 있다.

명작을 만나는 것은 축복이다

좋은 책을 만난다는 것은 인생에 내린 크나큰 축복이다. 명작이라 일컬어지는 좋은 책은 독자에게 살아갈 용기를 주며, 마르지 않는 풍요로운 감정의 원천이 되어준다. 좋은 책을 읽어 영혼이 충만한 사람은 남이 보지 못한 것을 볼 수 있으며, 남이 가지 못한 길을 열 수 있다. 그에게는 인생에 대한 긍정적 자세와 미래를 향한 상상력이 있기 때문이다.

이 책에는 스물네 편의 문학작품과 열두 편의 사상서 그리고 열두 편의 영화가 들어 있다. 이 이야기들은 흥미진진하고 애틋하며 가슴을 뛰게 한다. 특히 중심이 되는 열두 권의 명저는 마치 원문을 읽는 것 같은 생생한 감동을 느낄 수 있도록 문체와 줄거리를 고려해서 정성스럽게 리라이팅을 했다. 원문을 읽을 수 있다면야 더할 나위가 없겠지만, 일단 이 리라이팅에서 원문의 향기를 느끼면서 책읽기의 즐거움을 맛보아주기를 바란다.

한 장 한 장마다 곰곰이 생각하고 흐뭇하게 웃고 또 눈물 참아야 할 내용들이 넘칠 것이다. 그저 책의 맨 끝장을 향해 내달리기만 해서는 제대로 책을 읽은 것이라 할 수 없다. 그것은 책을 읽은 것이 아니라 글자를 읽은 것이다. 책을 눈과 머리로만 읽지 않고 온몸과 마음으로 읽을 때, 우리는 책과 교감할 수 있다. 비로소 그때부터 나의 사고와 나의 논리도 시작된다.

명작에 대해서 생각할 수 있다는 것은 힘이다

책과 교감한다는 것은 능동적인 글읽기를 한다는 것이다. 작가의 이름, 주인공의 이름들을 알아가는 즐거움도 중요하지만, 가장 중요한 것은 '왜?'라고 자꾸 되물으면서 내용을 자기 것으로 만드는 것이다. 그래야 나의 생각이 만들어지기 때문이다.

이런 능동적 글읽기를 유도하기 위해서 각 책마다 중요한 주제를 선택해서 그것을 세심하게 해석했다. 본문을 읽으면서 생각했던 질문이나 의문들이 갑자기 중요한 삶의 문제가 되어 나타나는 것을 경험하게 될 것이다. 그리고 그 주제를 또 다른 문학작품, 철학서, 영화와 연결시켜 생각하다보면 하나의 명작 안에 얼마나 많은 보물들이 숨겨 있는지를 실감할 수 있을 것이다.

이러한 주제들은 실제로 철학, 종교, 교육, 사회, 문화 등 각 방면에서 가장 기본이 되는 보편적이고도 중대한 문제들이라고 할 수 있다. 세상에 얼마나 많은 책이 있는데 그 몇 권의 책을 읽고 생각을 한다는 것이 무슨 대수로운 일인가 하는 반문을 할지도 모르겠다. 한 권의 책을 읽는 것은 마치 대서양의 물을 숟가락으로 퍼내는 것 같은 답답함이 있을지도 모르겠지만, 한 권의 명작이 내포하는 세계는 상상외로 넓고 깊다. 그래서 시간과 공간을 초월하여 '명작'이라는 이름을 부여받는 것이다. 이 책에서 다루고 있는 주제들은 우리의 마음속에 쌓여 영혼 깊은 곳에서 숨 쉬고 있다가, 감동이 필요한 곳에서, 선택과 판단이 필요한 순간에 불현듯 나타나게 될 것이다.

명작을 통해 쓸 수 있다는 것은 이미 많은 것을 가졌다는 말이다

이 책의 가장 중요한 특징은 책읽기와 사고에서 그치지 않고 그것을 글쓰기와 연결시킨다는 점이다. 써보지 않으면 아무리 멋진 사고를 했다고 할지라도 그것이 진짜 자기 것이 되지 못한다. 그래서 글쓰기나 논술은 중요하다. 나의 생각을 논리적으로 잘 정리해서 상대에게 전달해줄 수 있을 때, 사회적 인간인 우리는 인생에서 가장 소중한 도구를 손에 넣을 수 있다. 글이란 말과 더불어 인간이 사회 속에서 자신을 발현할 수 있는 가장 훌륭한 도구이기에 그 능력을 갈고 닦아야 한다.

이 책에서는 각 장마다 세 개의 단락 연습을 하고, 마지막에는 그것을 총괄하여 종합적인 글쓰기를 하도록 구성되어 있다. 단락은 생각의 단위가 되기 때문에 각각 다른 자료를 통해서 세 가지 방향의 생각을 글로 표현하는 연습인 셈이다. 그리고 그것을 바탕으로 세 가지 생각을 취사선택하거나 변형시켜 독자적인 글을 쓰도록 되어 있다. 여기까지 나가면 이미 명작이 우리의 것으로 충분히 체화되었다는 것을 의미한다. 자기 안에 그렇게 많은 글을 차곡차곡 쌓아놓다니! 우리는 대단한 부자가 된 것이다.

책읽기와 글쓰기의 이상적 교과서가 되기를 꿈꾸며

좋은 책을 읽어야 한다는 생각은 간절하지만, 고전을 읽고 생각하고 쓰는 것에는 공포까지 느끼는 사람이 많다. 어떤 이는 도서관에 가서 수천 권의 책 앞에 서면 일제히 치닫는 얼룩말떼 사이에 끼어서 술 취한 사람처럼 정신이 혼미해지는 현기증을 느낀다고 했다. 이런 두려움을 느껴본 사람들을 위해 이 책은 친절하고 좋은 교과서가 되고자 한다. 책의 구성을 성실하게 따라가면 어느새 골딩, 카뮈, 헉슬리, 고골, 헤세, 플로베르, 박지원, 샐린저 등의 이름들에 익숙해지면서 그들이 던져준 문제를 풀 수 있을 것이고, 자신의 목소리로 글을 쓸 수 있을 것이다.

박지원은 "손끝재주로 쓰는 글은 마음으로 그린 글과 결코 같을 수 없다. 비슷한

것은 진짜가 아니다. 비슷해지려고 하지 말아라."라고 말했다. 책읽기와 글쓰기를
가르치면서 늘 강조하는 말이다. 책읽기와 글쓰기는 장거리 경주이며, 긴 호흡이
필요하다. 벼락치기로 얻으려 하면 남하고 비슷해지기만 해서 점점 어려워진다.

심호흡을 하고 명작의 세계에 한 발을 용기 있게 디뎌보자. 거기에서 모든 것은
시작한다.

2005년 10월

이은정 · 한수영

명작 속에 숨어 있는 논술

차 례

II. 인생과 사랑

III. 과학과 환경

IV. 문화와 이데올로기

V. 사회와 권력

성장과 교육 1부

운명의 수레바퀴와 인생의 선택　고통스러운 성장의 아름다움

행복한 길을 찾아가는 자유와 힘은
어디에서 오는가

『수레바퀴 아래서』 헤르만 헤세

운명에 대한 자전적 성찰

수레바퀴를 상상해보자. 동일한 길이의 바퀴살들이 축을 중심으로 뻗어나가고 이것들이 연결되어 동그란 바퀴가 된다. 수레바퀴는 중심축과 바퀴살, 그리고 이어주는 줄이 모두 함께 균형을 이룰 때 일정한 리듬을 갖고 굴러갈 수 있다. 그래서인지 수레바퀴는 동서양을 막론하고 시간이나 원리, 운명 같은 것과 관련지어 이해되었다.

『수레바퀴 아래서』(1906)는 한 소년의 인생과 비극적인 운명에 대한 서정적인 소설이다. 이 작품은 독일의 대표적인 노벨상 수상 작가인 헤르만 헤세(Hermann Hesse, 1877~1962)의 자전적인 소설이다. 그는 평생에 걸쳐 '진정한 자아에게로 향하는 하나의 길'을 찾으려 했다. 처음에는 집안의 전통대로 목사가 되려 했지만 이후 신학교에서 뛰쳐나와, 시계수리공, 서점의 점원을 전전하며 소설가의 길을 가게 된다. 이러한 체험은 『수레바퀴 아래서』를 비롯하여 『데미안』『지와 사랑』『싯달타』『유리알 유희』 등의 대표 작품에 올곧이 배어 있다. 인생과 청춘, 꿈과 낭만, 감성과 이성의 문제를 헤세만큼 풍요롭고 아름답게 다룬 작가도 찾기 어려울 것이다.

『수레바퀴 아래서』에는 온 마을의 기대를 한몸에 받고 있는 수재인 한스 기벤라트가 주인공으로 등장한다. 그의 앞에는 이른바 일류 엘리트 코스가 놓여 있다. 뒤에서 힘차게 밀어주는 사람들의 거센 박수소리에 힘입어 한스의 수레바퀴는 운명의 빗장을 열고 질주하기 시작한다. 과연 그 바퀴는 어디로 굴러가게 될까?

지금 나의 모습을 살펴보자. 나는 어른들이 놓아준 길을 아무 생각 없이 달려가고 있지는 않은지, 바퀴의 관성으로 그냥 돌아가는 그런 삶을 살고 있지는 않은지 생각해보자. 한스의 모습과 나의 삶은 어떻게 같고 어떻게 다른지 고민해보자. 나의 운명의 수레바퀴는 어디로 가고 있는가?

■■■ 작품 이해를 위한 질문

1. 한스의 진로는 어떻게 결정되었는가?

2. 교장선생은 교육에서 중요한 것은 무엇이라고 보고 있는가?

3. 한스와 하일러는 왜 친구가 될 수 있었을까?

4. 한스의 죽음은 자살일까? 자살이라면 그 이유는 무엇일까?

5. 한스가 행복하게 살아가려면, 어떤 선택을 했어야 할까?

>> 수레바퀴 아래서

촉망받는 수재가 가야 하는 길

한스 기벤라트는 슈바르츠발트 같은 자그마한 마을에서는 단 한 번도 배출한 적이 없는 신동이었다. 한 마디로 그는 의심할 여지없이 재능 있고 특별한 아이였다. 소년은 속물인 아버지나 여러 해 전에 세상을 떠난 어머니와도 확연히 달랐다. 진지한 눈망울, 영리해 보이는 이마, 단정한 맵시까지 신의 축복을 받은 듯했다.

이 아이의 장래는 이미 결정된 것 같았다. 근방의 수재들이 그렇듯이 이 아이는 주(州)에서 주관하는 시험을 거쳐 신학교에 입학할 것이다. 그리고 튀빙엔의 수도원에 들어가 목사가 되거나 대학의 교수가 될 것이다. 해마다 극소수의 소년들만이 이렇게 안정되고 평탄한 인생 길을 걸을 수 있다.

한스 기벤라트는 이 마을에서 주 시험에 내보내기로 한 유일한 후보자였다. 마을 사람들의 모든 관심과 기대가 그에게 쏠렸다. 학교 수업 이외에도 라틴어, 그리스어, 종교학, 수학 과목의 특별 개인 지도가 이어졌다. 그리고 정신의 과도한 훈련 때문에 정서가 메마르지 않도록 하기 위해 매일 수업이 시작되기 전에 한 시간씩 종교 문답에 참여해야 했다. 하지만 영혼에 활력을 줄 이 축복의 시간을 한스는 저버렸다. 종교 문답시간 내내 그는 몰래 그리스어와 라틴어 단어를 외우는 데 골몰해 있었다. 귀가 후에도 등잔불 아래서 공부는 계속되었다. 아버지는 기름이 많이 든다고 투덜대면서도 아들의 뒷모습을 자랑스럽게 바라보았다. 가끔 시간이 생기거나 일요일이 되면 한스는 미처 못 읽은 책을 읽거나 문법을 복습하면서 부족한 지식을 채워나갔다.

드디어 시험을 보러 슈투트가르트로 떠날 날이 되었다. 이른 새벽임에도 많은 이들이 배웅을 해주었다. 겉으로는 침착해보였지만 남모를 불안감이 한스의 목을 조여왔다. 올해는 118명의 수험생이 주 시험에 응시했고 그중 36명만이 합격했다. 시험 날 한스는 두근거리는 마음을 억누르며 시험장으로 향했다. 마을 사람들의 진심어린 기도가 멀리 떨어진 시험장까지도 들려오는 듯했다. 시험을 마치고 고향으로 돌아왔으나 한스는 불안에 떨어야 했다. 실수를 했던 문제들이 머릿속에서 떠나지 않았다. 합격할 수 없으리라는 생각을 하자 두통과 불안감이 그를 짓눌렀다. 낙방을 한다면 자신이 그토록 경멸하는 그런 부류의 인간으로 살게 될 것이다. 고통과 분노로 소년의 귀여운 얼굴에 그늘이 생겼다.

불안한 모든 생각을 뒤엎기나 하듯 결과는 합격이었다. 그것도 2등이라는 놀라운 성적을 낸 것이다. 한스는 현기증을 느꼈다. 이제 그토록 바라던 신학교에 입학할 수 있으며, 치즈가게나 사무실을 전전하는 삶을 두려워하지 않아도 된다.

잠시였지만 오랜만에 자유로운 여름날을 보냈다. 낚시질, 산책, 헤엄을 즐기고 몽상에 젖기도 하였다. 하지만 사라졌던 야망이 다시금 살아나며 그를 몰아세우기 시작했다. 표현하기 어려운 야릇한 감정도 다시 살아났다. 맥박이 빨라지고, 흥분이 되면서 승리에 대한 조급함이 이는 것이었다. 그것은 무조건 앞으로만 나가려는 억제하기 힘든 욕망이기도 했다. 그리곤 어김없이 두통이 일기 시작했다. 이 섬세한 고통을 안고, 한스는 공부에 매진했다.

교장선생은 자신이 일깨운 한스의 아름다운 야망을 재촉해나갔다. 아이들이 돌팔매질 같은 어리석은 놀이를 그만두고 학습을 통해 금욕적이고 진지하게 변해가는 것은 그의 기쁨이자 교육적 신념이었다. 교장은 선생으로서의 의무와 직무는 어린 소년의 내부에 자리잡은 자연스럽고도 조야한 욕망을 뿌리째 뽑아버리고 공인되고 절제된 평화로운 이상을 심어주는 것이라고 믿었다. 한스는 잠깐 산책을 하는 것조차 시간낭비라고 자책하며 공부를 했다.

매혹과 일탈

수도원의 신학교는 속세와 동떨어져 아름답고 평화로운 숲 속에 자리하고 있었다. 그곳에서 젊은이들은 마음을 흐트러지게 하는 모든 자극에서 벗어나, 여러 해에 걸쳐 고귀하고 순수한 학문의 세계에 빠져들 수 있었다. 고풍스러우면서도 적막하게 느껴지는 긴 회랑은 막 들어온 신입생들의 소란스러움과 묘한 대조를 이루었다. 검정 옷을 입은 신입생들을 둘러보았으나 아는 얼굴은 하나도 없었다. 한스는 헬라스라는 이름의 방에 배정되어 각지에서 모여든 수재들과 함께 신학교에서의 첫 밤을 보내었다.

방 친구 중에 가장 눈에 띄는 인물은 헤르만 하일러였다. 훌륭한 가문 출신으로 운을 맞춘 어려운 시도 써낸다는 소문이 파다했다. 10월의 어느 날 난삽한 히브리어 공부에 지친 한스는 숲으로 산책을 갔다. 몽상가 하일러는 여느 때와 마찬가지로 호수의 수문 위에 앉아 시를 쓰고 있었다. 하일러는 구름과 강과 여행과 흰 옷을 입은 아가씨들의 이야기를 했다. 한스는 눈을 감고 하일러가 이야기하는 미지의 세계를 그려보았다.

그는 점점 하일러에게 빠져들었다. 하일러는 그만의 사고와 언어를 가지고 있었다. 그는 낡은 기둥과 담장의 아름다움을 이해했다. 자신의 영혼으로 시를 썼고 환상적인 허구를 상상해냈다. 그는 감정이 풍부했고 자유로웠으며 한스가 1년 동안할 농담을 단 하루 만에 할 수 있었다. 그리고 밑바탕에서 풍기는 우울함과 슬픔역시 하일러만의 세계를 만들어내고 있었다. 어느 날 밤 하일러와 나눈 우연한 입맞춤은 한스의 가슴에 부끄러우면서도 은밀한 기쁨을 심어주었다.

그들은 곧 신학교의 가장 어울리지 않는 친구들로 구설수에 올랐다. 성실한 노력가와 방탕한 시인, 모범생과 불량스런 천재의 만남이라는 평판이었다. 모범 소년 한스는 하일러의 자유분방한 예술적 감수성과 만나며 급격하게 변하기 시작했다. 하일러의 교과서에는 온갖 종류의 그림과 낙서가 가득했다. 그의 감성에 닿으면 호머도 성경도 생생하고 새로운 생명을 얻었다. 한스는 정확히 이해할 수 없으면서도 무엇인가 깊은 감명을 받았다. 친구와 함께 시간을 보내며 공부는 점점 어려워졌다. 두통이 재발했다. 이 괴짜와의 우정이 자신을 지치게 하고 순수했던 존재를 병들게 함을 한스도 느낄 수 있었다. 하지만 자신에게는 없는 마술적인 힘으로 예술을 향해 열정을 분출하는 친구에게 그는 점점 더 빠져들었다.

하일러의 튀는 행동은 자주 말썽거리가 되었다. 교장은 하일러를 불량학생으로 낙인 찍었다. 한스는 하일러의 편을 드는 것이 자기의 의무라고 생각했지만 용기를 내기 어려웠다. 친구로서의 의무감과 학생으로서의 공명심 사이에서 갈등하기도 했지만, 어떤 경우에도 우정을 저버릴 수는 없었다. 둘 사이의 우정이 깊어질수록 학교는 낯설어졌다. 교장의 염려와 경고에도 불구하고 성적은 곤두박질쳤다. 지겹고 무의미한 공부는 더 이상 견딜 수 없었다. 대신 새로운 기쁨이 찾아왔다. 어느 순간 책 속에 갇혀 있던 영웅들이나 복음서 속의 인물들이 살아 있는 것처럼 가깝게 느껴졌다. 그들이 자신에게 손을 내밀었고 그들의 생동하는 눈빛을 보았다.

소년들은 몇 달 사이에 훌쩍 자라 있었다. 몸도 마음도 달라졌다. 한스의 얼굴에는 병색이 완연했다. 그는 더 이상 촉망받는 모범생이 아니었다. 한스는 수업시간에도 선생의 설명을 듣는 대신 자신의 내면에 숨어 있는 수많은 낯선 인물과 만났다. 자기를 부르는 소리도 질문도 호통도 들리지 않았다. 교장선생은 드디어 마을 의사를 불러들였고, 한스는 경미한 신경쇠약에 현기증이라는 진단을 받았다. 시간이 갈수록 한스의 학교생활은 엉망진창이 되었다. 선생들은 이상한 눈초리로 그를 보았고, 동료들도 그를 포기한 듯했다. 그 사이에 하일러와 학교 선생들과의 갈등이 심해졌다. 하일러에게 결국 퇴교 처분이 내려졌다. 한스가 목이 빠지게 기다렸으나 하일러는 돌아오지 않았다. 그와 다시는 만날 수 없었다.

들쥐가 저장해둔 먹이로 살아가듯 한스는 예전에 공부한 지식으로 근근이 버텨갔으나, 모든 것은 부질없는 일이었다. 그의 평판은 날로 나빠졌고 두통은 일상사가 되었다. 선생들의 질책은 늘어만 갔고 그는 비굴한 미소로 답했다. 그 누구도 소년의 야윈 얼굴에 번지는 당혹스러운 미소 뒤편에서 그의 영혼이 절망에 빠져 허우적거리고 있음을 눈치 채지 못했다. 학교와 아버지, 선생들의 야비한 명예심이 어린 생명을 무참하게 짓밟고 있다는 사실을 그 누구도 생각지 못했다. 한스는 이제 쓸모없는 존재가 되었다.

마지막 보금자리

신경병이라는 진단을 받은 한스는 자그마한 여행가방을 들고 신학교를 나왔다. 아무도 그가 학교에 다시 돌아오리라고 생각하는 사람은 없었다. 고향에서는 아버지가 불안을 애써 감추며 기다리고 있었다. 한스의 건강상태는 별로 호전될 기미를 보이지 않았다. 고향 사람들은 친근한 얼굴로 대해주었으나 이미 그들에게 한스는 무가치한 존재였다. 모두에게 버림받은 한스에게 죽음의 달콤한 유혹이 다가왔다. 밧줄을 매달 나뭇가지를 정해놓고 그 '숙명적인' 나무 아래 앉아 죽음의 몽상에 젖어들었다. 고통스러운 상념이 점차 사라지면서 나른하고 편안한 체념이 찾아왔다.

어린 시절의 아름답던 풍경과 꿈결같은 추억들은 이제 다 사라져버렸다. 잘려진 나무의 밑동에서 새싹이 움터 자라나지만, 그것은 그냥 겉모습만 갖춘 생명일 뿐 결코 다시 나무가 되지 못했다. 가을이 깊어갔고 한스는 창백한 얼굴로 숲 속을 돌아다녔다. 저물어가는 계절을 바라보며 한스는 이 모든 것들과 함께 소멸해버리고 싶다는 절망적인 기분과 동시에 살고 싶다는 집착을 느꼈다.

수확의 계절인지라 마을에서는 사과 과즙을 짜는 전통적인 연례행사가 이어졌다. 감미롭고 상큼한 향기가 한스를 행복하게 했다. 그곳에서 잠깐 마을에 머무르고 있는 엠마라는 아가씨를 만났다. 함께 과즙을 짜면서 그녀와 옷깃이 스칠 때마다 한스는 전율을 느꼈다. 곱슬머리, 둥근 목덜미, 귀……. 소년을 유혹하는 생동감 넘치는 낯선 세계가 나타난 것이다. 연애에 대해 이미 훤히 꿰뚫고 있는 엠마 앞에서 한스는 수줍고 연약한 소년일 뿐이었다. 그녀의 정열적인 키스에 한스는 현기증을 느끼며 숨을 쉬기조차 힘들어졌다. 커다란 폭풍우가 그의 영혼을 뒤흔들어놓았다. 꿈속에서까지 애달픈 그리움과 고통스러운 번민이 소년을 억눌렀다. 그런데 다음날 엠마는 한 마디 말도 없이 떠나버렸다. 사랑의 흥분은 이제 분노와 고통으로 바뀌었다. 부질없는 탄식과 우울한 번민이 계속되었다. 소년은 눈물로 뒤범벅이 된 채로 잠에서 깨어나 불면의 밤을 지새웠다.

아버지는 한스를 기계공으로 만들기로 했다. 한스는 푸른색의 대장장이 작업복을 입고 있는 자신의 모습이 낯설었다. 이제 모든 꿈은 헛된 것이 되고, 자신은 하찮은 견습공이 되어 주위의 놀림을 받아야 한다는 사실이 힘겨웠다. 기름때로 얼룩진 작업장에는 쇳덩어리, 강철과 놋쇠, 작은 바퀴, 끌과 천공기, 송곳들이 흩어져 있었다. 막 만들어낸 톱니바퀴를 줄로 가는 것이 한스의 첫 번째 일이었다. 숙련공이 가르쳐주는 대로 한스는 열심히 일을 했다. 손이 새까매지는 것을 그는 만족스럽게 바라보았다. 아직 기름때가 전혀 안 묻은 우스꽝스러울 만큼 파란 자신의 작업복이 동료의 것처럼 시꺼멓게 변할 날이 왔으면 좋겠다는 생각도 들었다. '주 시험에 합격한 대장장이'라고 놀리는 놈들도 있었지만 손에 잡힌 물집이 터지도록 한스는 열심히 일을 했다.

일요일에 한스는 젊은 직공들과 함께 산책을 갔다. 노동에 찌든 사람들에게 일요일이란 특별한 법이다. 한스는 일요일의 여흥이 두려우면서도 흥분되었다. 그들은 거들먹거리며 시내를 걷기도 하고 허풍을 떨면서 맥주를 마시고 여송연을 피웠다. 주점을 옮겨가며 음탕한 이야기를 하고 맥주를 계속 마셔댔다. 한스는 이제 거나하게 취해 말하는 것조차 힘들어졌다. 그는 혼자서 집에 돌아가려고 길을 나섰다. 모든 것이 빙빙 돌았다. 어렴풋한 상념과 추억, 수치심과 자책감이 그를 뒤덮었다. 소년은 풀밭에 쓰러져 큰소리로 흐느꼈다.

다음날 한스는 강에서 익사체로 발견되었다. 그의 시신은 깨끗한 침대 위에 눕혀졌다. 변함없는 고운 이마와 영리하고 단정한 얼굴을 한 소년은 이제 살짝 미소를 머금은 채 고이 잠들어 있었다.

>> 어른들이 놓아준 길로 질주하는 운명의 바퀴

남의 힘으로 굴러가는 수레바퀴

로버트 프로스트(Robert Frost, 1874~1963)의 유명한 시 「가지 않은 길」은 다음과 같은 구절로 마무리된다.

> 두 갈래 길이 숲 속으로 나 있었다. 그래서
> 나는 사람이 덜 밟은 길을 택했고,
> 그것이 내 운명을 바꿔놓았다.

인생은 망설임과 선택의 연속이다. 시인은 단풍나무 숲으로 난 두 갈래 길 앞에서 서운한 마음으로 망설이다 한쪽 길을 선택한다. 그 선택에 의해 인생은 전혀 다른 모습으로 열린다. 운명이라는 수레바퀴가 굴러가려면 길이 필요하고 그 길은 선택의 기로에서 이렇게 좌충우돌하면서 만들어가는 것이다.

그러나 인생이 이미 결정된 하나의 길 위에 놓여 있고, 알 수 없는 힘들이 뒤에서 밀어댄다면 수레바퀴는 정해진 길을 따라 무조건 질주하게 된다. 주인공 한스는 단풍나무 숲 속에서 망설일 기회를 애초에 갖지 못했다. 뛰어난 재능과 성실한 품성을 갖춘 이 아이의 미래는 명예욕에 불타는 아버지와 학교 선생에 의해서 착착 설계되어 나갔다. 한스는 그들의 꿈을 자신의 꿈이라고 믿었고, 공부를 위해 자신의 모든 휴식과 취미를 버렸다. 아이다운 장난이나 토끼 기르기 같은 유치한 짓을 그만두고 오로지 지식의 흡수에 골몰하는 한스를 바라보며 교장선생은 자신의 교육 신념이 실현되고 있음에 만족감을 느낀다.

소년의 내면에는 거칠고 야만적인 무질서의 요소가 숨어 있다. 먼저 그것을 깨뜨려야 한다. 그것은 또한 위험하기 짝이 없는 불꽃이다. 먼저 그것을 밟아 꺼버려야 한다. 인간은 미지의 산맥에서 흘러내리는 물줄기이며, 길도 질서도 없는 원시림이다. 원시림의 나무를 베고, 깨끗이 치우고, 강압적으로 제어해야 하듯이 학교 또한 자연인으로서의 인간을 깨부수고 굴복시키고 강압적으로 제어해야 한다.

아이들의 내면에 숨어 있는 야만적인 무질서란 다른 측면에서 보면 가능성이고 잠재력일 수도 있다. 하지만 교육이나 사랑이라는 이름으로 이것들은 철저히 배제된다. 생명의 에너지를 잃어버린 수레바퀴는 과연 힘차게 굴러갈 수 있을까?

남의 힘에 의해 질주하는 수레바퀴는 위험하다. 바퀴살이 하나, 둘 부러져나가도 멈출 줄을 모르고 산산조각이 날 때까지 무조건 질주하기 때문이다. 신학교에 적응하지 못하고 방황하는 한스에게 교장은 "아무튼 지치지 않아야 해. 그렇지 않

수레바퀴의 역사

인류의 생활을 획기적으로 바꾸어놓은 발명품 중에 빼놓을 수 없는 것이 바로 수레바퀴이다. 바퀴의 등장은 평평한 길이 닦여졌다는 것을 의미하는데, 이 길 위로 사람들이 이동하고 물류가 유통되며 도시가 형성된다. 수레바퀴의 등장으로 전쟁의 기술도 비약적으로 발전했다. 진시황은 바퀴가 달린 전차를 타고 천하통일을 했으며, 로마제국의 힘도 막강한 전차부대에서 비롯되었다고 한다. 기원전 4000년경 메소포타미아 문명에서 이미 수레바퀴가 사용되었으며, 기원전 1500년경으로 추정되는 은나라 시대의 갑골문자에서 수레 거(車)자가 발견되는데, 이는 한 축에 두 개의 바퀴가 달린 수레를 본떠 만든 글자이다. 1988년 서울올림픽 개막식에서 한 꼬마가 굴렁쇠를 굴리며 나타났다. 한국의 바퀴에 세계인의 이목이 집중되었는데, 이 굴렁쇠에는 세계 전 인류가 커다란 둥근 원을 이루며 조화롭게 화합하여 살아가자는 의미가 담겨 있었다.

으면 수레바퀴에 깔리게 될지도 모르니까."라고 말한다.

다른 길을 선택할 의지도, 바퀴를 멈추게 할 힘도 없었던 한스는 그 바퀴의 속도를 견디지 못하고 안타깝게도 짧은 인생을 마감하고 만다. 그의 죽음이 자살인지 사고사인지 명확하게 표현되어 있지 않지만, 어른들이 밀어붙인 난폭한 운명이 소년의 몸과 영혼을 뿌리부터 병들게 했음은 부인할 수 없다.

책 제목 '수레바퀴 아래서'는 한 번도 스스로 길을 선택하지 못하고, 남의 힘에 떠밀려 달려야 했던 한스의 슬픈 삶의 자리를 말해준다.

'좋은 길'과 '행복한 길'

바퀴와 길은 떼려야 뗄 수 없는 관계에 있다. 자갈 투성이의 울퉁불퉁한 길에서는 바퀴가 튀어 오르거나 부서지기 쉽다. 반대로 잘 닦인 탄탄대로에서는 신나게 질주할 수 있다. 이왕 달리려면 이런 탄탄대로를 통과하여 멋진 목적지에 이르는 것이 남 보기에도 좋고 자신도 편안하다. 부모들은 이런 이유에서 흔히 말하는 안정된 길을 자식들에게 권하고, 그런 길을 갈 수 있는 방법을 모색한다. 한스를 신학교에 보내고 싶어하는 어른들이나, 일류대학 일류학과에 자식을 입학시켜 돈과 권력을 보장받게 하고 싶은 우리 부모들의 모습은 놀랍도록 유사하다.

실제로 부모의 사랑이나 학교의 지도가 없이 아이들이 제대로 자기 길을 찾아가기란 무척 어렵다. 아무 것도 모르는 아이들은 바른 길을 찾지 못하기 십상이고, 찾았다고 해도 시행착오를 거듭하며 헤매기 마련이다. 그러니 어른들은 앞서서 길을 가본 자의 경험을 되살려 좋은 길로 아이를 이끌어주려 하는 것이다. 길의 상태와 방향이 중요하다는 것을 잘 알기에 어른들은 때로는 자신들이 정한 곳으로 아이들을 밀어붙이는 일까지도 감행한다.

하지만 좋은 길이라는 것이 꼭 행복한 길이 될 수는 없다. 왜냐하면 어떤 길을 가든지, 길을 가는 사람은 자기 자신이기 때문이다. 그의 내면에는 헤세가 표현한 대로 거칠고 무질서한 힘이 숨어 있다. 미지의 산맥에서 뿜어져 내리는 물줄기와 원시림이 그의 영혼을 채우고 있다. 타의에 의해서 결정된 단 하나의 길을 가기에는 인간의 가능성이 너무 다채롭고 역동적이다. 객관적으로는 좋은 길이지만 본인이 행복하다고 느끼지 못하면, 운명의 수레바퀴는 안에서 분출하는 거친 에너지를 견디지 못하고 그의 영혼은 결국 산산조각 나고 만다. 기성세대는 아이에게 좋으면서도 행복한 길을 열어주려 하지만, 그 사랑과 의욕이 지나칠 때, 좋은 길은 불행한 길이 되기도 한다.

주위 사람들의 사랑과 보살핌은 정말 소중한 것이며, 인생의 선배들이 열어주는 길을 함부로 볼 것도 아니다. 나는 독립적인 존재이면서 동시에 가족과 사회의 일부이기에 나의 길은 타인들의 길과 조화를 이루며 나아가야 한다. 일방적으로 진로를 결정하고 몰고 가는 한스의 아버지나 교장선생을 무조건 탓할 수 없는 것도

『데미안』은 고뇌하는 젊은이의 성장을 다룬, 헤세의 또 하나의 유명한 작품이다. 주인공 싱클레어는 데미안이라는 특별한 친구를 알게 되면서, 자아를 탐구하고 정신적으로 성숙해나간다. 싱클레어는 세상에는 가족과 부모가 있는 밝은 세계와 음침하고 무서운 사람들로 가득한 어두운 두 세계가 공존한다는 것을 깨닫는다. 마치 한스 기벤라트가 밝고 넓은 '게르버 거리'에서 음침한 '매의 거리'를 바라보며 혼란스러워하는 부분과 비슷하다. 싱클레어는 두 세계가 공존하는 것이 삶이라는 것을 이해하게 되고, 자기 내부에도 선과 악이 함께 있다는 것을 인정하며 내면적 성장을 하게 된다. "새는 알을 깨고 나온다. 알은 세계이다. 태어나려는 자는 한 세계를 파괴해야 한다."라는 유명한 구절도 이 소설에서 나온다.

바로 이 때문이다. 그들이 무조건 가해자이고 한스가 피해자라고만 말하기는 어렵다는 것이다.

무인도에 사는 로빈슨 크루소가 아닌 다음에야 자신을 둘러싼 세상의 여러 힘들과 조화를 이루며 길을 선택해야 한다는 것은 사회적 존재인 인간의 숙명이자 과제이다.

행복한 길을 찾아가는 자유와 힘은 어디에서 오는가

한스 기벤라트의 꿈과 절망을 따라가면서, 좋으면서도 행복한 길을 찾는 것이 얼마나 힘겹고도 복잡한 일인가를 충분히 느꼈을 것이다.

그러나 우리는 자기 운명을 결정할 수 있는 자유의지와 힘을 다소나마 가지고 있다는 사실을 잊어서는 안 된다. 처음부터 악당이나 위인으로 결정된 사람은 없다. 나는 시인이 될 수도 있고, 과학자가 될 수도 있으며, 요리사가 될 수도 있다. 나의 노력 여하에 따라 길이 보이고, 나의 선택과 태도에 의해서 행복으로 가는 길이 열리기도 한다.

한스가 시험준비를 할 때나 1등을 하려고 공부를 할 때, 모든 지식은 그저 암기의 대상이었을 뿐이었다. 하지만 자유롭고 아름다운 환상의 세계를 조금씩 알게 되면서 읽는 호머나 복음서들은 전혀 다른 것이었다. 역사 속의 영웅들은 단순히 이름이나 숫자로 등장하는 것이 아니고, 타오르는 눈빛으로 그를 바라보았고 어떤 이는 붉고 두툼한 손을 어떤 이는 따뜻한 손을 한스에게 내밀었다. 영혼이 살아 숨 쉬는 예수의 갈색 손을 강렬하게 느끼기도 했다. 이제까지 암기해야 할 대상에 불과했던 지식이 한스의 내면에 예기치 않은 충격으로 밀려드는 것이었다. 한스는 늘 1등을 하는 수재였지만, 공부하는 것은 그에게 명예욕 이외에는 그 어떤 의미도 주지 못했다. 어린 시절부터 그토록 공부를 열심히 해왔음에도 불구하고, 공부가 생에 기쁨과 힘을 줄 수 있다는 사실을 한스는 너무 늦게 깨달았다.

아무리 좋은 목적지를 향해 탄탄대로를 걸어간다고 해도 현재의 순간순간에 기쁨과 설렘이 없다면 그것은 진짜 길이 아닐 가능성이 많다. 오늘이 단지 미래를 위한 수단이며 도구로만 존재한다면 나의 길은 행복한 길이 될 수 없다. 내일이 올 것이라는 말로 오늘의 불행을 자꾸 감추려고 하기보다는, 오늘을 행복하게 채워가면서 내일까지도 행복하게 만들어야 한다. 이른 아침 눈을 뜨는 것, 졸린 눈을 비비며 새벽길을 나서는 것, 책을 골라 읽는 것, 작은 일에도 최선을 다하는 것, 노력하고 성취하며 기뻐하는 것. 이 모든 순간과 모든 선택이 모여 인생이라는 길, 운명이라는 수레바퀴를 만들기 때문이다.

헤세의 아포리즘

평생 동안 인간 정신의 본질을 탐구했던 헤세는 삶에 대한 철학적이고 서정적인 통찰이 번득이는 글을 많이 남겼다. 헤세의 글이나 소설의 구절들은 아포리즘(격언)처럼 독립되어 감상된다. 그중에서 몇 개를 읽어보자.

■ 모든 인간의 생활은 자기 자신에게 향하는 길이며, 하나의 시도이다.

■ 행복하다는 것은 소망을 가지는 것을 의미한다.

■ 쓰는 것은 좋다. 그러나 생각하는 것은 더욱 좋다.

■ 지혜로운 것은 좋다. 그러나 참는 것은 더욱 좋다.

■ 말을 타고 갈 수도 있고, 차로 갈 수도 있고, 둘이서 때로는 셋이서 갈 수도 있다,
   하지만 맨 마지막 한 걸음은 혼자서 걷지 않으면 안 된다.

|다|른| |작|품|과| |비|교|하|며| |읽|기|

「종수곽탁타전(種樹郭橐駝傳)」 가장 좋은 양육법은 천성을 온전히 지켜주는 것

　교육의 방법에는 여러 가지 철학이 있을 수 있다. 다음은 『고문진보(古文眞寶)』에 나오는 당나라 문호 유종원(柳宗元)의 「종수곽탁타전(種樹郭橐駝傳)」이라는 이야기의 일부이다. 나무 기르는 이의 말을 빌려, 대상의 천성을 살려주고 보호해주는 것이야말로 교육의 가장 중요한 요소임을 이야기한다.

　곽탁타의 본 이름이 무언지 알지 못한다. 곱사병을 앓아 허리를 굽히고 걸어 다녔기 때문에 그 모습이 낙타와 비슷한 데가 있어서 마을 사람들이 탁타라고 불렀다. 탁타가 그 별명을 듣고 매우 좋은 이름이다, 내게 꼭 맞는 이름이다라고 하면서 자기 이름을 버리고 탁타라 하였다. 그의 고향은 풍악으로 장안 서쪽에 있었다. 탁타의 직업은 나무를 심는 일이었다. 무릇 장안의 모든 권력자와 부자들이 관상수를 돌보게 하거나, 또는 과수원을 경영하는 사람들이 과수를 돌보게 하려고 다투어 그를 불러 나무를 보살피게 하였다.

　탁타가 심은 나무는 옮겨 심더라도 죽는 법이 없었을 뿐만 아니라 잘 자라고 열매도 일찍 맺고 많이 달렸다. 다른 식목자들이 탁타의 나무 심는 법을 엿보고 그대로 흉내내어도 탁타와 같지 않았다. 사람들이 그 까닭을 묻자 대답하기를, 나는 나무를 오래 살게 하거나 열매가 많이 열게 할 능력이 없다. 나무의 천성을 따라서 그 본성이 잘 발휘되게 할 뿐이다. 무릇 나무의 본성이란 그 뿌리는 펴지기를 원하며, 평평하게 흙을 북돋워주기를 원하며, 원래의 흙을 원하며, 단단하게 다져주기를 원하는 것이다. 일단 그렇게 심고 난 후에는 움직이지도 말고 염려하지도 말 일이다. 가고 난 다음 다시 돌아보지 않아야 한다. 심기는 자식처럼 하고 두기는 버린 듯이 해야 한다. 그렇게 해야 나무의 천성이 온전하게 되고 그 본성을 얻게 되는 것이다. 그러므로 나는 그 성장을 방해하지 않을 뿐이며 감히 자라게 하거나 무성하게 할 수가 없다. 그 결실을 방해하지 않을 뿐이며 감히 일찍 열매 맺고 많이 열리게 할 수가 없다.

다른 식목자는 그렇지가 않다. 뿌리는 접히게 하고 흙은 바꾼다. 흙 북돋우기도 지나치거나 모자라게 한다. 비록 이렇게는 하지 않는다고 하더라도 그 사랑이 지나치고 그 근심이 너무 심하여, 아침에 와서 보고는 저녁에 와서 또 만지는가 하면 갔다가는 다시 돌아와서 살핀다. 심한 사람은 손톱으로 껍질을 찍어보고 살았는지 죽었는지 조사하는가 하면 뿌리를 흔들어보고 잘 다져졌는지 아닌지 살펴본다. 이렇게 하는 사이에 나무는 차츰 본성을 잃게 되는 것이다. 비록 사랑해서 하는 일이지만, 그것은 나무를 해치는 일이며, 비록 나무를 염려해서 하는 일이지만 그것은 나무를 원수로 대하는 것이다. 나는 그렇게 하지 않을 뿐이다. 달리 내가 무엇을 할 수 있겠는가?

■■■ Question

1. 곽탁타는 불구의 몸에도 나무를 기르는 명인이 되었다. 그 비결은 무엇인가?

2. 한스를 나무에 비유한다면, 이 나무가 건강하지 않은 이유는 어디에 있는가?

■■■ Expression

1. 윗글에서 나오는 주인공 곽탁타와 『수레바퀴 아래서』에 나오는 교장의 사고방식의 차이를 비교하라.

『이성의 기능』 생명이란 환경을 능동적으로 변형시키는 존재이다

다음은 영국의 철학자 화이트헤드(Alfred North Whitehead, 1861~1947)의 『이성(理性)의 기능』이라는 책의 일부이다.

　우리에게 친숙한 동물들의 사소한 행동조차 잘 살펴보면 그것은 그들의 환경을 개조하는 행위이다. 가장 단순한 생명체들도 그들의 먹이가 그들에게로 헤엄쳐 들어오게 만든다. 고등 동물들은 그들의 먹이를 추적하며, 포획하고, 씹어 먹는다. 그렇게 행동함으로써 그들은 환경을 자신의 목적을 위하여 변형시키고 있는 것이다. 어떤 동물들은 그들의 먹이를 구하기 위하여 땅을 파기도 하며, 어떤 놈들은 그들의 포획대상을 추적한다. 물론 이러한 모든 생존 작전들을 흔히 환경에의 적응이라는 이론으로 설명할 것이다. 그러나 이러한 행동들은 환경적응이라는 단순한 말로 표현하는 것은 부정확하다. 그런 말의 배면으로 진짜 중요한 사실들은 다 빠져나가 버리고 있기 때문이다. 고등한 형태의 생명들은 그들의 환경을 개변하는 데 능동적으로 종사하고 있다고 하는 사실이야말로 가장 중요한 것이다. 인간에게는 세 가지의 충동이 있어서, 환경에 대해 능동적으로 공격하게 되는 것이다. 세 가지 충동은 사는 것, 잘 사는 것, 더 잘 사는 것이다.

　실상 삶의 기술이란 첫째 생존하는 것이며, 둘째 만족스러운 방식으로 생존하는 것이며, 셋째 만족스러움을 점점 증진시키는 것이다. 이성의 기능이란 바로 삶의 기술을 증진시키는 것이다. 이성의 원초적 기능은 바로 환경에 대하여 공격의 방향을 정하는 것이다.

1. 동물의 행동 중에서 자신의 목적을 위해 능동적으로 환경을 변형시켜나가는 예를 찾아
보라.

2. 인간은 단순히 환경에 적응하는 것이 아니고, 환경에 대해 능동적으로 공격한다는 것은
무슨 뜻일까?

■■■ Expression

윗글의 내용에 의거하여, 한스 기벤라트의 삶의 태도를 비판하라.

| 영 | 화 | 와 | | 명 | 작 | | 비 | 교 | 하 | 기 |

「빌리 엘리어트」 막장에서 무대로 통하는 아름다운 길

부모의 희망과 자식의 꿈은 어긋나는 경우가 많다.
그렇다 치더라도 권투선수와 발레리노라니, 달라도
너무 다르다. 영화 「빌리 엘리어트」(2004)는 1980년
대 영국 북부의 작은 탄광촌을 배경으로 한 영화로,
다른 기대를 가진 가족들이 서로 갈등하지만 결국은
상대의 꿈을 이해해주면서 새로운 삶의 길을 열어가
는 이야기이다.

사양길로 접어든 탄광에서는 한창 파업투쟁이 진행 중이다. 빌리의 아버지와 형은 이

곳의 광부이다. 빌리는 아버지의 소원대로 권투선수가 되어볼까 했지만, 우연히 발레교실을 엿보게 되면서 발레에 완전히 빠져 버린다. 빌리의 재능을 알아본 선생은 그를 런던에 있는 왕립발레학교에 보내려 한다. 처음에는 완강히 반대하던 아버지였지만, 빌리의 열정을 이해하게 된다. 아버지는 빌리의 학비를 벌기 위해 배신자라는 오명을 감수하고 파업장을 나온다. 아버지와 형의 헌신적인 후원으로 소년은 꿈을 이룬다.

스토리는 단순한 것 같지만 이 영화에는 많은 것이 들어 있다. 권투 글러브와 백조의 호수, 탄광촌과 왕립발레학교, 파업투쟁과 오디션, 호모가 된 소년에 이르기까지 사회적 약자들의 세계와 예술의 특별한 세계는 그 어느 것이 나을 것도 없이 그냥 나란히 함께 있다.

아버지나 형의 파업이 생존을 위한 처절한 투쟁이듯이, 빌리가 추는 춤은 꿈을 이루기 위한 눈물겨운 몸부림이다. 탄광촌의 길거리에서 때로는 권투장의 링 위에서, 허름한 체육관 거울 앞에서 소년은 온몸으로 춤을 춘다. 열정적으로 분출하는 소년의 동작은 보는 이의 가슴에도 뜨거운 불길을 일으킨다.

영화는 수석 발레리노가 된 빌리의 공연 장면에서 막을 내린다. 백조로 분장을 한 아름다운 청년무용수가 스포트라이트를 받으며 심포니가 울려 퍼지는 무대의 중앙으로 높이 비상한다. 백조가 되어 힘차게 비상하는 빌리의 길이 빛나는 만큼, 가족을 위해 어두운 갱도를 타고 한없이 지하로 내려가는 아버지와 형의 길도 눈물겹고 감동적이다. 서로의 길을 사랑하고 존중해줄 때, 막장과 무대는 둘 다 똑같이 고귀하고 아름다운 삶의 장소가 된다.

오디션 장에서 무용을 하면 어떤 기분이 되느냐는 심사위원의 질문에 빌리는 모든 것을 잊게 되며 마치 새가 된 것처럼 기분이 좋아지고 온몸에 전기가 통하는 것 같다고 대답한다. 그 순간 심사위원들의 얼굴빛이 변하는데 그들은 빌리의 어떤 점을 발견한 것일까?

『수레바퀴 아래서』의 주인공 한스 기벤라트의 삶과 아래의 시를 연관지어 읽어보고, 한스의 인생길과 시인이 발견한 길의 차이점을 중심으로 하나의 글을 완성하라.

> 사람들 발길이 낸
>
> 길을 덮은 낙엽이여
>
> 의도한 듯이
>
> 길들을 지운 낙엽이여
>
> 길을 잘 보여주는구나
>
> 마침내 네가 길이로구나
>
> _ 정현종, 「낙엽」

사회는 늘 십대를 억압하는 것일까

『호밀밭의 파수꾼』 제롬 데이비드 샐린저

『모두 아름다운 아이들』 최시한

『감시와 처벌』 미셀 푸코

영화 「GO」

십대들의 아름답고 혼란스러운 성장통

　'청소년 필독도서', '대학신입생 추천도서', '미국 대학생이 뽑은 20세기 100대 대표소설', '영국인이 뽑은 20세기의 책', '피플지 선정 20세기 베스트', '전 세계 십대가 열광하는 소설', '현대문학의 최고봉' …… 제롬 데이비드 샐린저(Jerome David Salinger, 1919~)의『호밀밭의 파수꾼』(1951)은 이 같은 화려한 찬사와 더불어 수많은 사람을 콜필드 신드롬에 빠지게 한 소설이다.

　『호밀밭의 파수꾼』은 겉보기에는 불량스럽지만 알고 보면 순수하고 따뜻한 마음을 가진 소년에 관한 이야기라는 점에서 친숙한데, 주인공 홀든 콜필드가 겪는 사흘간의 지독한 방황은 이제 막 어른의 세계로 진입할 수밖에 없는 청소년기의 불안한 통과제의의 순간을 생생하게 보여준다. 홀든의 고백과 넋두리로 일관한 이 글은 십대들이 즐겨 쓰는 거친 욕설과 비속어로 가득할 뿐 아니라 십대들의 일상이나 생각을 여과 없이 사실적으로 묘사한다는 점에서 마치 살아 있는 듯한 느낌을 준다.

　홀든은 위선과 허위로 가득 찬 세상을 조소하면서도 어쩔 수 없이 그 세상 속에서 눈떠간다. 그는 학교를 끔찍하게 싫어하면서도 어떤 점은 애틋하게 여기고, 선생님들을 무시하면서도 그중 몇 분은 진심으로 존경하며, 네 번이나 퇴학을 당해 부모님을 실망시키지만 실은 가족을 깊이 사랑한다. 어른들의 눈에는 지금 홀든이 겪는 방황과 혼란이 그저 삐딱해 보이고 소중한 인생을 낭비하는 듯 보여

안타깝게만 여겨지지만, 홀든은 이 같은 성장의 고통과 아픔을 톡톡히 겪으면서 자신의 진정한 삶에 눈떠간다. 그래서 십대의 모든 거칠음과 반항과 냉소를 지닌 홀든은 작품 속에서 이렇게 의젓하게 대답할 줄도 안다. "제 걱정은 하지 마십시오. 진심입니다. 염려 없습니다. 지금 막 한 과정을 겪어나가고 있는 중이니까요. 누구든지 다 이런 과정을 겪는 것 아닙니까?"

■■■ 작품 이해를 위한 질문

1. 홀든 콜필드는 어떤 소년인가?

2. 홀든이 경험한 학교는 어떤 곳인가?

3. 이 소설에 반복해서 나오는 센트럴파크의 오리 이야기는 어떤 의미를 갖는가?

4. 홀든은 왜 끊임없이 누군가를 만나고 싶어하고 누군가를 찾아다니는가?

5. 홀든이 꿈꾼 서부 여행은 왜 실패했는가?

>> 호밀밭의 파수꾼

세상은 나 홀든 콜필드를 문제아라고 부르죠

지난 크리스마스 무렵 난 이곳으로 요양을 왔습니다. 그 전에 저지른 미치광이 짓을 얘기해볼까요. 난 펜시라는 꽤 유명한 사립고등학교에 다녔죠. 하지만 쫓겨났어요. 성적불량이었거든요. 사실 그런 일이 처음은 아닙니다. 자그만치 네 번째 죠. 게다가 난 골초고 폐병을 앓고 있습니다. 괜한 짓거리나 너절한 의례적인 말들, 그리고 위선자를 지독하게 싫어하죠.

학교를 떠나기 전 스펜서 선생님께 인사를 드리러 갔습니다. 그나마 그분을 존경하지만 맘속의 대화를 나누기는 어려웠죠. 전 늘 쓸데없는 것들이 궁금하거든요. 우리 집은 뉴욕인데 그 가까이 센트럴파크가 있습니다. 근데 그 공원에 있는 오리들은 호수가 꽝꽝 얼어붙으면 대체 어디로들 갈까요. 누가 동물원으로 데려가나요, 아님 어디론가 날아가 버리나요. 긴 챙이 달린 빨간 사냥모자를 쓰고 벌렁 누워서 난 매일 이런 생각이나 하죠. 좀 무식해도 난 책은 많이 읽거든요. 글도 좀 쓰죠. 하지만 영화는 딱 질색입니다.

퇴학 통고를 받은 후 이래저래 울적해서 기숙사를 어슬렁거렸습니다. 친구 녀석 스트레들레이터를 만났는데, 하필 그 재수 없는 자식의 데이트 상대가 제인 갤러허랍니다. 세상에! 난 어릴 적 옆집에 살던 제인을 맘에서 떨쳐버리지 못하고 있거든요. 그래서 펄펄 뛰었죠. 하지만 난 고작 그 녀석의 작문숙제를 대신 해주기로 했을 뿐입니다!

난 내 동생 앨리의 야구장갑에 대해서 썼지요. 앨리는 백혈병으로 몇 년 전 죽었습니다. 난 그때 열세 살이었는데 앨리가 죽은 슬픔을 이기지 못해 차고의 유리를 왕창 다 부숴버렸었죠. 그때 어른들은 날 정신과에 보내야 한다고들 했답니다. 앨리는 정말 영리하고 사랑스러운 녀석이었는데…… 하지만 데이트에서 돌아온 스트레들레이터가 내가 정성들여 쓴 작문을 보고 무식한 소리를 하기에 화가 나 그만 박박 찢어버렸습니다. 그리고 결심했습니다. 바로 그날 학교를 떠나버리기로요. 뉴욕에서 호텔방을 잡아 며칠 푹 쉰 뒤 퇴학통지서가 집으로 전달될 때를 맞춰 쌈박한 기분으로 집으로 들어가는 겁니다. 하지만 학교의 긴 복도를 돌아보니 이상하게도 눈물이 좀 나더군요.

누구도 나의 외로움을 알지 못하죠

뉴욕행 기차에서 한 부인을 만났는데 그 부인은 펜시고등학교의 단연 개자식인 어니스트의 엄마였습니다. 난 그분한테 어니스트는 학교에서 가장 인기 있는 녀석이라고 말도 안 되는 뻥을 쳐서 기쁨을 드렸죠. 엄마들이란 늘 그렇잖아요.

역에 도착한 나는 공중전화로 달려갔습니다. 누군가와 통화를 하고 싶었지만 막상 통화를 할 사람이 없습니다. 택시를 타서 기사아저씨한테 물었죠. "센트럴파크 호수가 얼면 오리놈들이 어디로 가는지 혹시 아세요?" 하지만 역시 미친놈 취급을 당했습니다.

거지 같은 호텔방에 들어가 창문 밖을 내다보다가 난 그만 기절해서 나가떨어졌습니다. 건너편 호텔방에서 한 남자가 스타킹, 브래지어, 코르셋, 이브닝드레스 같은 여자 옷들을 입고 뽐내고 있고, 그 위층의 두 남녀는 입으로 서로에게 물을 뿜어대네요. 정말 왕변태들뿐이었습니다.

누구든 만나 얘기를 나누고 술 한잔 하고 싶었지만 그럴 사람이 없네요. 내 여동생 피비랑 통화하고 싶지만 고 녀석은 열 살이라 한참 잘 시간이거든요. 그렇게 예쁘고 똑똑한 애는 아마 평생 보기 힘들 겁니다. 피비는 잔정도 많고 항상 책을 쓰고 있고 모든 걸 다 이해하는 그런 녀석이죠.

난 슬렁슬렁 호텔의 나이트클럽으로 내려갔습니다. 못생긴 여자들 가까이 앉게 됐죠. 난 그녀들과 춤을 추고 그녀들에게 술을 사줬죠. 하지만 그녀들은 날 무시하고 나가버렸습니다. 허전한 마음에 또 제인 갤러허 생각이 났습니다. 가까이 지낼 때 그녀에게 완전히 녹았었거든요. 그녀에게 애무했던 생각도 떠올랐죠. 하지만 난 내가 아끼는 여자들은 절대로 놀리거나 함부로 대하지 않는답니다.

다른 술집에나 가볼까 싶어 훌쩍 택시를 탔습니다. 그리고 또 물었죠. "아저씨, 센트럴파크 호수 있잖아요. 호수가 얼면 오리들이 어디로 가는지 혹시 아세요?" 그 아저씨는 무슨 소리냐며 마구 흥분하더니 고래고래 소리를 질렀어요. 오리는 자기들이 있던 곳에 그대로 있는 거라면서요.

한참을 걸어서 호텔에 돌아왔습니다. 그런데 엘리베이터 사내가 오늘 밤 재미 좀 보지 않겠느냐며 수작을 걸어왔습니다. 5달러에 한 번이라는 겁니다. 방으로 돌아온 나는 좀 긴장했습니다. 사실 난 동정이거든요. 기회는 있었지만 매번 끝을 본 적이 없습니다. 여자가 멈추라면 난 멈추거든요. 한 여자가 내 방으로 왔습니다. 그녀가 드레스를 벗을 때 난 성욕보다는 우울한 마음이 들었죠. 그래서 난 5달러를 지불할 테니 그냥 가라고 했지만 어이없게도 그녀는 10달러를 달라고 우기다 갔습니다.

비참한 생각이 들어 침대에 누워 담배를 피우는데 느닷없이 엘리베이터 사내와 그 여자가 함께 쳐들어와 날 때리고 협박을 하며 지갑을 뒤져 돈 5달러를 더 가져가 버렸습니다. 난 맞은 배가 아파 숨을 쉴 수도 없었죠. 비틀거리면서 일어나 그의 등 뒤에서 총 여섯 발을 쏘는 상상이나 할 수밖에요. 젠장, 다 영화를 너무 많이 본 때문이죠. 창문에서 뛰어내려 자살이라도 하고 싶은 밤이었습니다.

텅 빈 호수에 오리는 없었습니다

아침에 일어난 나는 예전에 친하게 지냈던 샐리에게 전화를 해 만날 약속을 했습니다. 그리고는 호텔을 나와 아침을 먹었죠. 이미 돈도 많이 써버린 뒤라 좀 걱정이 되긴 했죠. 옆자리에 수녀 두 사람이 앉아 있었는데 대화를 나누게 됐어요. 그분들과 얘기하다 괜히 마음이 동해 10달러를 헌금했습니다. 브로드웨이 길을 걷는데 한 꼬마가 부르는 '누군가 호밀밭을 걸어오는 누군가를 붙잡는다면'이라는 노랫소리에 기분이 가뿐해졌습니다. 그리고 피비에게 줄 레코드를 사고 샐리와 볼 연극 티켓도 샀죠.

샐리가 어찌나 멋지게 하고 나타났는지 난 정말 헷가닥해서 그녀와 결혼하고 싶다는 생각까지 들었다니까요. 연극은 그럭저럭 괜찮았지만 쉬는 동안 관객들이 호들갑을 떨며 그 연극에 대해 얘기를 나누는 것은 아주 질색입니다. 그 잘난 척들이란…… 샐리가 원하는 대로 우린 스케이트를 타러 갔죠. 그리고 샐리에게 얘기했어요. 학교가 끔찍이 싫고 뉴욕이란 곳도 끔찍하게 싫다, 멋진 차를 사고 싶어 안달하는 사람들이 싫고 엉터리들이 우글우글 모여 너절한 파벌을 만드는 것도 끔찍하다, 그러니 우리 결혼해서 아름다운 오두막에서 멋지게 살자! 물론 샐리는 싫다고 잘라 말했습니다. 그리고 우린 서로에게 아주 질린 채 헤어졌죠.

제인 갤러허와 통화를 하고 싶었지만 또 안 됐습니다. 그러다 좀 지적인 대화를 할 수 있는 누군가를 찾았죠. 한때 선배였던 루스가 떠올랐습니다. 그러나 우리의 대화는 삐딱했고 그에게 사생활과 여자들에 대해 묻자 화를 내며 가버렸습니다. 술을 더 마시고 나와 또 여기저기 전화를 걸었죠. 그리곤 괜히 감정이 격해져 화장실에서 찬물을 받아 머리를 틀어박았습니다. 으슬으슬 몸이 떨려와 따뜻한 난방기 위에 걸터앉았는데 갑자기 울적하고 외로워서 좀 울었죠.

공원 쪽으로 걸어갔습니다. 오리들이 뭘 하는지 정말 거기 있긴 한지 살펴보려고요. 가다가 피비에게 줄 레코드를 떨어뜨려 그만 산산조각 냈습니다. 호수는 반은 물이고 반은 얼음인데 그곳엔…… 아무것도 없었습니다! 난 너무 추워서 덜덜 떨었죠. 그리곤 내가 죽는 상상을 했습니다. 남은 몇 푼 안 되는 돈을 호수에 던져버리고는 피비를 만나기 위해 집으로 향했습니다.

어쨌든 서부로 가고 싶었지만……

몰래 집에 온 나는 피비의 방으로 들어갔습니다. 피비가 일어나 내 목을 껴안았죠. 레코드를 샀는데 그만 깨졌다고 했더니 귀여운 녀석 피비는 조각이라도 보관하겠다며 서랍에 넣어둡니다. 그러더니 갑자기 수요일에 온다더니 왜 빨리 왔냐면서 또 퇴학당한 거냐고 이러다가는 아빠가 오빠를 죽일 거라면서 요란을 떱니다. 난 얘기했죠. 그 펜시고등학교는 엉터리 사이비들, 비열한 녀석들만 득실거리는 최악의 학교라고요. 하지만 피비는 내게 뭐든 다 싫어하기만 한다면서 좋아하는 걸 대보라지 뭡니까. 난 그날 만난 수녀들과 예전에 다닌 학교에서 엉터리깡패 같은 녀석에게 맞서다 죽어버린 제임스 캐슬을 문득 떠올렸죠. 하지만 피비는 계속 걱정, 걱정뿐입니다.

다시 피비에게 얘기했죠. "어쨌거나 난 많은 어린애들이 널따란 호밀밭에서 게임을 하는 광경을 줄곧 생각해. 애들이 수천 명이나 있는데도 주변엔 아무도 없어. 어른은 아무도 없고 말하자면 나만 곁에 있는 거지. 그런데 난 정말이지 가파른 벼랑 끝에 서 있는 거라구. 내가 할 일은 벼랑 너머로 누구라도 떨어지려고 하면 그 앨 붙잡아주는 거야. 자기들이 어디로 가는지 도통 살피지도 않고 애들이 막 달리면 순간 내가 어디선가 나타나 잡아줄 거야. 하루 종일 그 일만 할 거야. 그냥 그런 호밀밭의 파수꾼이 되고 싶다는 것뿐야." 마음이 조금 풀린 피비와 춤을 추고 있는

데 엄마가 집에 왔고 난 옷장 안에 잠시 숨어 있었습니다. 그리곤 빨간 사냥모자를 피비에게 주고 피비가 쥐어주는 돈을 들고 눈물을 쏟으며 몰래 집을 나왔죠.

그리곤 안톨리니 선생님을 만나러 갔죠. 안톨리니 선생님은 내가 만난 선생님 중 최고거든요. 퇴학당한 얘기를 선생님한테 하면서 전 또 흥분했습니다. 스피치 시간에 한 학생이 좀 삼천포로 빠진다 싶으면 모두 "주제에서 이탈!"이라고 외쳐야 하는데 그 졸렬함을 정말 견딜 수 없었거든요. 난 자꾸 머리도 아프고 배도 아파왔지만 선생님과 진지하게 얘기를 나누려고 애썼죠.

선생님은 말씀하셨어요. "넌 이렇다 할 가치도 없는 어떤 신조를 지키느라 분명히 숭고하게 죽어가고 있다.", "너무나 많은 사람들이 지금의 너처럼 도덕적, 정신적인 혼란을 겪어나온 거야. 다행히 그들 중 어떤 이들은 자기들 고통의 기록을 남기고 있지. 그들에게서 한 수 배우게 될 거야.", "일정 수준까지 교육을 받으면 자신이 어떤 크기의 지성을 지녔는지 알게 되지. 네 진짜 치수를 알게 되면 네 지성에 맞는 옷을 입게 된다는 거지." 등등요. 정말 멋진 말들이죠. 여기저기 아팠던 난 그만 곯아떨어졌습니다. 잠시 후 문득 선생님이 내 머릴 쓰다듬는 걸 느끼고 깼죠. 순간 난 선생님이 변태적이라는 느낌이 들어 그 집을 뛰쳐나오고 말았습니다.

역 대합실에서 잠을 자려 했지만 머리가 너무 아프고 열이 나고 목이 따가웠습니다. 내가 선생님을 오해한 것 같아 마음도 무거웠죠. 거리는 크리스마스 냄새가 진동을 했습니다. 난 점점 숨을 쉴 수도 없었고 땀으로 옷이 다 젖었죠. 벤치에 앉아 생각했습니다. 서부로 떠나기로요. 서부로 여행을 가겠다고요! 그래서 피비에게 작별인사를 하러 갔습니다. 학교의 벽에는 더러운 욕설들이 써져 있었고 그걸 본 난 정말 열 받았습니다. 그런데 세상에, 피비를 기다리러 들어간 박물관에까지 그 욕이 써져 있었습니다! 정말 이 세상 어디도 아늑하고 평화로운 곳은 없다니까요. 한참 만에 온 피비는 왕따만한 가방을 들고 있었습니다. 그리곤 말하네요. "나도 서부로 같이 갈 거야. 괜찮지?" 난 놀라서 까무라칠 뻔했습니다. 피비가 이젠 학교에도 안 가겠답니다. 간신히 달래서 회전목마를 태워줬죠. 그리고 하는 수 없이 내가 집으로 돌아가겠다고 약속했습니다. 비가 쏟아졌지만 난 피비가 회전목마를 타는 모습을 행복하게 바라봤습니다.

그리고는……, 난 지금 이렇게 폐렴이 심해져 요양소에 와 있게 된 겁니다. 정신과 의사는 자꾸 묻습니다. 이제 잘 적응할 거냐구요. 하지만 '모른다'가 정답입니다. 어찌 알겠어요. 그저 내가 지금까지 얘기한 모든 사람들이 그리워질 뿐입니다. 정말 웃기죠. 말하고 나니 그들이 금방 그리워지네요.

〉〉 십대의 성장통, 아름다운가 고통스러운가

홀든을 위한 변명 혹은 주장

홀든은 순수하고 매력적인 소년이다. 하지만 이는 홀든의 내면을 다 알고 났을 때 가능한 얘기다. 일견 홀든은 문제투성이다. 그는 자그마치 고등학교를 네 번이나 퇴학당했으며 학교생활에 불성실하고 성적도 물론 바닥이다. 펜싱팀의 주장이지만 막상 시합날 운동장비를 모두 잃어버리는 한심한 학생이고 선생님들의 설교를 참지 못하며 술도 좋아하고 골초이다. 머리는 새치가 반이고 삐쩍 말라 키만 훌쩍 큰 겉늙은 얼굴인데 여자를 심히 밝힌다. 거짓말을 천연덕스럽게 예사로 하는 데다가 욕을 입에 달고 산다. 호텔방으로 여자를 부르고 하릴없이 뉴욕의 밤거리를 돌아다니면서 돈을 써댄다.

하지만 홀든의 생각을 좀더 따라가다 보면 생각이 달라진다. 홀든의 말이나 생각에는 틀린 것이 없다. 오히려 홀든은 누구보다 정직하고 누구보다 따뜻하다. 우선 홀든은 사람을 너무 좋아한다. 그는 누구든 곁에 있고 싶어한다. 학교를 끔찍하게 싫어하지만 친구들 주변을 어슬렁거리며 그들의 얘기를 들어주고 구역질나는 녀석에게도 함부로 굴지 않는다. 홀든은 몇몇 선생님들에게는 존경심 섞인 애정을 갖고 있다. 겉만 번지르르한 학교의 위선은 증오하고 경멸하지만 학생들에게 진심을 갖고 있는 선생님을 느낄 줄 안다. 그래서 퇴학을 당하면서도 늙은 선생님께 인사를 드리러 가고, 불의에 맞서 싸우다 죽은 친구의 피 묻은 머리를 온몸으로 끌어안아 주었던 선생님을 기억하고 존경한다.

홀든은 뉴욕의 휘황한 거리에서도 외로움을 느끼며 늘 누군가와 가까이 있고 싶어한다. 그래서 그는 공중전화만 보면 달려간다. 같이 얘기를 나눌 누군가를 그리워하고 같이 있어줄 누군가를 찾는다. 하지만 전화는 늘 불통이고 설령 누군가를 만나도 홀든을 이해하지 못하거나 그의 얘기를 잘 들어주지도 않는다.

홀든은 여자를 매우 좋아하고 여자에게 추근댄다. 호시탐탐 여자들하고 농지거리를 하고 싶어하고 성적인 호기심도 왕성하다. 하지만 그는 여자들을 함부로 대하지 않는다. 여자친구를 소중하게 여길 줄도 알고 또 키스만큼이나 대화를 하고 싶어한다.

그리고 홀든은 가족을 사랑한다. 안 그런 척 허세를 부리지만 부모님을 걱정하고 엄마가 보내준 스케이트를 바라보면서 마음 짠해한다. 형에게 늘 건들거리지만 형을 좋아하며, 동생들에 대해서는 아주 특별하다. 앨리가 죽은 충격을 여전히 생생하게 지니고 있으며 피비는 세상에서 가장 사랑스러운 존재다.

모든 것에 염증을 느껴 그만 서부로 떠나버릴까 결심을 하지만 결국 피비 때문에 떠나지 않고 돌아오기로 한다. 열 살짜리 피비가 오빠와 함께 서부로 떠나겠다고 가방을 싸 짊어지고 나온 날, 홀든은 피비의 모습에서 자신의 모습을 보았으며 자기가 그토록 원했던 호밀밭의 파수꾼이 될 순간이 다가왔음을 느낀다. 사람들을

가장 사랑받는 컬트서적!?

『사람이 알아야 할 모든 것 – 책』의 저자 크리스티아네 취른트는 『호밀밭의 파수꾼』을 '가장 사랑받는 컬트서적'이자 '역사적인 애장서'라고 표현한다. 그에 의하면 진정한 컬트서적들은 시대를 움직이고 소요를 일으키며 사람들을 뒤흔든 흔적을 남기는데 『호밀밭의 파수꾼』이 대표적인 예라는 것이다. 한때는 반항적인 독서물이었으나 이제는 국가적으로 장려되는 독서정전의 목록에 들어 있을 뿐 아니라, 존 레논의 암살범이 이 책에서 영감을 받았다는 점, 작가 샐린저는 명성을 피해 홀연히 사라지고, 추종자들은 여전히 그의 자취를 좇아 순례를 하고 있는 것 등이 모두 이 소설의 독특함이라고 덧붙였다.

향해 넘치는 마음을 갖고 있는 홀든은 그 누구보다 따뜻한 가슴을 지니고 있었던 것이다.

홀든은 순수하다. 어른들이 보기에 불필요한 것들을 염려하고 걱정한다. 그는 만나는 사람마다 붙잡고 묻는다. "센트럴파크에 있는 호숫가를 지나쳐본 일이 있어요? 오리들이 사는 곳 말이죠. 그 안에서 헤엄쳐 다니는 오리들 아시죠? 겨울이 되면 오리들이 어디로 가는지 혹시 아세요? 내 말은 누군가가 트럭이나 뭘 타고 와서는 오리들을 데려가는 건지, 아니면 오리들 스스로 남쪽 같은 데로 날아가 버리는 건지 아시냐구요?" 홀든의 이 질문에 어른들은 모두 똑같이 답한다. "뭐라구?", "그래, 그게 어쨌다는 거야?", "내가 그걸 어찌 알아? 그렇게 말도 안 되는 걸 내가 어찌 아냐구?"…… 어른들은 홀든이 쓸데없는 질문으로 자신을 놀리는 줄 알고 화를 내거나 이런 질문이나 하는 홀든을 그저 한심스럽게 여길 뿐이다.

홀든의 질문은 호밀밭의 파수꾼이 되고 싶은 그의 꿈과 똑같은 것이다. 많은 어린애들이 드넓은 호밀밭에서 놀고 있을 때 그 아이들이 혹시 벼랑으로 떨어질까봐 벼랑 끝에 서서 그 아이들을 잡아주겠다는 꿈, 아이들은 자신들이 어디로 가는지 살피지도 않고 그저 내달리기만 하기 때문에 누군가 이 애들이 벼랑으로 떨어지지 않게 잡아주어야 하는데 바로 자기가 그 호밀밭의 파수꾼이 되고 싶다는 바람을 가졌다. 추운 겨울을 날 오리들을 걱정하고 아이들이 벼랑으로 떨어질까 봐 파수꾼이 되고 싶은 것, 이것이 홀든이 지닌 순수한 꿈인 것이다.

순수의 세계 vs 위선의 세계

홀든이 끔찍하게 싫어하는 말 가운데 하나는 "행운을 빕니다!"이다. 상투적이고 위선적인 데다가 무책임한 말이라고 생각하기 때문이다. 홀든은 어른과 사회와 학교의 뻔뻔스러운 속물성과 위선을 못 참는다. 홀든은 명성있는 사립고등학교들을 다녔는데 그가 매번 학교를 견뎌내지 못한 이유 중의 하나는 교장선생의 허세와 속물성 때문이다.

가난한 부모는 무시하고 화려하게 휘감은 부모들에게만 굽신대는 교장, 부모들이 학교 오기 전날 저녁에는 학생들에게 스테이크를 먹여 미리 입을 막는 교장들을 홀든은 사기꾼이라 부른다. 홀든은 잘 사는 집의 아들이었지만 중산층의 속물적인 삶이나 물질적인 부를 맹종하는 삶을 심하게 비난했다. 형이 가난한 문학을 버리고 돈벌이가 되는 영화를 좇아간 것도 천박한 할리우드 추종자의 짓이라고 비판한다.

그래서 홀든은 자신과 비슷한 생각을 가진 수녀들을 만났을 때 큰 호감을 갖고 몇 푼 안 되나마 자신의 전 재산을 털어 수녀들의 모금함에 기부를 한다. 온통 속물과 허영뿐인 뉴욕의 거리 한가운데서 만난 수녀들은 홀든이 모처럼 만난 순수의 세계였던 것이다.

그가 학교를 끔찍하게 싫어하는 또 하나의 이유는 "주제에서 이탈!" 때문이다. 스피치 시간에 누군가의 얘기가 요지에서 좀 빗나가기라도 하면 모두들 그 학생을 향해 가능한 빨리 "주제에서 이탈!"을 외쳐야 하는데 그 순간을 견디지 못한 것이다. 가끔씩은 요지에서 벗어나 삼천포로 빠지는 얘기 중에 그가 진심으로 마음과 관심을 쏟는 진짜 얘기들이 있기도 한데, 친구들과 선생님은 졸렬하게 "주제에서 이탈!"만을 외쳐대는 것이다. 홀든은 최고 점수와 요지의 논리에만 관심이 있을 뿐 말하는 사람의 진심이나 상처에는 도통 관심이 없는 그 집단에 몸서리를 쳤다.

홀든의 반항에는 자의식이 있다. 나이에 맞지 않게 빨간 사냥모자를 쓰고 다니고 미숙하고 치기어리며 유치한 점도 없지 않지만, 위선과 허위로 가득한 기성세대를 비판하는 시선은 날카롭다.

다섯 과목 중 네 과목에서 낙제를 했지만 홀든은 책 읽기를 좋아하고 글쓰기를 좋아한다. 독서와 작문에 대해서만큼은 낙제를 면할 뿐 아니라 친구나 선생들에게 '작문의 천재'라는 별명까지 얻는다. 홀든이 자기만의 세계를 글이나 말로 표현할 줄 알고 또 주체적으로 그 세계를 지키고 싶어한다는 점은 늘 인정받는다.

하지만 그의 순수한 의지는 늘 제도나 권위와 맞부딪쳐 오해를 산다. 능력이 있는데도 불구하고 불성실한 태도로 몇 번씩이나 퇴학을 당하는 홀든의 모습은 괜한 반항으로 여겨지고 쓸모없고 가치없는 것을 좇아 인생을 낭비하는 모습으로 비쳐지기 때문이다.

순수한 아이와 속물적인 어른의 경계에 서 있는 홀든은 가끔씩 어른들의 흉내를 낸다. 어른인 척 나이를 속이고 술집을 드나드는 것은 예사고 담배를 물고 산다. 여자들에게 추근대며 술을 사고 어떻게든 예쁜 여자와 춤 한 번 추려고 허세를 부린다.

호텔에서 머물게 된 첫날 홀든은 창문 너머로 도착적이고 비정상적인 어른의 세계를 목격하게 되는데, 밖에서는 점잖게 행세를 하면서도 들어앉아서는 해괴망측한 짓거리를 하는 어른의 모습을 경멸스러워한다. 어른인 척하는 홀든은 엘리베이

『호밀밭의 파수꾼』과 영화들

영화 「파인딩 포레스터」는 샐린저의 삶을 모델로 한 영화로 알려져 있으며, 소설 『호밀밭의 파수꾼』은 「컨스피러시」 「공각기동대」 「플레전트 빌」 「꿈의 구장」 「에이미」 등 유난히 여러 영화에서 인용되거나 등장한 바 있다. 이것은 이 소설이 젊은이들의 불안하고 반항적인 영혼을 상징하는 아이콘이기 때문이라고 해석할 수 있다. 영화 「에덴의 동쪽」의 감독인 엘리아 카잔은 『호밀밭의 파수꾼』을 영화로 만들고 싶어했으나 작가 샐린저가 "홀든이 원하지 않을 겁니다."라는 이유로 거절했다고 한다.

터 안내원 남자에게 꼬임을 당해 방으로 여자를 부르지만, 그들에게 당해 심하게 두들겨 맞고 돈마저 빼앗긴다. 홀든이 들어서야 하는 어른의 세계는 이렇게 추악하고 비열한 일들로 그를 맞이하는 것이다.

홀든이 지향하는 순수의 세계는 피비와 앨리와 제인 갤러허로 상징된다. 홀든의 기억 속의 제인은 어릴 적부터 간직해온 훼손되지 않은 순수의 상징이다. 뉴욕에 와서도 홀든은 제인에게 계속 전화를 하지만 한 번도 통화는 이루어지지 않는다.

또한 홀든은 아이들의 세계에서 순수를 찾는데 그것은 바로 동생인 피비와 앨리다. 앨리는 어릴 적 죽었기 때문에 순수의 원형처럼 각인되어 있고, 열 살짜리 피비는 어린 나이임에도 불구하고 모든 사람의 말을 귀 기울여 들어줄 줄 알고 배려할 줄 알기 때문에 가장 사랑스러운 모습이다. 비록 자신은 입에 욕을 달고 살지만 피비만큼은 순수한 세계에 살기를 바라는 홀든은 아이들의 학교와 박물관 등에 심

『허클베리 핀의 모험』,
서부로 간 또 다른 십대

반항적인 십대들인 『호밀밭의 파수꾼』의 홀든과 『허클베리 핀의 모험』의 헉은 똑같이 서부로 가고 싶어한다. 하지만 홀든의 서부행은 실패하고 헉의 서부행은 이루어진다. 헉은 술주정뱅이자 폭군인 아버지로부터 벗어나 도망쳤는데 한 발 앞서 도망 나온 옆집 노예 짐을 만나 동행하게 된다. 그들은 뗏목을 타고 미시시피 강을 내려가면서 인간의 추악하고 타락한 세계를 직시하고 경험하게 된다. 우여곡절 끝에 짐은 노예로 다시 잡혀가게 되지만 헉은 갈등 끝에 짐의 진정한 자유를 찾아준다. 그리고 자신도 이 위선적인 문명사회를 떠나 또 다른 모험을 떠나기로 마음먹는다.

이 작품에서 헉은 비록 철저한 아웃사이더이지만 오히려 누구보다 도덕적이며 인간의 가치와 소중함을 아는 인물로 그려진다. 헉의 자유롭고 거친 생활과 반항적이면서도 자유로운 성장과정을 담은 이 소설 역시 출간 당시에는 금서였으나 지금은 대표적인 성장소설이자 19세기 미국문학의 최대 걸작 중 하나로 꼽히고 있다.

한 욕설이 여기저기 써진 것을 보고 처음에는 박박 지우지만 나중에는 너무 많은 욕설에 멀미를 일으켜 쓰러지기까지 한다.

마침내 홀든은 서부로 가겠다고 결심한다. 뉴욕이 싫고 어른이 싫고 학교가 싫은 홀든에게 서부는 막연한 유토피아다. 돈이 떨어진 홀든은 히치하이킹으로 서부 여행을 시작하겠다고 마음 먹는다. 며칠 후면 햇살이 눈부신 서부에 도착할 것이고, 그런 다음엔 주유소에서 일자리를 구하고, 그 다음엔 숲 옆에 햇살 가득한 조그만 오두막을 짓고, 손수 요리도 하고, 결혼을 하면 아이들은 학교에 보내지 않고 책을 사주어 직접 가르칠 것이다…….

홀든은 자신의 순수한 꿈을 결행하기 위해 마지막으로 피비를 만난다. 하지만 막상 피비를 만났을 때, 홀든이 준 빨간 사냥모자를 쓰고 오빠와 같이 떠나겠다고 짐을 꾸려 나타난 피비는 또 다른 자신의 모습임을 알게 된다. 피비의 입에서 "난 학교에 안 갈 거라구."라는 말을 듣는 순간, 홀든은 피비를 위해서 그리고 자신을 위해서 며칠 동안의 짧고도 긴 여행을 마치고 집으로 돌아가기로 결심한다. 추운 겨울이면 센트럴파크의 오리들을 걱정하고 호밀밭에서 뛰노는 아이들을 위해 파수꾼이 되고 싶은 홀든은, 어른들의 위선과 속물성을 혐오하고 거부하면서도 이제 그 세계로 천천히 한 발을 내딛게 된 것이다.

성장하기 위한 십대의 고통스러운 과정

『호밀밭의 파수꾼』은 처음 출간 당시 미국의 여러 학교에서 금서로 지정되었으나 현재는 전 세계의 고등학교 및 대학교의 필독서이자 베스트셀러로 읽히고 있다. 현재 고전의 반열에 오른 많은 작품이 한때는 금서목록에 들어 있었는데『허클베리 핀의 모험』『호밀밭의 파수꾼』『파리대왕』『앵무새 죽이기』『해리 포터』등

성장소설이 금서목록에 유난히 자주 오르는 것은 이 소설들이 청소년들의 사고와 인식의 성장에 끼칠 수 있는 예민한 악영향을 막아보겠다는 우려였을 것이다.

물론 홀든의 이야기를 권장하기란 쉬운 일이 아닐 것이다. 기성세대를 향해 거침없이 욕설을 퍼붓고 조롱하며, 술과 담배에 절어 호텔방으로 여자를 부르고, 가족과 학교와 어른에게 반발과 반항뿐인, 게다가 겁 없이 집과 학교를 뛰쳐나가 서부로 떠나겠다고 호기를 부리는 십대의 이야기는 결코 흔쾌히 권할 만한 소설은 아니다. 또한 홀든의 속 깊은 고민보다는 겉으로 보이는 말초적이고 치기어린 모습이 먼저 전염될까 두렵기도 했을 것이다. 그러나 다른 한편으론, 홀든의 방황을 십분 이해할 수 있으며 어른이 된 누구든 한때 홀든의 마음을 겪어봤고 또 그의 마음이 너무도 적나라하고 정직하다는 것을 알기 때문이었을 것이다.

마침내 홀든은 힘들고 어렵게 성장의 문턱에 들어서게 된다. 감수성이 예민한 그는 누구보다 치열하게 성장통을 앓았지만 자기 내면의 힘으로 성장의 한 고비를 넘는다. 하지만 홀든은 어른이 되어도 여느 어른들처럼 추악한 사회와 기만적인 관습에 고분고분 순응하지만은 않을 것이다. 자신의 진짜 모습과 진정한 삶을 찾으려고 방황한 만큼 속물성에 쉽사리 길들여지지 않고 추악한 위선에 고분고분 순응하지 않는 의지를 지닌 그런 어른이 될 것이다. 그리고 『호밀밭의 파수꾼』을 읽으며 그의 경멸과 분노에 전적으로 교감하고 그와 함께 혼란을 겪은 독자들은 이제 다소 불안하게나마 안착하려고 하는 홀든을 온 마음으로 지지할 것이다.

ㅣ다ㅣ른ㅣㅣ작ㅣ품ㅣ과ㅣㅣ비ㅣ교ㅣ하ㅣ며ㅣㅣ읽ㅣ기ㅣ

『모두 아름다운 아이들』 순수한 아이들, 약육강식과 적자생존의 논리를 묻다

성장소설은 소년기의 주인공이 정신적, 육체적으로 성장하면서 성인으로 입문해가는 과정을 그린다. 이들의 방황과 갈등은 성인으로 들어서기 위해 으레 겪어야 할 성장통이지만 간혹 그 고통과 혼란을 혹독하게 겪기도 한다. 지적이나 정신적으로는 아직 미성숙하지만 현실에 쉽게 타협하거나 순응하지 않으려는 그들은 순수와 진실로 이 세계를 관통할 수 있다고 믿기에 불협화음을 일으키기도 한다. 최시한의 소설 『모두 아름다운 아이들』은 성장의 고통을 통과해나가는 십대들이 주인공이다. 다음은 소설의 일부이다.

"적자생존이 무슨 뜻인지 모르겠다구? 질문을 하겠으면, 사내답게 똑바로 해."

교실이 찬물을 끼얹은 듯 조용해졌다. 윤수는 질문이라곤 해본 적이 없어서, 나부터도 윤수가 질문 같은 걸 하리라고는 생각지 않았던 탓이다. 게다가 윤수의 질문은 까다롭기로 소문난 생물 선생님의 수업을 느닷없이 중간에서 끊어버린 셈이었다. 윤수의 두 손이 쉴새없이 교복 앞자락을 만지작거리고 있었다.

"화, 환경에 맞지 아, 않는 건 모두 죽어, 죽어야 합니까?"

"죽는다기보다 도태되는 거지. 환경에 맞는 종만 살아남고 나머지는 모두 도태되게 마련이라 그 말이다. 지구에 존재하는 모든 생물은 환경에 잘 맞았거나 맞게 변했기 때문에 살아남은 것들이지. 됐어?"

"변, 변하면…… 어떠, 어떻게 변합니까?"

선생님은 또 얼굴을 찌푸렸다. 윤수의 입에서 무슨 엉뚱한 소리라도 나오면 어쩌나 싶어 조마조마하기 짝이 없었다.

"아까 설명을 다 했잖아. 자자, 그럼 이번에는 숲을 예로 들어보자구. 참나무나 소나무 같은 것하고는 달리, 음지에서만 사는 식물이 있지? 위로 자라지 못해 햇빛을 받을 수 없으니까 음지에 맞게 변화되고, 그렇게 적응한 놈만 살아남은 거야. 자연의 조화지."

"음지, 음지에 사는 게, 져 졌는데, 그게 어째 자연의 조, 조화입니까?"

"지다니? 이런 참, 지고 이기고가 아니야, 좋고 나쁜 것도 아니고! 생물의 법칙이 그렇다는 거지. 적자생존, 자연선택설, 그것만 기억하면 돼. 돌연변이도 설명할 참이니까, 이젠 자리에 앉아."

그러나 윤수는 앉지 않았다. 계속 교복의 앞자락을 만지작거리며 더듬대다가 가까스로 말을 만들어냈다.

"그, 그럼, 사람, 사람은 평등한데, 환경에 따, 따라……. 그게 저, 적자생존인지, 조, 조화인지……."

"왜 쓸데없이 복잡하게 생각을 하고 그래? 진도 방해 그만하고, 그냥 외워!"

■■■ Question

1. 윤수는 생물 시간에 배우는 '적자생존'의 의미를 왜 쉽게 받아들이지 못할까?

2. 생물 선생님의 수업방식은 어떤가?

■■■ Expression

위의 장면에 드러나는 윤수의 생각과 『호밀밭의 파수꾼』의 홀든의 생각을 비교해보자.

『감시와 처벌』 학교의 규율은 개인을 어떻게 억압하는가

프랑스의 철학자 미셸 푸코(Michel Foucault, 1926~1984)에 의하면 개인은 사회에서 다양한 강제 형식에 따라 특정한 방식으로 규율을 수행하도록 강요당하고 있다. 이때 개인의 신체는 규율에 의해 훈련받으면서 순종하는 신체가 되어 경제적인 노동력을 지닌 대상이자 정치적으로 복종할 수 있는 훈련된 신체가 되어 권력의 질서 안에 편입된다.

권력은 이 개인들을 감시하고 통제하며, 권력 아래에서 개인은 권력의 산물일 뿐 주체가 될 수 없다. 권력의 감시하는 눈은 결코 무엇도 놓치지 않기 위해 공간적 구조를 통해 질서를 형성하는데, 이는 공장, 학교, 군대, 감옥 등에 적용된다.

가령 학교에서 각 교실의 교단은 교사가 모든 학생들을 잘 관찰할 수 있도록 배치되는 식이다. 나아가 권력은 한층 효율적으로 기능하기 위해 일정한 기준을 만들어 일탈을 규제한다. 즉, 지각이나 결석 같은 시간에 관한 일탈이나, 반항이나 무례한 행동 같은 태도에 관한 일탈뿐 아니라, 언어에 관한 일탈, 신체에 관한 일탈, 성에 관한 일탈 등을 일일이 규제한다. 그리고 질서에 적응하지 않거나 규율에서 일탈하는 자들은 감시와 처벌과 교정의 대상이 된다. 개인은 끊임없이 감시하는 시선을 의식하며 스스로 권력의 요구에 따르고 규율에 복종하게 되는데, 문제는 권력이 제시한 규율을 지키는가, 그 기준을 일탈하는가가 곧 선악을 구분하는 기준이 된다는 점이다.

1. 푸코가 말한 '감시와 통제를 위한 공간적 구조'란 어떤 것인가?

2. 위 글에서 언급하고 있는 학교는 어떤 모습인가?

푸코가 말한 학교의 권력과 감시의 기준들에 대해 홀든은 왜, 어떻게 일탈하고 있는가?

| 영 | 화 | 와 | | 명 | 작 | | 비 | 교 | 하 | 기 |

「GO」 도대체 나는 누구이며 또 무엇이지

"이 이야기는 나의 연애 이야기이다."라는 쾌활한 독백으로 시작하는 영화 「GO」는 청춘의 절정에 있는 스기하라(한국이름 이정호)가 정체성을 찾기 위해 방황하고 사랑하고 우정을 나누는 이야기다. 주인공 스기하라는 일본인 엄마와 조총련계 아버지 사이에 태어난 재일교포 3세다. 프로복서였던 아버지는 스기하라가 잘못했을 때 아들을 상대 선수인 양 가차 없이 두들겨 패고 엄마는 늘 아버지 편만 들지만 이들의 가족관계는 사실 더없이 끈끈하다. '제기랄', '지겨워'라는 말을 입에 달고 사는 스기하라는 친구들 사이에서는 의리 있고 싸움도 잘해 인기가 높지만 선생님들 사이에서는 문제아일 뿐이다. 스기하라가 진정한 친구라고 생각하는 것은 늘 조용하며 생각이 깊은 정일뿐이고, 운명적으로 만난 여자친구 사쿠라이를 사랑하고 있다.

어느 날 정일은 스기하라에게 전화 한 통을 남긴 후 조총련계 여학생을 놀리던 일본 남학생을 말리다 그만 살해당한다. 게다가 사랑하는 여자친구 사쿠라이는 스기하라가 일본인이 아니라 재일교포라는 사실을 알고 떠나버린다. 이제 스기하라는 자기 존재의 정체성에 대해 새로운 갈등의 국면에 들어서게 된다.

스기하라는 싸움에 관한 한 엄청난 무용담을 지니고 있고 무모한 모험 또한 서슴지 않는 혈기방장한 십대지만 결코 섣부르거나 어리석지 않다. 친구들은 정일이가 죽음을 당한 만큼 폭력으로 복수를 하자고 선동하지만 스기하라는 정일이가 진정 원했을 대응방식을 택하자고 이들을 만류한다. 그는 기성세대의 민족감정이나 차별을 답습하려 하지 않는다. 그리고 사쿠라이가 재일교포에 대한 차별인식을 극복하고 다시 돌아왔을 때 자신의 존재 자체를 있는 그대로 보여주고 자유로운 존재로서의 강한 의지를 포효하며 사랑을 되찾는다.

이 영화는 자신의 정체성을 찾아가는 스기하라의 갈등과 방황을 보여주지만 시종일관 힘과 리듬과 웃음이 넘친다. 목숨을 건 긴박한 지하철 철로 시합, 땀방울 튀기는 농구 경기, 싸움 캡틴을 뽑는 토너먼트 시합, 스기하라와 사쿠라이의 달콤하고 짜릿한 연애, 속 깊은 친구들의 우정 등이 빠른 속도로 전개되는 십대의 뜨거운 열정 같은 영화다. 정일은 죽기 얼마 전 스기하라에게 셰익스피어를 빌려주는데, 그중 스기하라가 되풀이해서 읽는 한 구절이 이 영화 전체를 관통하는 주제라고 할 수 있다. "이름이란 뭐지? 장미라 부르는 꽃을 다른 이름으로 불러도 아름다운 그 향기는 변함이 없는 것을."

1. 스기하라는 혼란스러운 정체성 찾기를 어떻게 성취해가는가?

2. "이름이란 뭐지? 장미라 부르는 꽃을 다른 이름으로 불러도 아름다운 그 향기는 변함이
   없는 것을"은 무슨 의미인가?

십대들은 불안하고 서툰 성장과정 속에서도 기성세대가 갖는 우려와 걱정에 비해 한층 지혜롭고 순수하게 그 과정을 통과해 나간다. 성장소설이나 영화작품을 예로 들며 이 점을 서술해보자.

　　　　　　　다음은 『호밀밭의 파수꾼』 중에서 홀든이 가장 존경하는 안톨리니 선생님이 홀든에게 해주는 얘기들이다. 이 글을 읽고 홀든의 입장에서 항변 혹은 수긍하는 입장을 세워 글을 써보자.

　홀든, 네가 달려 내려가고 있는 내리막은 그중에서도 특히나 끔직한 유형이야. 추락하는 사람은 자기 스스로는 밑바닥에 닿는 것을 들을 수도 느낄 수도 없는 거란다. 마냥 떨어지기만 하는 거지. 그런 모든 순서가 자기 인생의 어떤 시기에 자신이 놓인 환경에서 얻을 수 없는 무엇인가를 찾던 사람들을 위해 예비된 거지. 아니면 자기 스스로 상황이 마련해줄 수 없다고 생각했던 사람이든지. 그래서 찾는 것도 포기하는 거지. 심지어 진짜 시작도 하기 전에 포기하는 거라구.

넌 이렇다 할 가치도 없는 어떤 신조를 지키느라 숭고하게 죽어가고 있는 거야. '미성숙한 사람의 특징은 어떤 신조를 위해 숭고하게 죽기 원한다는 것이고, 그 반면에 성숙한 사람의 특징은 신조를 위해 겸허하게 살기를 원한다' 거든.

일단 어느 방향으로 나가고 싶은지 묘안이 떠오르고 나면 우선 할 일은 학교에 적응하는 것부터란 말이야. 그래야 한다구. 넌 학생이잖아. 그게 마음에 들든 아니든 말이야. 넌 앎을 사랑하고 있는 거라구.

빈슨 선생님 같은 과목들을 억지로라도 통과하고 나면 점차 정말 가슴에 와닿는 그런 지식에 더 가까워지는 게야. 원하고 찾다보면 그렇게 되는 거란다. 무엇보다도 먼저, 인간 행위에 혼돈되고 놀라고 그리고 심지어 역겨워한 게 너뿐만이 아니라는 걸 깨닫게 되는 거야. 바로 그 점에 있어서 너만 그런 게 절대 아닌 것이고, 넌 신이 나서 막 알고 싶은 자극이 생기게 되지. 너무나 많은 사람들이 지금의 너처럼 도덕적, 정신적인 혼란을 겪어온 거야. 다행히 그들 중 어떤 이들은 자기들 고통의 기록을 남기고 있거든. 원하면 그들에게서 한 수 배우게 될 거야. 언젠가 너도 남에게 줄 게 생기면 다른 사람도 네게서 배워가는 거나 똑같은 이치라고 할 수 있지. 그건 멋지게 상부상조하는 관계거든. 그리고 그건 교육이 아니야. 역사고 시지.

교육받고 학구적인 사람만이 사회에 가치 있는 무언가를 공헌할 수 있는 건 아냐. 물론 그렇지는 않거든. 드문 경우이긴 하지만 배우고 학구적인 사람들이 거기다 똑똑하고 창의적이기까지 하면, 그냥 똑똑하고 창의적이기만 한 사람보다는 죽고 난 뒤 훨씬 더 무한히 가치 있는 기록을 남기게 된다는 거지. 그들은 자신을 더욱 분명하게 표현하고 자신의 생각을 끝까지 추구하려는 정열을 지니고 있거든. 그리고 뭣보다 중요한 건 십중팔구 그런 사람들이 비학구적인 사색가들보다 훨씬 인간미가 있다는 거지.

  학교 교육이 네게 도움이 되는 일이 또 있지. 일정 수준까지 교육을 받으면 자신이 어떤 크기의 지성을 지녔는지 알기 시작하거든. 그것이 무엇에 맞을지 아니면 안 맞을지 말이야. 조금 지나면 어느 정도 자란 네 지성이 어떤 유형의 사고를 걸치게 될지 알게 된다는 거야. 그렇게 되면 우선 네게 맞지도 어울리지도 않는 생각들을 시도하느라 허송세월을 보내지 않아도 돼. 네 진짜 치수를 알게 되면 네 지성에 맞는 옷을 입게 된단다.

인생과 사랑 2부

순 수 성 과 인 간 의 욕 망   운 명 의 선 택 과 극 복

순수는 지고한 가치인가
무모한 동경인가

『위대한 개츠비』 프란시스 스콧 피츠제럴드

『미스 론리하트』 너새네이얼 웨스트

『사랑의 기술』 에리히 프롬

영화 「엘비라 마디간」

순수한 사랑,
초록색 불빛인가 회색 재인가

　이 소설은 개츠비라는 남자가 데이지라는 한 여자를 사랑하여 자신의 일생을 건 사랑이야기이다. 사랑과 이별의 순애보이자 재회와 치정이 뒤얽힌 드라마틱한 소설이라고 할 수 있다.

　작가 피츠제럴드(Francis Scott Fitzgerald, 1896~1940)는 당대 미국의 풍속을 가장 민감하면서도 감각적으로 표현한 대표적인 소설가이다. 그는 미국의 사교계와 할리우드에서도 활약을 했지만 당시 미국 사회가 급성장하면서 도덕적으로 타락해가고 있음을 소설을 통해 비판하려는 의지를 갖고 있었다.

　『위대한 개츠비』(1925)는 작가의 그런 의지를 가장 잘 드러낸 대표작으로 세계적인 문학평론가들로부터 '눈부신 예술적 성공' 혹은 '20세기에 영어로 쓰인 가장 위대한 문학작품'이라는 극찬을 받았다. 이 소설은 남녀간의 사랑과 파국을 그리는 동시에, 1차 세계대전 이후 1920년대 미국의 청춘세대를 지칭하는 '잃어버린 세대'가 겪은 희망과 좌절, '아메리칸 드림'의 실종과 '재즈 시대'의 방황을 감각적인 상징들로 묘파하고 있다.

　그러나 개츠비의 지고지순한 사랑에 대해서는 늘 찬사와 비판이 엇갈리고 있다. '위대한'이라는 표현에 대한 기대와는 달리 오로지 사랑 때문에 물질적 성공에 집착하고 또 그 사랑 때문에 비참한 종말을 맞는 개츠비의 인생역정에 누구나 공감하기는 어렵기 때문이다.

개츠비에게 사랑은 어둠 속에서도 손을 내밀어 다가가려 애썼던 '초록색 불빛'이었지만, 끝내는 그를 '회색 잿더미'로 밀어넣은 허무한 것이 되고 말았다.

개츠비의 순수한 사랑은 과연 가능한 것일까? 오직 사랑을 되찾기 위해 부도덕하게 성공을 이룬 것은 용납될 수 있을까? 사랑을 위해 파멸을 자초한 것은 의미있는 것일까? 그렇다면 순수와 사랑이란 진정 무엇일까? 그럼에도 개츠비는 왜 위대한가?

■■■ 작품 이해를 위한 질문

1. 등장인물을 성격에 따라 다음 세 그룹으로 정리해보자.
   닉, 개츠비 / 데이지, 톰, 조던 베이커 / 머틀, 윌슨

2. 작품 전체를 관통하는 상징인 '초록색 불빛'은 무엇을 의미하는가?

3. 개츠비의 사랑은 순수한가? 물질적인 성공으로 데이지의 사랑을 되찾을 수 있다고 믿은 개츠비는 옳았는가?

4. 이 작품에서 당시 부유한 젊은이들의 삶은 어떻게 드러나는가? 공간적 배경인 이스트에그와 웨스트에그, 그리고 뉴욕은 어떻게 그려지는가?

5. 개츠비의 순수한 꿈과 사랑은 당시의 '아메리칸 드림'과 어떻게 연결되는가?

>> 위대한 개츠비

닉은 이웃에 이사 온 개츠비를 만나게 된다

닉은 이제는 만날 수 없게 된 개츠비를 추억한다. 닉에게 개츠비는 삶의 가능성에 예민한 감수성을 지니고 있었고 희망에 대한 탁월한 재능을 지녔으며 다른 누구에게서도 발견할 수 없는 낭만적인 민감성을 지닌 사람이었다. "결국 개츠비는 옳았다. 내가 잠시나마 인간의 짧은 슬픔이나 숨 가쁜 환희에 대해 흥미를 잃어버렸던 것은 개츠비를 희생물로 이용한 것들, 개츠비의 꿈이 지나간 자리에 떠도는 더러운 먼지 때문이었다."라고 되뇌이며, 닉은 개츠비와의 첫 만남부터 기억을 되짚는다.

웨스트에그에 살고 있는 닉은 이스트에그에 살고 있는 사촌누이 데이지의 초대를 받는다. 그곳에서 유명한 골프선수 미스 베이커를 소개받는데, 데이지와 그녀의 남편 톰, 그리고 베이커는 모두 상류사회의 사람들이자 파티와 유흥을 일삼는 이들로 처음 만났을 때부터 삶에 대해 진실하지 못한 느낌을 주는 이들이다. 그곳에서 닉은 이웃에 새로 이사 온 개츠비라는 신흥부자의 얘기, 톰에게 정부가 있다는 사실, 데이지의 혼란스러운 결혼 생활 등에 대해 듣게 된다.

닉은 불안정한 데이지를 보며 석연치 않은 기분으로 집에 돌아오는데, 저 멀리 어둠 속에 서 있는 개츠비와 인상적인 첫 만남을 갖게 된다. "그는 두 팔을 어두운 바다를 향해 뻗었는데, 나는 멀리 떨어져 있기는 했지만 그가 몸을 떨고 있다고 확신할 수 있었다. 무의식 중에 나도 바다 쪽을 바라보았다. 저 멀리 조그맣게 반짝이는, 부두의 맨 끝자락에 있는 것이 틀림없는 단 하나의 초록색 불빛을 빼고는 아무것도 보이지 않았다." 이런 개츠비의 모습은 닉의 기억에 오래도록 남는다.

얼마 후 닉은 데이지의 남편인 톰이 만나고 있는 정부(情婦)인 머틀을 만나는 자리에 동행하게 된다. 뉴욕 근처 '재의 계곡'에 살고 있는 속물스럽고 허영 가득한 머틀은 톰의 아내인 데이지를 질투하고 있었으며 무지하고 무례한 톰은 그런 그녀를 하대하고 구타한다. 닉은 그곳에서 우연히 만난 사람들에게 개츠비가 자주 성대한 파티를 연다는 얘기를 듣게 된다.

개츠비는 오로지 데이지와의 재회를 꿈꾸며 성공을 향해 달려왔다

닉은 개츠비의 파티에 초대를 받는다. 대단히 성대하고 화려한 파티였는데 대부분의 사람들은 초대를 받지 않고 참석해 개츠비에 대한 악의적인 소문을 비밀리에 퍼뜨리면서도 이 거창한 파티의 물질적 향락을 마음껏 즐기고 있었다. 닉은 여기서 처음으로 개츠비와 대화를 나누면서 그를 '사려 깊은 미소, 영원히 변치 않을 듯한 확신을 내비치는 미소의 단정하고 우아한 젊은이'라고 느낀다.

닉은 다소 오만한 베이커에게 호감을 갖고 있었으나 그녀가 부정한 방법으로 골프에서 우승을 했다는 사실을 알게 되어 크게 실망한다. 예일대학 출신이자 뉴욕 증권가의 성실한 직원인 닉은 여러 사람들과의 만남 속에서 스스로 '생각이 느리고 욕망에 브레이크를 거는 내면의 규칙을 지니고 있으며 나 자신이 바로 내가 알고 있는 얼마 안 되는 정직한 사람 중 하나'라고 생각하며 개츠비에게 동질감을 느낀다.

그러던 중 닉은 개츠비로부터 성장과정에 대한 얘기를 듣게 된다. 부잣집 아들로 태어나 풍족하게 자랐으며 옥스퍼드대학에 다녔고 전쟁에서 훈장을 받았다는 얘기였다. 하지만 개츠비의 동업자를 함께 만난 자리에서 닉은 그들에게 약간의 의혹을 갖게 된다. 그 후 닉은 베이커로부터 개츠비와 데이지의 인연에 대한 얘기를 듣게 된다.

개츠비와 데이지는 사랑하는 사이였으나 개츠비가 전쟁에 나가면서 이별하게 되었고 데이지는 곧 톰과 성대한 결혼식을 올렸다는 것이었다. 개츠비가 지금 그곳에 대저택을 산 것은 데이지가 바로 그 건너편에 살고 있기 때문이며, 이제 그는 우연을 가장해서라도 데이지를 다시 만나기만을 간절히 바라면서 성대한 파티들을 끊임없이 열고 있는 것이라는 뜻밖의 얘기였다.

개츠비는 데이지와 사랑했던 과거로 돌아갈 수 있다고 믿는다

드디어 닉의 도움으로 개츠비는 데이지와 5년 만에 재회를 하게 된다. 개츠비는 데이지를 만나기 직전 극도로 흥분하고 불안정한 모습을 보인다. 개츠비는 '너무 오랫동안 그 생각에만 몰두하고, 끝까지 그것만을 꿈꾸어왔던, 말하자면 상상하기 어려울 정도로 긴장하며 기다려왔던' 꿈만 같은 순간을 맞이하게 된다.

개츠비는 데이지에게 "당신 집이 있는 곳, 그곳의 부두 끝에는 항상 초록빛 불이 켜져 있다."면서 그녀를 향한 여전한 사랑과 순수한 마음을 고백한다. 개츠비는 지난 세월 동안 품어온 '환상의 그 거대한 힘, 그녀를 초월하고 모든 것을 뛰어넘었으며 창조적인 열정으로 직접 그 환상에 뛰어들어 환상이 끊임없이 부풀어 오르게 했으며 자신의 길 앞에 떠도는 모든 빛나는 깃털로 장식한 그 환상'의 순간을 드디어 현실에서 마주한 것이다. 개츠비는 데이지를 초대해 자신의 화려하고 호사스러운 집을 보여주며 그녀의 마음을 사려 애썼고 데이지는 개츠비의 어마어마한 부에 취한다.

그러나 곧 개츠비 삶의 진실이 밝혀진다. 가난하고 무능한 부모와의 힘겨운 삶, 그리고 부에 대한 선망과 오로지 성공만을 향해 부정한 방법으로 이뤄온 물질적부……. 그럼에도 닉은 개츠비의 '거대하고 속되며 기만적인 아름다움을 섬기는 일'과 그의 순수를 이해한다. 한편 톰은 자기 아내인 데이지가 개츠비와 예전부터 서로 아는 사이라는 사실에 예민해진다. 개츠비는 데이지가 톰과 헤어져 5년 전으로 되돌아가 자신과 사랑했던 과거를 반복하길 바란다. 닉은 개츠비가 5년 전의 시간을 너무도 생생히 기억하면서 그때로 되돌아가길 간절히 갈망하고 또 그럴 수 있다고 확신하는 것에 안타까워한다.

개츠비는 한낱 환상일 뿐인 사랑 안에서 죽음을 당한다

개츠비와 데이지의 밀회가 거듭되자 톰은 이를 눈치 채고 광분한다. 무더위로 질식할 것 같은 여름날, 이들은 모두 함께 뉴욕으로 외출을 하게 된다. 가는 길에 모두들 머틀의 남편 윌슨이 아내의 부정을 의심하는 광경을 보게 되나 그 남편은 어리석게도 당사자인 톰을 전연 의심하지 못한다. 뉴욕에서 시간을 보내던 중 개츠비는 데이지에게 톰과 헤어지라고 애원하고 데이지는 개츠비에게 강하게 끌리는데, 톰은 이때 개츠비가 밀주업으로 돈을 벌어 부자가 되었다는 사실과 그가 저질러온 부정과 비리를 폭로한다.

모두들 격렬하고 혼란스러운 생각 속에 집으로 돌아오는 길에 개츠비의 차를 운전하던 데이지는 톰을 향한 질투에 사로잡혀 그만 차에 뛰어든 머틀을 치어 죽이게 된다. 이 사건 직후 개츠비는 닉에게 데이지가 아닌 자기가 운전한 것으로 거짓 증언할 것이며 곧 데이지와 함께 떠날 것이라고 얘기한다. 그리고 다소 들떠서 비로소 자신과 데이지의 사랑과 이별, 그리고 이후의 파란만장했던 삶에 대해 이야기한다.

불안한 예감 속에서 닉은 개츠비에게 "그 인간들은 썩어빠진 족속이요. 당신 한 사람이 그들을 모두 합쳐놓은 것만큼이나 훌륭합니다."라는 말을 남기고 헤어진다. 아내의 죽음에 광분한 윌슨은 톰의 농간에 속아 자신의 아내 머틀을 죽인 것이 개츠비라고 오해한다. 그리고 개츠비의 집으로 가 수영장에서 쉬고 있던 그를 총으로 쏘아 죽이고 자신도 자살한다. 결국 개츠비는 단 하나의 꿈을 너무 오랫동안 품고 살아온 것에 대해 값비싼 대가를 치르고 만다.

개츠비의 장례식날, 결국 아무도 찾아오지 않았으며 데이지는 방문은커녕 전화조차 없었다. 닉은 개츠비의 아버지에게 어릴 적부터 시작된 개츠비의 절제된 삶과 자세에 대해 들으면서 쓸쓸하고 초라한 장례식을 치른다.

이곳과 사람들에 대해 환멸만을 느끼게 된 닉은 이곳을 떠나기로 결심하고 여전히 거만한 베이커를 만나 이별을 고한다. 그리고 쇼핑 나온 톰을 우연히 만나게 되는데 톰의 경박한 말들 속에서 톰과 데이지가 경솔한 인간들이고 물건이든 사람이든 부숴버리고 난 뒤 자기들이 만들어낸 쓰레기를 다른 사람들이 치우도록 하는 족속들임을 다시 확인한다.

마지막으로 닉은 개츠비의 집을 바라보며 그를 추억한다. 개츠비가 데이지의 초록색 불빛을 처음 찾아냈을 때의 경이를 생각하고 그 꿈을 향해 머나먼 길을 달려왔을 개츠비를 생각한다. 그리고 그 초록색 불빛을 지난날의 사랑을 그대로 간직한 미래라고 믿었던 개츠비의 순수를 기억한다.

》 순수성은 어떻게 타락해가는가

개츠비는 순수한 사랑을 되찾을 수 있을까

이 소설은 순수했던 첫사랑을 되찾으려는 남자와 이미 변해버린 여자, 그리고 그녀의 남편 가운데 벌어지는 사랑과 욕망, 치정과 복수로 뒤얽힌 살인, 끝내 파멸해버린 순수 등 통속적인 드라마의 구조를 그대로 가지고 있다. 이 장황하고 파란만장한 이야기를 이끌어가는 것은 닉이라는 인물인데, 닉은 중심인물이자 서술자로 등장해 처음부터 끝까지 개츠비의 지고한 사랑과 순수함을 이해하고 변호한다. 소설 맨 끝에서 닉은 개츠비가 죽은 후 순수가 살해당한 환멸스러운 그곳을 떠나 진정한 삶의 고향으로 돌아간다.

개츠비는 순수하고 도덕적이며 정직하고 예의 바르고 배려심이 깊다. 가난 때문에 어쩔 수 없이 첫사랑인 데이지와 헤어졌지만 단 한순간도 데이지를 잊은 적이 없다. 오로지 그 사랑을 되찾기 위해 전쟁에서 살아 돌아왔고, 수단 방법을 가리지 않고 돈을 벌었으며 거짓말을 조금 했고, 그녀 근처에 살면서 혹시 그녀가 오지 않을까 헛된 기대를 하며 성대한 파티를 열었고, 마지막엔 데이지가 저지른 살인죄까지 덮어쓰고 죽어갔다.

개츠비의 이 같은 사랑을 받는 데이지라는 인물은 어떤가. 데이지는 개츠비와 사랑했던 시절에는 순수한 사랑을 믿었을지 모르지만 이내 개츠비를 잊었고 부유한 톰과 결혼해 늘 사치와 파티와 물질적 향락에 빠져 살고 있다. 중심을 잃고 사랑을 불신하며 '돈으로 가득 찬 목소리로 돈만으로도 마비되는 행복'을 느낀다. '여자가 되는 최상의 길은 귀여운 바보가 되는 것'이라고 믿는 무력한 여자가 되어 그저 나른한 일상을 살고 남편의 부정을 알면서도 안락한 삶을 버리지 못한다.

개츠비스크
(gatsbyesque)

개츠비처럼 꿈과 이상을 좇는 사람을 가리키는 말이다. 낭만적 경이감에 대한 능력이나 삶의 가능성에 대해 예민한 감수성과 희망을 가진 이들을 가리키기도 한다.

끝내는 개츠비에게 자신의 살인죄를 덮어씌우고도 다시 천연스레 예전의 삶으로 빠져드는 무책임하고 믿을 수 없는 존재이다.

과연 개츠비는 데이지의 무엇을, 왜 사랑한 것일까? 개츠비의 사랑은 처음 사랑했던 순간 그대로이다. 그 사랑은 현실적 맥락을 전혀 고려하지 않는 낭만적인 사랑의 전형적인 모습이다. 이 사랑은 비현실적이며 이상적이라는 점에서는 순수하다고 할 수 있겠으나(이는 소설에서 개츠비가 늘 분홍색 양복을 입는 것으로 상징된다), 예전에 불같이 사랑했던 순간만 생생할 뿐 사랑하고 사랑받았던 그때의 그들은 이제 없다. 지금 개츠비가 사랑하는 데이지는 예전에 사랑했던 데이지가 아니다. 개츠비에 대한 데이지의 사랑은 이미 증발했으며 이젠 그의 물질적 부만이 유혹적일 뿐이다. 데이지에 대한 개츠비의 사랑 역시 맹목적인 혹은 전연 성장하지 않은 감정일 뿐이다.

이 점이 가장 잘 드러나는 장면은 개츠비가 데이지를 초대해 자신의 벽장에 가득한 부드럽고 값비싼 색색의 셔츠들을 하나씩 꺼내 던지며 과시하고 이에 데이지는 이렇게 아름다운 셔츠를 본 적이 없다면서 와락 우는 부분이다. 즉, 개츠비가 데이지를 되찾고자 욕망하는 것은 순수한 사랑이라는 이름의 집착이자 목적이다. 데이지를 되찾을 수 있는 유일한 방법으로 그는 물질적 성공을 꿈꾸는데, 아이러니한 것은 순수한 사랑을 되찾으려는 개츠비의 방법이 대단히 불순했다는 점이다.

순수하고 정직했던 개츠비는 불순하고 부정직한 방법인 밀주업과 도박업으로 부자가 되어 데이지 앞에 나타났다. 순수란 가장 오염되지 않은 가치인데 개츠비가 그토록 집착해온 순수한 사랑은 어느덧 욕망으로 얼룩져버린 것이다.

그래서 개츠비의 순수를 이해하는 닉은 그를 경청하면서도 자신의 생각을 얘기한다. 개츠비가 그토록 찾고 싶어하는 것은 어쩌면 데이지와의 사랑이 아니라 곧 개츠비 자신의 순수했던 삶, 혼돈에 빠지기 이전의 시절, 즉 데이지를 사랑하던 시절의 자기 자신이라는 것이다. 순수하고 절대적인 사랑이란 결국 개츠비 자신의 환상일 뿐이고, 더욱이 그것을 물질적인 부로 되찾으려 하는 것은 위험하고 무모한 짓이며, 데이지 또한 이미 변했다는 설득이었다.

즉, 개츠비가 되돌리고 싶어한 것은 '그가 데이지를 사랑하는 데 들어간, 그 자신에 대한 어떤 관념'일지도 모른다. 따라서 개츠비가 "모든 것을 옛날과 똑같이 되돌려놓을 것입니다."라고 말할 때 닉은 과거는 반복할 수 없다고 답한다. 누군가의 말처럼 추억은 힘이 없고 사랑은 결코 화석이 아니며 순수한 사랑은 어쩌면 '자기 자신에 대한 어떤 관념'일 뿐이기 때문이다. 게다가 5년이라는 세월을 한결같이 그리워하며 보낸 끝에 다시 만난 데이지는 개츠비에 대한 사랑이 아니라 그의 엄청난 재산을 보고 되돌아올까 망설인다. 그들의 사랑은 이미 순수한 모습을 잃은 지 오래이다. 오히려 개츠비가 혼자만의 믿음으로 자신만의 순수한 사랑 속에서 처참하게 죽어갈 때, 그 파멸하는 깊이의 사랑 속에서 어쩌면 그의 순수는 완성되었다고 할 수 있을 것이다.

순수는 어떻게 파멸되는가

개츠비의 초라한 장례식장에서 그의 아버지가 닉에게 보여준 것은 개츠비의 어릴 적 일과표와 결심을 적어놓은 글이었다. 개츠비가 그렇게 비통하게 죽은 후 그의 일기에서 청교도적 삶의 자세와 성실한 일과표와 착하고 선한 결심들을 읽으며 닉은 다시 슬픔에 잠긴다. "오전 6시 기상, 오전 6시 15분~30분 아령 들기와 벽타기, 오전 7시 15분~8시 15분 전기학 및 기타 공부…… 결심 : 퀄련과 씹는 담배를 삼갈 것, 매주 유익한 책이나 잡지를 한 권씩 읽을 것, 매주 3달러씩 저축할 것, 부모님 말씀을 잘 들을 것……."

『위대한 개츠비』에서는 처음부터 끝까지 개츠비의 순수함이 강조되는데 이는 그가 불순한 방법으로 치부(致富)를 한 허물을 덮을 만큼 진실한 모습으로 드러난다. 개츠비가 꿈과 사랑을 향해 품은 순수는 초록색 불빛으로 상징된다. 그에게 사랑은 순결했던 꿈 그대로의 모습으로 각인되어 있다. 그러나 순수를 알아봐주지 않는 사람들에게 순수는 동경의 대상이 아니라 연민의 대상일 뿐이다. 순수는 이상적으로는 강할지 모르나 현실에서는 아무런 힘도 행사할 수 없다. 순수와 낭만은 늘 현실과 어긋나게 마련이기 때문이다.

세속적인 기준에서 개츠비의 분홍색 양복은 비웃음의 대상이 되고 예의바른 배려심은 늘 무시되며 순수한 그의 순정은 조롱당하고 그의 선의는 악의적으로 이용당한다. 초록색 불빛은 결국 환상에 지나지 않는 것이었으며 순진무구한 희망은

잃어버린 세대
(lost generation)

1차 세계대전의 참화를 겪은 후 기존의 모든 가치와 신념, 그리고 이상을 잃어버리고 환멸만 갖게 된 미국의 젊은 세대를 이른다. 이들은 견고했던 가치와 이념들이 흔들리게 되자 지적 허무주의에 빠지거나 새로운 가치를 발견하고자 노력하였다. G. 스타인(미국의 여류시인, 소설가)이 이들을 두고 "당신은 모두 잃어버린 세대의 사람들입니다."라고 말한 데서 시작되어 널리 쓰이게 되었다.

물거품처럼 덧없이 사라져갔다. 그의 맹목적인 순수는 결국 지나치게 태양 가까이 날아올라 녹아버린 이카로스의 날개가 되어버린 것이다.

순수를 둘러싼 개츠비와 데이지와 닉과 톰은 당시 아메리칸 드림을 반영하고 있다. 즉, 1차 세계대전 후 정신적인 공황 속에서 자기 중심과 존재 의미를 잃고 환멸에 빠져 있던 잃어버린 세대의 젊은 지식인들의 자화상이기도 한 것이다. 개츠비는 아메리칸 드림의 순수한 초심을, 데이지는 아메리칸 드림이 처음에는 순수했으되 타락해가는 모습을, 닉은 아메리칸 드림의 순수를 신뢰하는 정신을, 톰은 꿈의 순수성을 상실하고 물질과 쾌락에 탐닉하는 환멸스러운 미국을 상징하고 있다.

아메리칸 드림의 순수한 초심은 점차 퇴락해가고 결국은 물질과 향락에 찌든 미국의 모습으로 변질되었다. 그래서 개츠비의 맹목적인 사랑은 순수했던 미국의 정신을 의미하며, 곧 개츠비의 죽음은 아메리칸 드림의 순수성이 죽고 미국적 자아가 패배한 것을 상징한다. 개츠비를 죽음으로 몰아넣는 데이지와 톰은 미국의 순수했던 꿈을 파멸시켜가는 무자비한 폭력을 뜻하며, 닉은 아메리칸 드림의 순수한 초록색 불빛을 기억하며 현재를 성찰하는 존재를 의미한다고 할 수 있다.

개츠비는 위대한가

이 소설에서 개츠비를 온전히 이해했던 유일한 인물인 닉이 끝까지 건재해 개츠비를 기억하는 것은 개츠비의 사랑과 아메리칸 드림의 순수성에 대해 동의와 경외를 표하는 것이라고 볼 수 있다. 개츠비, 데이지, 톰, 베이커는 모두 부유한 계층이지만 개츠비는 물질적 향락에 함몰되지 않고 늘 꼿꼿이 홀로 서 있었다. 어둠 속에서도 성대한 파티에서도 난장판 가운데에서도, 그는 술 한 모금 입에 대지 않고 오로지 자신의 사랑만을 향해 줄곧 서 있었다. 그에 비해 데이지와 톰과 베이커는 잔인하고 무지하며 천박했다. 물욕과 과시욕과 향락에 빠져 지난 날 순수했던 삶의 기준을 모두 잃고 이상과 가치에 대한 신념도 잃은 채 그냥 이리저리 흘러 다녔다.

순수했던 꿈을 그대로 지닌다는 것은 물론 쉬운 일이 아니다. 꿈은 변화하고 변질되게 마련이기 때문이다. 하지만 개츠비는 자신의 순수한 사랑을 되찾기 위해 자신의 모든 것을 걸었다. 첫눈에 반했던 데이지에 대한 순수한 꿈과 환상을 그대로 품고 그것을 위해 모든 시간들을 참아냈다. 그리고는 순수한 사랑의 실체가 신기루처럼 나타났다 사라져버린 순간, 자신이 오래 품어온 그 사랑의 대가로 비참한 죽음을 당하고 만다.

그러나 그럼에도 불구하고, 순수한 사랑을 향해 자신의 생을 온전히 다 던질 수 있었던 개츠비는 위대하다. 사랑 때문에 검은 돈을 벌어들이고 사랑 때문에 조롱당하고 사랑 때문에 어이없는 죽음을 당한 개츠비. 그래서 어떤 이들은 '위대한'의 의미를 반어법으로 읽으려 하기도 하고 그의 순수를 동경하기보다는 연민의 대상으로 보거나 반면교사로 삼기도 한다. 하지만 순수란 원래 그런 것이다. 순수는 지상 최대의 가치이되 또한 가장 무모한 가치이기 때문이다. 개츠비는 사랑을 위해, 그리고 다른 이들이 잃어버렸던 순수의 초상을 되찾기 위해 무모했다. 그가 '위대한 개츠비'인 것은 바로 그러한 순수와 사랑 때문이었던 것이다.

20세기 미국문학의 대표 작가는 피츠제럴드, 헤밍웨이, 포크너, 웨스트 등을 꼽는다. 미국의 대표적인 문학평론가들은 피츠제럴드의 『위대한 개츠비』, 헤밍웨이의 『해는 또다시 떠오른다』, 웨스트의 『미스 론리하트』가 당대 미국 사회의 어두운 비전과 현대 삶의 허위에 대한 환멸을 가장 잘 표현했다고 평가했다.

|다|른| |작|품|과| |비|교|하|며| |읽|기|

『미스 론리하트』 순수는 온전히 지켜지기 어렵다

너새네이얼 웨스트(Nathanael West, 1903~1940)의 『미스 론리하트』(1933)는 당대 미국 사회의 어두운 비전과 삶의 허위에 대한 환멸을 가장 잘 표현한 작품 중 하나로 꼽힌다. 제목이기도 한 '미스 론리하트'는 독자들의 고민에 상담을 해주는 신문칼럼을 쓰는 기자다(이름과 달리 남자다). 다른 이들의 고민을 듣고 조언과 위안을 주려고 애쓰지만 그의 의도와는 달리 제대로 소통되지 못한다. 오히려 그들의 이야기는 미스 론리하트를 어려움에 빠뜨리거나 난처하게 만들고 강인하게 하기도 하면서 그를 시험한다. 미스 론리하트가 깊은 자괴감과 무력감 속에서 비로소 깨우침을 얻고 힘들게 일어선 어느 날, 절름발이 도일을 '사랑의 마음'으로 돕기 위해 달려나가지만 자기 아내와 미스 론리하트의 관계를 오해한 도일의 총에 그만 쓰러지고 만다.

다음은 소설의 마지막 부분이다.

갑자기 벨이 울렸다. 그는 침대에서 내려와 복도로 나가 누가 오는지 살펴보았다. 그것은 절름발이 도일이었다. 도일은 그의 집으로 오르는 계단을 서서히 올라오고 있었다.

하느님이 미스 론리하트로 하여금 기적을 행하게 하고 그의 변모에 확신을 가지게 하려고 도일을 보낸 것이었다. 그것은 하나의 표징이었다. 그는 절름발이를 포옹할 것이고 그러면 절름발이는 다시 온전하게 될 것이다. 정신적 절름발이였던 그 자신이 다시 온전하게 된 것처럼.

그는 기적을 공손히 받들기 위해 양팔을 활짝 벌리면서 도일을 맞으러 계단 아래로 달려 내려갔다.

도일은 신문지에 싼 무엇인가를 들고 있었다. 그는 미스 론리하트를 보자 그 꾸러미를 손에 넣으며 동작을 멈추었다. 그가 뭔가 경고의 말을 외쳤으나 미스 론리하트는 계속 달려 내려갔다. 그는 절름발이의 외침을 이해하지 못했고 그저 도와달라는 외침 – 절망녀, 해롤드 S. 가톨릭 어머니 상심녀, 어깨가 넓은 여자, 모든 게 지겨운 여자의 외침 – 으로 들었다. 그는 사랑의 마음으로 그들을 돕기 위해 달려가고 있는 것이었다.

절름발이는 도망치기 위해 몸을 돌렸다. 그러나 그의 동작은 너무 느렸고 미스 론리하트가 그를 따라잡았다.

그들이 계단에서 씨름하는 동안 베티가 1층의 문을 통해 안으로 들어왔다. 그녀는 두 사람에게 그만두지 못하겠느냐고 소리치면서 계단을 올라오기 시작했다. 절름발이는 그녀가 퇴로를 차단하는 것을 보고서 손에 든 꾸러미를 제거하려고 애썼다. 그는 손을 빼냈다. 꾸러미 안에 있던 총이 발사되었고 미스 론리하트는 절름발이를 끌어당기며 쓰러졌다. 두 사람은 계단 아래로 굴러 떨어졌다.

■■■ Question

1. 미스 론리하트의 조언과 위안은 왜 소통되지 못할까?

2. 미스 론리하트가 마지막에 죽는 것은 무엇을 의미할까?

■■■ Expression

『위대한 개츠비』와 『미스 론리하트』의 주인공들을 예로 들면서 '순수란 지켜지기 어려운 가치이다' 라는 문장을 이용해 한 문단의 글을 써보라.

『사랑의 기술』 사랑은 소통하고 성장하는 감정이다

다음은 에리히 프롬(Erich Fromm, 1900~1980)의 『사랑의 기술』 중 일부이다.

성숙한 사랑은 자신의 통합성, 곧 개성을 유지하는 상태에 있어서의 합일이다. 사랑은 인간에 있어서 능동적인 힘이다. 곧 인간을 동료로부터 분리시키는 벽을 허물어버리는 힘, 인간을 타인과 결합시키는 힘이다. 사랑은 인간으로 하여금 고립감과 분리감을 극복하게 하면서도 각자에게 각자의 특성을 허용하고 자신의 통합성을 유지시킨다. 사랑에 있어서는 두 존재가 하나로 되면서도 둘로 남아 있다는 역설이 성립된다.

(중략)

예를 들면 어떤 사람은 깊은 불안감과 고독감에 쫓겨 끊임없이 일하고 또 어떤 사람은 야망이나 돈에 대한 탐욕에 쫓겨 끊임없이 일한다. 이러한 모든 경우에 있어서 사람들은 열정의 노예이고 쫓기고 있기 때문에 그들의 활동은 '수동적'이다. 곧 그들은 '행위자'가 아니라 수난자이다. 한편 자기 자신, 그리고 자신과 세계의 일체성을 경험하는 것 이외에는 아무런 목적이나 목표도 없이 조용히 앉아서 명상을 하는 사람은 아무것도 '하지 않고' 있기 때문에 '수동적'이라고 생각된다. 사실은 정신을 집중시킨 이러한 명상적 태도는 최고의 활동이며 내면적 자유와 독립의 상태에서만 가능한 영혼의 활동이다. 활동에 대한 한 가지 개념, 곧 근대적 개념은 외부적 목적의 달성을 위한 에너지의 사용을 가리키고 있다.

그러나 활동에 대한 또 하나의 개념은 외부적 변화가 일어났든 일어나지 않았든 인간의 타고난 힘을 사용하는 것을 가리키고 있다. 활동에 대한 후자의 개념은 스피노자에 의해 가장 명백하게 정식화되었다. 그는 감정을 능동적 감정과 수동적 감정, 곧 '행동'과 '격정'으로 구별한다. 능동적 감정을 나타낼 때 인간은 자유롭고 그의 감정의 주인이 된다. 그러나 수동적 감정을 나타낼 때 인간은 쫓기고 자기 자신은 알지도 못하는 동기에 의해 움직여지는 대상이 된다. 이렇게 해서 스피노자는 덕과 힘이 동일하다는 명제에 도달한다. 선망, 질투, 야욕, 온갖 종류의 탐욕은 격정이다. 그러나 사랑은 행동이며 인간의 힘의 행사이고 이 힘은 자유에 있어서만 행사될 수 있을 뿐, 강제된 결과로서는 결코 행사되지 않는다.

■■■ Question

1. 수동적 감정과 능동적 감정이란 무엇을 의미하는가?

2. '성숙한 사랑은 자신의 통합성, 곧 개성을 유지하는 상태에 있어서의 합일이다' 는 무슨 뜻인가?

■■■ Expression

위의 제시문을 읽고 이에 비추어 데이지를 향한 개츠비의 사랑이 왜 실패할 수밖에 없었는지 설명하라.

「엘비라 마디간」 현실 속에서는 존재하기 어려운 순수한 사랑

전쟁에 대한 혐오감과 돌연한 살인으로 군대를 탈영하고 가족으로부터도 도망친 장교 스파레는 서커스단의 소녀 엘비라와 사랑에 빠진다. 이들은 일체의 모든 것으로부터 벗어나 숲과 들의 자연 속에서 순수한 자신들의 모습 그대로 서로를 사랑하며 살아간다. 그러나 주위의 의혹어린 시선과 굶주림의 나날이 길어지고 조금씩 빛이 바래는 사랑 속에서 그들은 순수하고 절대적인 사랑 그대로 살아갈 수 없으리라는 불안한 예감을 하게 된다. 빛나는 순수를 그대로 지닌 엘비라는 가볍게 날아다니는 나비를 잡으러 뛰어다닌다. 그 순간 스파레가 겨눈 총에서 울리는 총성과 함께 막 나비를 붙잡은 엘비라의 모습에서 화면은 정지한다. 일체 모든 것으로부터 자유로운 순수한 사랑이란 막상 현실 속에서는 존재하기 어려운 것이다.

■■■ Question

1. 순수한 사랑을 불가능하게 하는 현실적인 상황들은 무엇인가?

2. 나비는 무엇을 상징할까?

개츠비와 미스 론리하트와 엘비라가 모두 죽음으로 끝을 맺는 것은 어떤 의미를 갖는가?
순수한 사랑의 이상적인 가치와 현실적인 가치를 서술하라.

순수가 파멸되어가는 것을 안타깝게 드러내는 소설들이 있다.
이 작품들은 순수가 더 이상 귀한 가치가 되지 못하고 물질만능주
의, 도덕적 타락, 관계에 대한 불신 속에서 그 가치를 잃어가고 있
음을 비판하고 있다. 『위대한 개츠비』와 『미스 론리하트』를 예로
들면서 주인공의 죽음이라는 상징을 통해 결국 순수가 부조리한
세계 속에서 살해당하고 있음을 분석, 서술하라.

2

인간은 자신에게 주어진 운명을
어떻게 극복하는가

『고도를 기다리며』 사무엘 베케트

느린 템포의 매혹적인 연극

　사무엘 베케트(Samuel Beckett, 1906~1989)는 아일랜드의 극작가이자 소설가이다. 베케트의 작품은 파격적이지만 그 파격은 대단히 조용하게 넘쳐흐르는 힘을 지녔다. 기존의 연극적 관습을 무시한 베케트의 연극은 내용과 형식이 매우 단순한 듯해도 깊이가 있어 『고도를 기다리며』(1953)가 초연된 당시에는 "광대들에 의해 공연된 파스칼의 명상록"이라는 평을 받았다. 인간의 삶을 새롭게 응시하고 성찰하는 이 연극은 부조리 연극 혹은 반연극이라는 새로운 연극의 출발점이 되었다. 이 작품으로 베케트는 1969년 노벨상을 받았는데 시상식과 인터뷰에 전혀 나타나지 않은 것으로도 유명하다.

　『고도를 기다리며』는 우리나라에서도 자주 공연하는 작품이다. 출연하는 배우도 다섯 명뿐이고 화려한 퍼포먼스도 없으며 2막으로 이루어진 매우 단순한 구조의 작품이지만 공연할 때마다 성황을 이루는 작품으로도 유명하다. 언뜻 지루할 것 같으나 매우 흥미진진해서 공연 내내 관객석에서는 은은한 웃음소리가 그치질 않는다. 정중동(靜中動)의 작품이라 쉽게 눈을 뗄 수 없으며, 인간 마음의 깊은 곳을 건드리는 느낌과 비애 섞인 웃음이 일품이다. 이 작품을 처음 대하는 많은 사람들이 처음에는 고도의 의미를 비행고도의 고도(高度)나 외로운 섬의 고도(孤島)로 엉뚱한 추측을 하기도 하고 영어의 God(신)과 프랑스어의 신(Dieu)의 합성어라고 해석하기도 하지만, 연극을 보거나 희곡을 읽는 동안 고도(Godot)

는 저마다에게 다른 절실한 의미로 와 닿게 된다. 이 점에 대해 작가가 남긴 말도 유명하다. "내가 고도가 무엇인지 알았더라면 작품 속에 썼을 것이다."

■■■ 작품 이해를 위한 질문

1. "갈 수 없어.", "왜?", "고도를 기다려야지.", "참 그렇지."라는 대사는 이 작품에서 여러 번 반복된다. 이런 반복이 의미하는 바는?

2. 포조가 럭키에게 명한 '생각하라' 라는 명령이 가능할까? 럭키의 난해하고 현학적인 말은 무슨 의미가 있을까?

3. 왜 고도는 오늘은 오지 못하고 내일 오겠다고 할까? 과연 내일은 올까?

4. 블라디미르의 대사를 볼 때 그는 어떤 사람인가? 에스트라공은?

5. 고도는 어떤 존재인가?

>> 고도를 기다리며

에스트라공과 블라디미르는 언제부터인가 고도를 기다려왔다

"시골길, 나무 한 그루가 서 있다.", "저녁." 이 연극의 배경은 이것뿐이다.

이곳에서 에스트라공과 블라디미르는 언제부터인가 고도를 기다려왔다. 에스트라공은 안 벗겨지는 신발을 벗으려 애쓰고 블라디미르는 뭔가를 끊임없이 생각하면서 서로 의미 없는 말을 계속 주고받는다. 늘 같이 있으면서도 오랜 만에 만난 듯 인사를 나누고 그러다가는 서로를 금세 타박하기도 한다. 반복적인 일상 속에서 시간의 흐름을 느끼지 못해 "목이나 매고 말까?"를 습관적으로 되뇌이면서도 당근과 순무를 가지고 싸운다. 계속 이어지는 대화 중에 다음과 같은 말을 반복한다.

에스트라공 (블라디미르를 돌아보며) 자, 가자.

블라디미르 갈 수 없어.

에스트라공 왜?

블라디미르 고도를 기다려야지.

에스트라공 참 그렇지.

그들은 고도가 누구인지 과연 오기는 하는지 아무 것도 알지 못한 채 그저 기다린다. 때로 고도에게 너무 묶여 있다고 생각하면서도 고도를 기다리는 것을 가장 중요한 일로 여긴다.

에스트라공과 블라디미르 앞에 포조와 럭키가 등장한다. 포조는 채찍을 휘두르고 있으며 짐을 잔뜩 지고 있는 럭키는 목에 끈을 맨 채 포조에게 끌려서 등장한다. 포조는 럭키를 심하게 부리고 학대한다. 포조는 혼자 쉴 없이 떠들어대면서 술과 고기를 혼자서만 먹고, 럭키는 몸이 휘어질 정도로 지쳤지만 짐을 하나도 내려놓지 못한 채 서서 졸고 있다. 속없는 에스트라공은 포조가 남긴 뼈다귀를 주워 먹고, 블라디미르는 럭키를 다루는 포조의 포악성에 대해 경악한다. 하지만 럭키는 그들에게 적대적이다.

포조는 이런저런 넋두리를 늘어놓는데 에스트라공과 블라디미르가 떠날까봐 "고데인지 고뎅인지 고도인지"를 기다리라면서 자꾸 붙잡는다. 세 사람은 그다지 중요하지 않은 얘기를 나누면서 시간이 흘러가기만을 기다린다. 주로 혼자 긴 얘기를 늘어놓던 포조는 에스트라공과 블라디미르가 또 지루해하자 럭키에게 구경거리를 시키겠다고 나선다. 럭키에게 춤을 추게 하지만 신통치 않자 "생각해!"라는 명령을 한다. 럭키는 다음과 같은 매우 길고 모호하고 알아듣기 힘든 현학적인 말로 그 명령에 복종한다.

> **포조** 그만둬! (럭키, 입을 다문다) 뒤로! (럭키, 물러선다) 됐어! (럭키, 멈춘다) 돌
> 아서! (럭키, 관객을 향해 돌아선다) 생각해!
>
> **럭키** (단조로운 어조로) 프왕송과 와트만의 최근의 공동 연구에서 밝혀진 바에 의
> 하면 까까 흰 수염이 달린 까까까까 인격신은 공간의 시간 밖에 존재하고 있어
> 하늘의 무감각과 무공포와 침묵 위 높은 곳에서 몇몇을 제외하고는 우리를 사
> 랑하는데 그 까닭은 모르지만 곧 알게 될 터이고 하늘의 미랑다의 본을 따서
> 고뇌와 불 속을 헤매는 자들과 함께 그 고통을 겪는데 그 까닭은 모르지만 시

간을 두고 생각해보기로 하고 (에스트라공과 블라디미르는 귀를 기울인다. 포
조는 악담과 혐오의 표정) 그 불과 불길은 조금만 더 계속되면 마침내는 대들
보에 불을 지르게 될 것이 분명한데 다시 말하면 지옥을 하늘까지 들어올리게
되겠는데 그 하늘은 오늘까지도 때로는 파랗고 너무나 고요한데 그 고요는 수
시로 중단되기는 하지만 그래도 반가우니 속단은 금물이고 또 한편으로는 미
완성인데도 불구하고 블레스의 베르트와 테스튜와 코나르의 인체체체 측정학
아카카카데미 수상 연구 결과 인간의 계산에서 발생되는 오류 이외에 다른 어
떠한 오류의 가능성도 배제된 다음과 같은 이론이 설설설정되었으니 바꾸어
말하면 속단은 금물이나 그 까닭은 알 수 없지만…… (하략)

이 대사는 끝없이 이어진다. 얼마 후, 포조는 다시 난폭하게 채찍을 휘두르고 럭
키는 넘어지거나 욕을 먹으면서도 다시 길을 떠난다. 포조는 "하긴 운명의 장난이
없었기에 망정이지 저놈과 내 처지가 바뀌지 말란 법도 없지. 다 팔자소관이라요."
라는 말을 남기는데, 2막에서 이들은 처지가 바뀌어 다시 등장한다.

한 소년이 고도가 오늘은 못 오고 내일은 꼭 온다는 전갈을 전한다

잔뜩 겁을 먹은 한 소년이 등장한다. 에스트라공과 블라디미르가 고도의 전갈을
재촉하자 소년은 머뭇거린다. 블라디미르는 어제도 왔던 그 소년을 기억하는데 소
년은 전혀 기억하지 못하겠다고 말한다. 여러 질문들에 대해 소년은 고도 밑에서
형과 함께 염소를 지키는 일을 하며 헛간에서 지내는데 먹을 것은 넉넉하고 형은
때리는데 자기는 안 때린다는 얘기들을 띄엄띄엄 늘어놓는다. 그리고는 고도의 말
을 전한다. 그러나 블라디미르는 소년이 할 얘기를 이미 알고 있다.

블라디미르 그렇게 말하겠지. (사이) 그래, 얘기해봐라.

소   년 (단숨에) 고도 씨가 오늘 밤엔 못 오고 내일은 꼭 오겠다고 전하랬어요.

블라디미르 그게 다냐?

소   년 네.

소년은 돌아가고 두 사람은 내일은 꼭 고도가 오리라 믿으며 다시 기다리기로 한다. 기다림이 막막해지자 또다시 목이나 맬까 생각도 하지만 끝내 그 자리를 떠나지 못한 채 1막이 내린다.

같은 공간에서 어제와 같은 일들이 반복된다

2막은 1막과 거의 동일한 내용과 구성으로 이루어져 있다. "다음날. 같은 시간. 같은 장소."라는 지문으로 2막은 시작되는데, 다만 "나무에는 잎이 조금 달려 있다."라는 배경만 1막과 다르다. 에스트라공과 블라디미르는 여전히 구두 얘기, 순무와 당근 얘기, 포조 얘기, 목 매달 얘기, 고도를 기다리는 얘기, 의미 없는 넋두리 등을 늘어놓으며 지루한 시간을 견딘다. 블라디미르가 느닷없이 "고도다! 이제야 오는구나! 고도! 고도다 고도! 우린 이제 살았다! 어서 마중이나 나가자! 어서 와!"를 외치지만 역시 아무도 아니었고 그들은 허탈해 한다.

그러던 중 포조와 럭키가 다시 등장하는데, 포조는 장님이 되었고 새 모자를 쓴 럭키에게 끈으로 묶여 따라오고 있다. 포조는 살려달라고 외치지만 어제 만난 두 사람을 전혀 기억하지 못한다. 게다가 그 길고 난해한 말을 끝도 없이 읊어대던 럭키는 벙어리가 되어 있다. 어제 만난 일을 기억하는 블라디미르에게 포조는 진저리를 낸다. "그냥 어느 날이라고만 하면 됐지. 어느 날과 같은 어느 날 럭키는 벙어리가 되고 난 장님이 된 거요. 그리고 어느 날엔가 우리는 귀머거리가 될 테고. 어느 날 우리는 태어났고, 어느 날 우리는 죽을 거요. 어느 같은 날 같은 순간에 말이오. 그만하면 된 것 아니냔 말이오?"라며 강변한다.

그들은 또다시 떠나고 긴 침묵이 온다. 그리고 어제 왔던 소년이 다시 오고 어제 했던 얘기를 그대로 한다. 하지만 그 소년은 여전히 그들을 기억하지 못한다.

> **블라디미르** 고도 씨가 보낸 거지?
>
> **소   년** 네.
>
> **블라디미르** 오늘 밤에는 못 오겠다는 얘기겠지?
>
> **소   년** 네.
>
> **블라디미르** 하지만 내일은 온다는 거고?
>
> **소   년** 네.
>
> **블라디미르** 내일은 틀림없겠지?
>
> **소   년** 네.

소년은 가고 에스트라공과 블라디미르는 다시 고도를 기다리기로 한다. 그러다가 목이나 매자며 허리끈으로 목을 매달지만 이내 끈이 끊어져 실패한다. 두 사람은 다시 그 자리에 앉아 고도를 기다린다. 막이 내린다.

>> 삶의 절실한 순간들은 끊임없이 유예되어야 하는가

'고도'는 누구인가

에스트라공과 블라디미르가 그토록 기다리는 '고도'는 누구일까? 『고도를 기다리며』를 읽는 누구나 나름대로 '고도'의 의미를 상상한다. 하지만 베케트가 고도의 정체에 대한 정답을 거부했던 것처럼 '고도'의 존재는 여전히 오리무중이다. 읽는 이의 심리나 상황, 시대나 공간에 따라 다른 의미를 갖는다고 할 수 있다.

고도는 기다리고 기다려도 오지 않는 그 무엇이다. 오늘은 못 왔지만 내일은 꼭 오겠다고 매번 약속하지만 그 내일이 언제인지는 알 수 없다. 이 작품에서 고도의 약속을 전하는 소년의 존재도 그다지 믿을 만하지 않다. 소년은 어제 만났던 블라디미르를 전혀 기억하지 못한다. 블라디미르는 소년이 할 말을 미리 다 알고 있지만 소년은 매번 새롭게 그 말을 전한다. 그래서 소년이 고도에게 전할 말을 물었을 때 블라디미르는 그저 자신들을 만났다고만 전해달라고 답한다. 고도에게 왜 빨리 오지 않느냐든지 왜 약속을 지키지 않느냐든지 묻는 것이 아니라 그저 자신들을 만났다고만 전해달라고 한다. 블라디미르는 고도가 그리 쉽게 올 수 없다는 것을 이미 잘 알고 있는 것이다.

어쩌면 블라디미르는 기다림 자체를 즐기고 있는지도 모른다. 고도가 반드시 오리라고 믿으며 기다리는 일은 견딜 만하다. 이 지리멸렬한 삶에서 구원받고 싶어 하는 블라디미르에게 고도를 기다리는 일은 삶의 과정이고 삶의 가장 중요한 일부이다. 그래서 그들의 기다림은 상징적인 의미를 갖는다. 기다리는 시간들, 기다리며 나누는 얘기들, 기다리며 만나는 사람들, 기다리며 떠올리는 생각들, 그 모두가

고도를 기다리며 사는 삶인 것이다.

고도가 오지 않을 것이 두려워 자살을 생각하기도 하지만 그것은 자의에 의해서든 타의에 의해서든 늘 실패한다. 사실 그들은 목을 매달고 싶지 않다. 목을 매달고 싶은 충동은 고도를 기다리는 일을 너무 기대한 나머지 하게 되는 일종의 놀이와 비슷하다.

어떤 이는 고도를 희망으로 해석한다. 구체적이고 일상적인 내용이 있는 희망이라기보다는 삶이 지향해나가는 꿈같은 희망이다. 우리로 하여금 삶을 견디며 살 수 있게 해주는 동력 같은 것, 막연하지만 인생의 등대 같은 것이기에 그저 바라고 기다리는 것만으로도 충족되는 그런 희망이다.

어떤 이는 고도를 죽음으로 해석한다. 우리가 기다리고 기다려서 만나는 것은 죽음뿐이라는 것이다. 그 만남이 늘 유예되긴 하지만 끝내 오고야 말 것은 죽음이기 때문이다. 고도는 기다리면 분명 오게 되어 있으므로 고도를 기다리는 동안을 견디며 어떻게 살아가야 하는가에 대해 생각해보는 것이 더 중요하다. 블라디미르의 독백들에는 인생의 소실점을 향해 가는 삶의 노정에 대한 성찰이 돋보인다.

고도는 영원한 이데아이다. 설령 이루지 못할지라도 우리가 살아가는 동안 추구

블랙 유머는 삶의 부조리나 부정적인 사회 풍자에서 비롯되는 비극적인 희극이다. 비극적 상황이 희극적 요소를 더욱 희극적으로 만드는 한편, 희극적 요소 때문에 상황의 비극성이 더 강해진다. 웃음의 상황에 이미 실존적 성찰과 부정적인 사회 현실이 내재되었기 때문에 그 웃음은 유쾌한 웃음이라기보다는 마음을 울리는 웃음 혹은 씁쓸한 실소에 가까운 웃음이라고 할 수 있다. 「고도를 기다리며」의 웃음도 블랙 유머에 가깝다.

하며 지향해나갈 이상이다. 완전하고 이상적인 세계이며 추상적이고 정신적인 세계이다. 그러므로 이데아는 결코 그 모습을 드러낼 수 없다. 고도를 기다리며 그들은 말한다. "우린 약속을 지키러 나온 거야. 그거면 된 거다. 물론 우린 성인군자가 아니지만 그래도 약속을 지키러 나온 거란 말이다. 이 정도라도 말할 수 있는 사람이 몇이나 될까?" 그들은 인간으로 지녀야 할 최소한의 도리를 위해 고도를 기다린다.

그런가 하면 고도는 신이고 천국이고 자유고 사랑이고 해방이다. 베케트가 이 작품을 썼을 당시 누군가에게 고도는 2차 대전의 종식이고 미래였다고도 한다. 또 누군가에게는 고도가 자아실현이며 성공이고 명예이다. 또 다른 누군가에겐 종교적인 구원이다.

그러므로 우리에게 고도는 부조리한 이 세상을 견디며 살아갈 수 있게 해주는 존재이다. 고도가 그 무엇이든 고도는 결코 성큼 우리에게 오지는 않을 것이다. 그래서 그 기다림은 계속될 수밖에 없다. 막상 다가올 것이 두려운 경외감과 만나게 될 희열의 기쁨 속에서 천천히 다가오는 고도를 기다리며 우리는 주어진 날들을 살아가는 것이다. 에스트라공과 블라디미르처럼.

블라디미르의 사색과 철학

『고도를 기다리며』의 등장인물들 가운데 블라디미르는 유독 사색적이며 철학적이다. 그런 만큼 자기 성찰과 독백이 많다. 그는 에스트라공, 포조, 럭키, 소년 등 다른 인물들이 아무도 기억하지 못하는 것을 다 기억한다. 하지만 혼자만 기억하기에 타인과의 소통은 불가능하다. 또 유독 블라디미르만 시간의 개념을 이해하고 있다. 어제를 기억할 줄 알며 오늘을 생생히 느끼고 내일을 기대하거나 두려워한다. 그러나 이 시간 속에서 모든 것이 불확실하고 무의미하며 불가해하다는 것도 잘 안다. 삶의 의미를 끊임없이 탐구하고 추구하지만 결국 별 의미가 없으리라는 것도 알고 있기 때문에 극단적으로 자살을 꿈꾸기도 한다.

블라디미르의 대사들은 부조리한 세계 속에서도 인간이 궁극적으로 추구하고 선택하는 운명을 보여준다. 물론 별 생각 없이 살며 블라디미르에게 의존하기만 하는 에스트라공도 촌철살인적인 말을 하지만 그는 블라디미르만큼 생각에 깊이 빠지지는 않는다. 다음은 블라디미르의 인상적인 대사들이다.

블라디미르의 대사 1

(꿈꾸듯이) 마지막 순간이라……(생각에 잠긴다) 그건 멀지만, 좋은 걸 거다. 누가 그런 말을 했더라?

그래도 그건 오고야 말 거라고 가끔 생각해보지. 그런 생각이 들면 기분이 묘해지거든, (모자를 벗는다. 모자 속을 들여다보고 손으로 만져보고 흔들어보고 다시 쓴다) 뭐라고 할까? 기분이 가라앉으면서 동시에……(적당한 말을 찾는다)……섬뜩해 오거든. (힘을 주어) 섬-뜩-해-진단 말이다. (다시 모자를 벗고 속을 들여다본다) 이럴 수가! (무엇을 떨어뜨리려는 듯 모자 꼭대기를 툭툭 친 다음 다시 안을 들여다보고 다시 쓴다) 결국은…….

블라디미르의 대사 2

누군가가 우리를 필요로 하는 것은 매일 있는 일이 아니거든. 사실 지금도 정확하게 말한다면 우리가 필요한 것은 아니야. 다른 사람이라도 이 일을 해치울 수 있겠지. 우리들보다 잘하는지 어떤지는 별개의 문제야. 우리가 들었던 구원의 요청은 인류 전체를 향한 절규야. 단지, 오늘날 이 자리에서 인류란 바로 우리 두 사람이지. 이것은 우리가 좋아하든 안하든 상관없단 말이다. 이 기회를 더 늦기 전에 잘 이용해야 해. 운 나쁘게 인류로 태어난 바에야 단 한 번이라도 훌륭하게 이 생물을 대표해서 멋있게 처리해봄세. 어떻게 생각하나?

블라디미르의 대사 3

남들이 괴로워하는 동안에 나는 자고 있었을까? 지금도 나는 자고 있는 걸까? 내일 잠에서 깨어나면 오늘 일을 어떻게 말하게 될지? 내 친구 에스트라공과 함께 이 자리에서 밤이 올 때까지 고도를 기다렸다고 말하게 될까? 포조가 그의 짐꾼을 데리고 지나가다가 우리에게 얘기를 했다고 말하게 될까? 아마 그렇겠지. 하지만 이 모든 게 어느 정도나 사실일까? (에스트라공은 구두를 벗으려고 안간힘을 쓰지만 벗겨지지 않는다. 그는 다시 잠들어버린다. 블라디미르가 그를 바라본다) 저 친구는 아무것도 모르겠지. 다시 얻어맞은 얘기나 할 테고 내게서 당근이나 얻어먹겠지……. (사이) 여자들

베케트가 이 공연의 관객들에게 했다는 유명한 말이 있다.

"이 작품에서 철학이나 사상을 찾을 생각은 아예 마시오. 보는 동안 즐겁게 웃으면 그만이오. 그러나 극장에서 실컷 웃고 난 뒤, 집에 돌아가서 심각하게 인생을 생각하는 것은 여러분의 자유입니다."

「고도를 기다리며」의 희곡은 1952년에 완성되고 연극은 프랑스 파리에서 1953년에 초연되었다. 기대 이상으로 초연부터 대성황을 이루었다고 하는데 300회 이상의 장기공연에 이어 세계 50여 국의 공연으로 확대되어갔다. 당시로서는 매우 독특한 내용과 형식의 연극이었기 때문에 순식간에 세계의 이목이 집중되었다고 한다. 우리나라에서는 1969년 연출가 임영웅에 의해 초연된 이래, 가장 자주 공연되는 연극이자 공연 때마다 성황을 이루는 연극으로도 유명하다.

연극
「고도를 기다리며」

은 무덤 위에 걸터앉아 무서운 산고를 겪고 구덩이 밑에서는 일꾼이 꿈속에서처럼 곡괭이질을 하고. 사람들은 서서히 늙어가고 하늘은 우리의 외침으로 가득하구나. (귀를 기울인다) 하지만 습관은 우리의 귀를 틀어막지. (에스트라공을 바라본다) 나 역시 다른 사람들이 바라보고 있겠지. 그리고 말하겠지. 저 친구는 잠들어 있다. 아무것도 모른다. 자게 내버려두자고. (사이) 이 이상은 버틸 수가 없구나. (사이) 내가 무슨 말을 지껄였지?

삶이 부조리하다는 것은 무슨 뜻일까

"나는 왜 살지?", "산다는 건 뭘까?"

시간에 쫓기며 분초를 쪼개서 살다가 문득 이런 생각이 들 때가 있다. 쳇바퀴 밖으로 튕겨 나오기라도 한 듯 갑자기 내 삶의 질서와 우주의 질서가 아귀가 맞지 않으면서 나를 둘러싼 모든 것이 낯설게 느껴진다. 모든 사람들이 생경하게 느껴지고 모든 일들이 무의미하게 느껴진다. 지금까지 살아온 삶의 속도와 리듬이 느닷없이 의아하게 여겨지며 허무하기까지 하다. 자신의 삶을 객관적으로 응시하게 되는 이 한순간, 이 느닷없고 고통스러우며 달콤한 이 한순간을 카뮈는 '위대한 의식의 순간'이라고 말했다. 그러면서 "인간은 왜 사는가?"라는 질문에 이렇게 답했다. "인생은 무의미하다. 그러나 살아야 한다."

"우리는 왜 태어나고 왜 죽는가, 우리는 왜 살아가야 하는가?"라는 질문은 실존적인 물음이라고 할 수 있다. 『고도를 기다리며』의 블라디미르와 에스트라공은 왜 살아야 하는가를 끊임없이 묻고 있으며 고도를 기다리기 위해서라고 늘 답한다. 한 번도 만난 적 없고 어쩌면 오지 않을지도 모르는 고도를 기다리기 위해 그들은 살아간다. 그러나 부질없어 보이는 그들의 기다림은 곧 우리가 살아가는 모습이기도 하다. 기다림의 덧없음을 알면서도 기다리지 않을 수 없듯 살아가는 일의 의미를 알지 못해도 살아가지 않을 수 없는 것이다. 이것이 삶의 부조리다. 이 같은 삶의 부조리로부터 탈출하려고 할 때 그들은 목을 매달지만 죽을 수도 없다. 끈이 없거나 끈이 끊어지기 때문이다. 하지만 끈이 생겨도 그들은 죽을 수 없을 것이다. 고도를 기다려야 하기 때문이다.

삶이 부조리하다는 것을 깨달은 것은 실존주의자들이다. 그들에 의하면 인간은 그저 무의미하게 이 세계에 던져진 존재들이다. 어떤 심오하고 위대한 본질을 실현하기 위해 태어난 것이 아니다. "인간은 왜 사는가?"에 대한 답도 있을 수 없다. 그저 자기 자신이 그 의미를 결정할 뿐이다. 인간은 스스로 의식을 갖고 자기 자신을 의식하고 자신의 생을 돌아보고 삶의 의미를 찾아야 한다. 주어진 상황과 주어진 시간 속에서 가장 의미 있다고 생각하는 것을 위해 자신의 삶을 바칠 수밖에 없는 것이다. 자기 스스로 선택하고 결단을 내리면서 매 순간을 살아나가야 한다. 시지프스가 끊임없이 바위를 밀어 올리듯 우리도 우리의 생을 밀고 나가야 하며, 시지프스가 자신의 형벌을 생의 목적으로 삼아 가장 위대한 의미를 부여했듯 우리도 우리의 삶을, 고도가 오기를 기다리는 매 순간의 삶을 위대한 삶의 순간으로 선택해야 한다. 인간의 운명은 오직 자신의 판단과 선택에 달려 있기 때문이다.

반연극(反演劇)

반연극은 전통적 연극의 관습을 해체한 새로운 시도의 연극이다. 이는 부조리극을 통칭하기도 하는데, 기존의 연극과는 달리 내용의 인과관계가 불분명하고 인물의 성격이 모호하며 인과론적 서사 구조가 해체되고 기존의 희곡적인 갈등요소보다는 우연적이고 비논리적인 상황으로 이루어지는 연극이다. 사무엘 베케트와 이오네스코의 작품이 대표적이며 소설의 누보 로망, 영화의 누벨 바그 등이 유사한 특성을 갖는다.

베케트는 "이 작품에서 철학이나 사상을 찾을 생각은 마십시오."라는 말을 남겼다. 하지만 이 작품은 나무 한 그루 서 있을 뿐인 시골길 언덕에 던져진 에스트라공과 블라디미르처럼 이 생의 한복판에 던져진 우리들로 하여금 사는 것이 무엇인지 또 무엇을 기다리며 살아가야 하는지 생각해보게 한다. 그것이 바로 철학이나 사상 아닌가.

| 다 | 른 | | 작 | 품 | 과 | | 비 | 교 | 하 | 며 | | 읽 | 기 |

『버스 정류장』 진정한 삶은 끊임없이 유예된다

다음은 2000년에 소설『영혼의 산』으로 노벨상을 받은 중국의 소설가이자 희곡작가인 가오싱젠(高行健, 1940~)의 작품『버스 정류장』의 일부이다. 버스를 기다리는 모든 등장 인물들은 정차하지 않고 가버리는 버스를 함께 원망하면서 각자 자신의 삶에 대해 얘기 를 나눈다.

사람들 모두 쭈그리고 앉거나 바닥에 앉아 있다. 차 소리가 난다. 아무도 움직이지 않고 그저 듣기만 한다. 차 소리가 점점 커지고 빛이 따라서 밝아진다.

청년　　(여전히 땅바닥에 앉아 있다) 왔다, 햐.

아이 엄마　결국 왔구나. 어르신, 주무시지 마세요. 날이 밝았어요. 차가 와요!

노인　　차가 왔다고? (얼른 일어서며) 왔어!

아이 엄마　이번에도 안 서진 않겠죠?

안경잡이　또 안 서면 그냥 안 놔둬!

아가씨　안 설 거예요.

노인　　안 서면 그들이 실직당할걸!

아이 엄마　만약 안 서면요?

청년　　(갑자기 일어서면서) 아저씨, 가방에 큰 못 없어요?

숙련공　뭐 하려고?

청년　　또 안 서면 타이어에 펑크를 내버려야지. 모두 다 시내에 가지 말자고요.

아가씨	그러지 말아요. 교통을 방해하는 짓은 위법이에요.
안경잡이	우리 길을 막아 차를 세웁시다. 모두 길을 막고 한 줄로 서요!
숙련공	그래!
청년	(막대기를 하나 주워들고) 빨리, 차가 왔다.
	(차 소리가 가까워오자, 모두 일어선다)
아가씨	(소리치며) 차 좀 세……워……요.
아이 엄마	우린 이미 일 년이나 기다렸어.
노인	어이, 어이, 차 좀 세워!
마주임	어이…….

모두 무대 앞쪽으로 몰려와 길을 막고 선다, 차의 경적 소리.

안경잡이	(모두를 지휘하며) 하나, 둘!
사람들	차 세워! 멈춰! 세워!!
안경잡이	우린 일 년을 기다렸어!
사람들	(손을 흔들며) 우린 더는 기다릴 수 없어! 멈춰! 차 세워! 차 세우라고! 세우라니까! 세워…….

차는 멈추지 않고 경적을 울린다.

■■■ Question

1. 등장하는 사람들은 함께 버스를 기다리며 서로 어떤 사이가 되었을까?

2. 그들은 정말 그 자리에서 버스를 1년이나 기다렸을까?

■■■ Expression

『고도를 기다리며』와 『버스 정류장』 두 작품은 모두 기다림을 주제로 하고 있다. 늘 오늘은 오지 않고 내일은 꼭 오겠다는 '고도', 부지하세월(不知何歲月)을 기다려도 멈춰 서지 않고 지나가버리는 '버스'는 무엇을 상징하는가?

| 철 | 학 | 으 | 로 | | 명 | 작 | | 이 | 해 | 하 | 기 |

『시지프스의 신화』 인간의 삶은 시지프스의 운명과 같다

그리스 신화에 등장하는 시지프스는 산 아래에서부터 산 정상까지 무거운 바위를 밀어 올려야만 하는 형벌을 받는다. 시지프스는 온 힘을 다해 바위를 정상까지 애써 굴려 올리지만, 바위는 정상에 이르자마자 다시 산 아래로 굴러 떨어진다. 바위는 결코 산 위에 멈춰 설 수 없기 때문이다. 바위는 또 굴러 떨어지고 시지프스는 바위를 밀어 올리기 위해 또다시 산 아래로 내려가야만 한다. 그는 결코 바위를 산 정상에 올려놓을 수 없다. 그리고 그도 그것을 알고 있다. 하지만 그는 자신의 모든 노력이 무위로 돌아갈 것을 알면서도 그 노력을 결코 멈추지 않는다. 카뮈(Albert Camus, 1913~1960)는 이 같은 시지프스의 운명에 대해 다음과 같이 얘기한다.

시지프스가 나의 관심을 끄는 것은 바위가 돌아오는 동안이고 멈춰 있는 동안이다. 바위 곁에 있는 기진맥진한 얼굴은 이미 바위 그 자체이다. 나는 시지프스가 무거운, 그러나 한

결 같은 걸음걸이로 끝을 알지 못하는 고뇌를 향하여 다시 내려가는 것을 본다. 그의 고통처럼 어김없이 되돌아오는 이 휴식의 시간, 이 시간은 의식의 시간이다. 산꼭대기를 떠나 신들의 영역으로 한발 한발 다가가는 그 순간마다 그는 자신의 운명보다 우위에 있는 것이다. 그는 자기의 바위보다 더 강하다……. 시지프스의 말없는 온갖 기쁨은 여기에 있다. 그의 운명은 그의 것이다. 그의 바위는 그의 것이다. 인간은 자신의 고통을 응시할 때 모든 우상을 침묵시킬 수 있다.

카뮈는 시지프스가 신들이 내린 형벌과 운명에 굴복하지 않고 오히려 그 운명을 자신의 것으로 만들었다고 해석한다. 그는 시지프스가 바위가 다시 굴러 떨어질 것을 알면서도 슬픔과 비탄에 빠지지 않고 바위를 다시 밀어올리기 위해 서슴없이 산 아래로 다시 내려가고 또 애써 오르며, 바위를 다시 밀어 올리는 그 순간을 온전히 자신의 것으로 만들었다는 것이다. 그렇게 시지프스는 주어진 운명을 신의 형벌이 아니라 자신만의 운명이자 삶으로 만들었다. 카뮈는 시지프스를 통해 인간이 자신에게 주어진 삶에 어떻게 대면하고 삶을 어떻게 자신의 것으로 만들어갈 수 있을지 통찰할 수 있었다.

■■■ Question

1. 카뮈는 시지프스의 신화를 기존의 해석과 어떻게 다르게 해석하고 있는가?

2. 시지프스는 자신에게 주어진 운명에 어떤 식으로 맞섰는가?

■■■ Expression

끊임없이 바위를 밀어 올려야 하는 시지프스의 운명과 언제 올지 알 수 없는 고도를 기다리는 일은 어떤 점에서 유사한가?

「그리고 삶은 계속된다」 삶이 아름다운 이유

압바스 키아로스타미의 영화 「내 친구의 집은 어디인가」(1987)는 귀여운 이란 아이들이 주인공이다. 실수로 친구의 공책을 가져온 주인공은 친구가 공책이 없어 오늘 밤 숙제를 못할 것이 걱정되어 친구 집을 찾아 낯선 동네를 헤맨다. 끝내 친구의 집을 찾지 못한 꼬마는 귀여운 꾀를 내어 친구의 숙제까지 해 가지고 간다. 천진하고 선한 아이들이 매우 인상적인 영화로 이 영화에는 실제 그 마을의 주민과 아이들이 출연했다. 그런데 이 영화를 찍은 3년 후 그 마을에 대지진이 일어나 아이들의 생사조차 불분명해지게 된다. 감독이 그 사실을 알고 아이들을 찾아 나서는데 「그리고 삶은 계속된다」(1992)는 바로 이 여정을 담은 영화다.

그들을 찾는 여정은 결코 쉽지 않다. 마을은 폐허가 되었고 가족을 찾는 참상만 가득하다. 영화에 출연했던 몇몇 사람들을 만나지만 그들은 뜻밖에 절망과 참상 가운데에서도 자신들의 삶을 받아들이며 의연하게 살고 있다. 어떤 상황에서도 살아나갈 힘을 스스로 찾는 인간의 모습이 뭉클하게 전개된다. 그들은 작고 일상적인 일들에서 삶의 진실을 발견하면서 이 천재지변의 고난 앞에서도 삶의 강인한 의지를 잃지 않고 있다. 영화 마지막까지 주인공 아이들의 생사여부는 확실치 않다. 그저 희망을 갖게 하는 장면으로 끝맺는다. 이 영화는 아무리 고통스럽고 힘겨울지라도 삶은 계속되며, 그것이 바로 삶이 아름다운 절실한 이유가 된다는 것을 잘 보여주고 있다.

1. 이 마을 사람들이 겪는 고통은 무엇 때문일까?

2. 이 영화가 다큐멘터리 형식을 빌려온 의도는 무엇일까?

■■■ Expression

영화 「그리고 삶은 계속된다」에서 마을 사람들이 끔찍한 참상과 역경 앞에서도 낙관적이고 의연할 수 있는 이유는 무엇일까?

    인간의 삶은 부조리하다. 우리의 많은 노력이 무위로 돌아갈지 모른다는 것도 안다. 결국은 죽을 것이라는 것도 안다. 그럼에도 불구하고 인간은 자신에게 주어진 삶에 최선을 다해 살아가고자 노력하며 책임 있는 행동을 하려고 애쓰고 또 그렇게 함으로써 궁극적인 인간의 자유를 얻을 수 있다고 믿는다. 『고도를 기다리며』와 『시지프스의 신화』를 비교하면서 인간이 자기에게 주어진 운명을 어떻게 선택하고 극복해나갈 수 있을지 서술하라.

과학과 환경 3부

자 연 과 더 불 어 사 는 삶   과 학 기 술 의 과 제

문명의 이기를 버리고 살 수 있는가

『월든』 헨리 데이비드 소로우

『오래된 미래』 헬레나 노르베리-호지

『맥도날드 그리고 맥도날드화』 조지 리처

자연재난 영화들

나는 삶이 아닌 것은 살고 싶지 않았다

　미국의 작가 E.B. 화이트는 매년 대학졸업식 때 졸업생들에게 졸업장 대신 『월든』을 한 권씩 주어 내보내자고 말했다고 한다. 『월든』은 최근 들어 환경과 자연 혹은 생태의 시점에서 '자연주의자 소로우', '최초의 녹색서적'이라는 점에서 크게 주목받고 있지만 실은 그보다는 진정한 인간다운 삶에 대한 가장 근원적이고도 아름다운 성찰을 담고 있는 글이라고 할 수 있다. 자연보다는 오히려 인간중심이라고 할 수 있으며, 인간을 인간답게 해주는 가장 부드럽고 강인한 존재로 자연을 인식하고 있다. 그리고 이것은 이 책이 출간된 당시보다 진정한 인간다운 삶의 방향이 상실된 오늘날 『월든』이 한층 절실하게 읽히고 있는 이유이기도 하다.

　헨리 데이비드 소로우(Henry David Thoreau, 1817~1862)는 20세에 하버드대학을 졸업하고 교사가 되었으나 학생체벌에 반대하며 사직하고 진보적인 학교를 세워 운영하기도 한다. 그 후 자연 속에서 생활할 것을 꿈꾸다가 28세가 되었을 때 월든 호수가 있는 숲으로 들어가 손수 통나무집을 짓고 콩을 심어 키우며 자급자족하는 삶을 산다. 그는 이 기간 중에도 노예제도와 멕시코 전쟁을 반대하며 인두세 납부를 거부하다가 투옥되기도 하는데, 훗날 이에 대한 사상을 담은 『시민불복종론』을 집필하게 된다. 이 같은 그의 이력의 연장선상에서 볼 때 소로우의 『월든』 역시 단순한 자연 예찬을 넘어서 문명에 대한 비판적 성찰, 진정한 인간다운 삶, 그리고 자신이 자기 삶의 주인이 되는 삶의 방식을 보여주며 인간의 존엄성을 회복하려는 열망을 담고 있다.

『월든』은 에세이이자 자서전이며 사상서라고 할 수 있는데, 풍부한 유머와 위트, 흥미진진한 비유들로 가득해서 읽는 내내 즐거운 상상과 미소가 떠나지 않는다. 자연과 더불어 사는 삶이 얼마나 인간 본성과 자연스럽게 어울리는 삶인지, 그리고 그 삶이 인간의 존엄성과 얼마나 행복하게 조우하는 것인지 새삼 깨닫게 한다. 그는 말한다. "내가 숲 속으로 들어간 것은 인생을 내 의지대로 살아보기 위해서 즉 인생의 본질적인 사실들을 직면해보기 위해서였으며, 인생이 가르치는 바를 내가 배울 수 있는지 알아보기 위해서, 그래서 마침내 죽음의 순간에 이르렀을 때 내가 헛된 삶을 살았다고 깨닫는 일이 없도록 하기 위해서였다. 나는 삶이 아닌 것은 결코 살지 않으려고 했으니 삶은 그처럼 소중한 것이다."

■■■ 작품 이해를 위한 질문

1. 소로우는 왜 월든의 숲 속으로 들어갔는가?

2. '고독은 가장 좋은 친구'란 무슨 뜻인가?

3. 소로우는 국가와 사회에 대해 어떤 태도를 갖고 있는가?

4. 소로우는 자연에 대해 어떤 생각과 태도를 갖고 있는가?

5. '우리가 진정 깨어나는 날만이 찬란하게 동이 트는 날이다. 동이 틀 날은 앞으로도 얼마든 있다. 저 태양은 단지 아침에 뜨는 별인 것이다.'란 무슨 뜻인가?

>> 월든

나는 삶이 아닌 것은 살고 싶지 않았으니 삶은 그처럼 소중한 것이다

나는 메사추세츠 주의 콩코드에 있는 월든 호숫가로 가기로 했다. 진정한 내 삶을 찾고 싶었기 때문이다. 그저 삶의 노고에만 골몰해서는 감미로운 삶의 열매를 맛보지 못하리라는 생각이 들었다. 노예라는 야비한 제도를 지닌 천박한 자들이 인간의 신성에 대해 논하고, 필요한 것 이상의 물질을 좇느라 진정 소중한 것을 잃어가고 있다. 우리가 살아가면서 잠시나마 서로의 눈동자를 들여다보는 것보다 더 큰 기적이 있을까? 우리는 진정 존중해야 할 것보다는 다른 사람들이 인정하는 것만을 생각하며 살아간다. 입은 옷만으로 사람을 판단해서는 안 되는 것처럼 모든 것이 마찬가지다. 그러나 사람들은 그저 크고 화려한 상자에 살면서 그 집값을 지불하느라 죽도록 고생하고 집 한 칸을 마련하기 위해 인생의 절반을 고스란히 바친다. 인간은 오히려 자신들이 쓰는 도구의 도구가 되어버린 것이다.

도끼 한 자루를 들고 월든 호숫가로 들어간 나는 손수 집을 짓기 시작했다. 공들여 집의 기초를 세우고는 빵이 구워지기를 기다리며 신문을 읽으면서 편안한 몇 시간을 보냈다. 나는 내 영혼이 담긴 이 집을 짓는 일의 소박하고 자연스러운 즐거움을 알게 되어 행복하다. 더구나 돈도 거의 들지 않았다. 내 생각에 젊은이들이 지금 당장 삶을 경험해보는 것 이상으로 인생을 확실하게 배울 수 있는 방법은 없을 듯하다. 자신이 캐낸 쇠붙이를 녹여 손수 주머니칼을 만든 아이와, 대학에서 광물학을 배우면서 아버지에게 비싼 주머니칼을 선물로 받은 아이 중 누가 더 많은 것을 얻을까? 난 대학 때 내가 항해학을 수강했다는 사실을 뒤늦게 알고 깜짝 놀랐다. 단 한 번이라도 항구에 나갔으면 항해에 대해 더 많이 배웠을 텐데 항해학에

대해 전혀 기억조차 할 수 없었던 것이다.

우리는 모두 인생의 가치가 그나마 적은 미래의 노년을 걱정하며 돈을 버느라 인생의 황금기를 헛되이 보내고 있다. 난 월든에 사는 2년 동안 늘 흡족한 식사를 했는데 그것은 이스트를 넣지 않은 호밀빵, 감자, 쌀, 소금에 절인 돼지고기, 그리고 물 정도였다. 물론 시행착오도 많았다. 처음엔 빵의 영혼인 효모가 없으면 절대 빵을 구울 수 없는 줄 알았지만 효모 없이 호밀과 옥수수만으로도 정말 맛있는 빵을 구울 수 있다는 사실을 알게 되었다. 아무리 가구가 없어도 호박에 걸터앉게 되지는 않는다. 설령 그렇게 된다면 그건 가난해서가 아니라 그가 주변머리가 없기 때문일 뿐이다. 우리에게 절대적으로 필요한 것이란 사실 별로 많지 않다. 그저 나의 자유를 소중히 여기면 좀 험하게 살아도 얼마든 행복할 수 있다. 소박하고 현명하게만 산다면 먹고사는 일이란 결코 힘겨운 일이 아니라 일종의 놀이 혹은 유희나 다름없다고 확신하게 되었다. 하지만 다른 이들이 내 생활방식을 받아들이기를 원하지는 않는다. 인간이란 누구나 자신의 능력과 존엄성 안에서 자기만의 생활방식을 추구하고 자립할 수 있어야 한다.

내가 집터를 잡기 시작했을 때 새들이 가까이 둥지를 틀었다. 나는 내가 새롭고 깨끗한 우주의 한 장소에 자리 잡고 있다는 사실을 깨닫게 되었다. 새벽 여명 속에서 호수에서 목욕을 하며 자연만큼 소박하고 순결하게 내 삶을 살리라 되뇌었다. "날마다 너 자신을 완전히 새롭게 하라. 날이면 날마다 새롭게 하고, 영원히 새롭게 하라."는 구절처럼 아침 시간에 최선을 다했다. 아침이 지닌 가장 귀한 의미는 우리가 깨어 있다는 것, 즉 진정으로 살아 있다는 것이다. 내가 숲 속으로 들어간 이유는 신중한 삶을 영위하기 위해서, 인생의 본질적인 사실들을 직면하기 위해서, 인생에서 꼭 알아야 할 일을 과연 배울 수 있는지 알기 위해서, 그리고 죽음의 순간에 이르렀을 때 제대로 살지 못했다고 생각하지 않기 위해서였다. 삶이란 그처럼 소중한 것이기에 나는 삶이 아닌 것은 살고 싶지 않았다. 나는 깊이 있게 살면서 인생의 모든 정수를 빨아들이고 싶었고 절제되고 엄격한 삶을 살고 싶었다. 나는 생각했다. 단순하게, 단순하게, 단순하게 살아야 한다! 백 가지 천 가지가 아니라 두세 가지로 일을 줄여라. 우리는 쫓기듯 살며 인생을 낭비하고 있다. 우린 제 때의 한 바늘이 아홉 바늘의 수고를 덜어준다고 하면서 오늘 천 바늘을 꿰매는 어리석음을 자행하고 있다. 게다가 우린 세상사의 잡담에 탐욕스럽게 달려든다. 그러나 시간이 흘러도 낡지 않는 것을 아는 것, 그리고 우리 자신이 실은 지고한 존재임을 아는 것이 중요하다. 시간의 얕은 물은 흘러가 버린다. 나는 더 깊은 물을 들이켜고 싶다.

고독만큼 좋은 친구는 없다

내가 지은 집은 진지한 독서를 하기에 더할 나위 없이 좋은 곳이다. 고전이란 인류의 가장 고귀한 생각을 기록한 것이자 사라지지 않고 남아 있는 유일한 신탁이므로 삶에 대한 탐구심이 있는 사람이라면 으레 고전을 읽는다. 그런데 사실 책을 제대로 정말 잘 읽는 것은 고귀한 지적 운동이며 훈련이 필요한 일이다. 천문학자가 끊임없이 별을 관찰하고 설명하는 것처럼 읽어야 하는데 흔히들 대중들이 별을 읽듯 점성술적으로 읽는 것이 문제다. 발끝을 모두고 서서 가장 명민한 순간을 바쳐서 읽는 독서만이 가장 참다운 독서다. 쓸데없는 호기심을 불러일으키는 얄팍한 독서, 가령 "『티틀 톨 탄』의 유명작가가 쓴 중세의 로맨스 『팁 토 합의 모험』, 월별로 분할 출간 예정, 주문 쇄도, 차례차례 줄을 섭시다!" 같은 선전은 저급한 짓거리일 뿐이다. 이런 독서는 시력 감퇴, 혈액순환 장애, 지적 능력의 퇴보만을 가져올 뿐이다. 사실 지금까지 얼마나 많은 사람들이 한 권의 책을 읽고 자기 인생의 새로운 기원을 마련했던가! 우리도 늘 살아 있는 지혜를 읽을 수 있는 학교를 짓고 고귀한 마을을 세웠으면 한다. 설령 강에 다리를 하나 덜 놓아 좀 돌아서 가는 한이 있더라도 어두운 무지의 심연에 구름다리를 놓아야 한다.

월든에서 나는 곧잘 평온한 고독과 정적 속에서 명상에 잠겼다. 아무 것도 하지 않는 이 게으른 시간들은 내 삶이 마치 놀이인 것처럼 느끼게 하는 행복한 시간이었다. 문명의 이기인 철도는 매우 많은 것을 쏜살같이 옮기고 나르며 모험에 넘치는 일들을 날렵하게 해내는데, 그 덜컥거리는 소리는 괜히 기분을 들뜨게 하고 설레게 한다. 명랑하고 활기찬 기차가 지나가면 그와 함께 바쁘게 설쳐대던 세상도 지나가고 다시 정적이 온다. 그리고 가끔씩 어디선가 들려오는 종소리는 마치 우주의 가야금이라도 되는 양 마법의 매혹적인 메아리 소리로 울려퍼지고, 소의 울음소리도 너무 감미롭고 아름답게 들린다. 부엉이 소리는 연인들의 사랑의 고통과 기쁨처럼 들리고 올빼미 소리는 우울하면서도 즐거운 연상을 불러일으킨다. 그리고 늦은 밤이 되면 술깨나 마신 잔치꾼들처럼 개구리가 울어대는데 아침에 모두 취해 쓰러질 때까지 이어진다. 사람의 소리는 들리지 않았지만, 다람쥐, 쏙독새, 산토끼, 우드척, 부엉이, 올빼미, 기러기, 종달새, 꾀꼬리, 닭, 그리고 집 앞 마당밑까지 파고들어온 소나무 뿌리까지, 월든 숲의 소리들로 내 주위는 충만했다.

감미로운 저녁이면 나는 자연의 느낌을 안고 호숫가를 걸었다. 바람에 흔들리는 나무만으로도 숨이 막힐 지경이지만 내 마음은 잔물결만 일으킬 뿐이다. 내가 있는 이곳은 아주 외로운 곳이지만 나만의 해와 달과 별, 그리고 나만의 작은 세상을 송두리째 갖고 있는 곳이다. 처음에는 혼자만의 삶이 과연 평화로울까 의심도 했었으나 지금 나는 온전히 평화롭다. 빗방울이 떨어질 때 내 집을 에워싼 모든 소리와 풍경들에서 달콤하고 다정한 우정을 느끼며, 비바람이 몰아칠 때는 바람과 몰아치는 빗소리에서 위안을 얻는다. 나는 이제껏 고독만큼 좋은 친구를 만나지 못했다. 혼자 있을 때 나는 타인만큼이나 나 자신으로부터도 멀리 떨어져 있을 수 있다는 느낌을 갖는다. 그때의 나는 내가 아니라 타자인 것이다. 사람들은 지나칠 정도로 너무 자주 만나지만 함께 있다고 해서 꼭 더 가까운 것은 아니며 제아무리 발을 부지런히 놀려도 두 사람의 마음까지 가까워지지는 않는다. 너무 얽혀서 살고 있어 우리는 서로에게 걸려 넘어지거나 서로에 대한 존경심을 잃는 것이다. 이 모든 자연이 외롭지 않듯이 나도 외롭지 않다. 우리를 늘 건강하고 만족스럽게 해줄 묘약은 바로 순수하고 서늘한 아침공기 한 모금이다.

내 집에는 의자가 세 개 있다. 고독을 위한 의자, 우정을 위한 의자, 친교를 위한 의자다. 작은 집이지만 집이 좁아 불편한 때라곤 대화를 하면서 서로의 생각을 곱씹어보고 생각의 운신의 폭을 유지할 거리가 부족할 때뿐이었다. 푸딩을 젓거나 빵을 구우면서도 대화를 했지만 사람이 여럿일 때는 식사 없이 담소만 나누는 걸 모두들 당연히 여기게 되었다. 이렇게 찾아오기 불편한 곳에 살자 사소한 일로 찾아오는 사람은 줄어들고 꼭 필요한 사람들만 찾아왔다. 내가 만난 가장 인상적인 손님은 나무를 베어 판 돈으로 먹고사는 남자였다. 그는 체질적으로 천진하고 순수하며 즐거운 사람이었는데, 내가 많은 책을 썼다고 하자 글씨를 많이 썼다는 말로 알아들을 정도로 지적인 것에는 무지한 사람이었다. 하지만 그가 어찌나 소박하면서 실제적인 측면에서 문제를 바라보고 겸손하게 얘기하는지, 인생의 최하층의 삶을 사는 사람 중에도 진정 천재적인 사람이 있다는 것을 깨달았다. 그는 마치 깊이를 알 수 없는 월든 호수와도 같았다. 그 외에도 나는 내 집을 스쳐간 많은 사람들을 만났는데 대개는 늘 걱정만 가득한 비관적이고 부정적인 사람들이었고 아주 가끔 자유를 찾아 숲에 온 유쾌한 방문객들을 만날 수 있었다.

자기 안의 높고 귀한 본성에 따라 살아라

나는 콩밭을 아끼고 살피며 하루 종일 눈을 떼지 않았다. 오직 콩을 위해 다른 잡초들을 솎아내고 뽑아내는 일이 다소 묘한 기분을 주기도 했지만, 콩을 심고 김을 매고 콩에 관해 매일 생각하고 콩에 관한 지식도 얻으며 콩을 수확했다. 그리고 가끔 콩과 옥수수뿐 아니라 성실, 진리, 우직함, 믿음, 순수 같은 씨앗도 심어서 수확할 수 있으면 좋겠다는 생각을 했다. 태양의 눈으로 보면 이 지구는 하나의 멋진 풍경의 일부이고 잘 가꾸어진 정원일 뿐이다. 그러므로 우리는 그저 태양의 빛과 열을 아량으로 받아들여야 한다. 어쩌면 내가 키운 이 콩들은 내게 의지하는 게 아니라 밭에 물을 주고 밭을 푸르게 가꾼 저 다정한 자연의 힘을 더 따를 것이기 때문이다. 참다운 농부는 무엇을 소유하려는 마음을 버리고 자신이 얻은 것을 일정 부분 자연의 제물로 바칠 자세를 가져봄직 하다.

가끔은 세상 얘기를 들으러 마을로 내려가곤 했다. 마을은 마치 거대한 뉴스 열람실처럼 보였는데, 사람들은 세상의 모든 일을 다 알고 싶어하는 듯했다. 식료품 가게, 술집, 우체국, 은행이 마을의 심장부이지만 나는 그곳을 거치지 않고 뉴스의 핵심만 듣고는 숲으로 도망쳐오곤 했다. 사람들은 어이없게도 지리를 잘 아는 근처의 숲에서도 길을 잃곤 했다. 하긴 숲 속에서 길을 잃는 것은 소중하고도 놀라운 경험이다. 눈보라나 깊은 어둠 속에서 익숙한 길을 잃는 것은 광활하고 낯선 자연의 존재를 미처 깨닫지 못한 때문이다. 인간은 길을 잃고 세상을 잃어보기 전에는 진정한 자기 자신을 깨닫지 못하고 자신이 지금 어디에 어떻게 서 있는지도 전연 모를 것이다. 하루는 마을에 내려갔다가 노예제도를 가진 국가에는 세금을 내지 않겠다는 항의를 했다는 이유로 체포되어 투옥되었다. 국가는 어디든 그 비열한 제도를 가지고 뒤쫓아 다니며 사람들을 함부로 다룬다. 나는 이런 비인간적인 제도를 가진 국가 이외에는 그 어떤 것에도 괴롭힘을 당한 적이 없다. 월든 호수에서는 집을 아무리 비워두어도 작은 것 하나 잃어버리는 일 없이 존중받으며 살 수 있다. 그저 내가 사는 것만큼 소박하게 산다면 그런 부당한 일은 없을 것이다.

깊은 밤, 이 호수에서 배에 앉아 달빛을 받으며 낚시질을 하곤 했다. 수면에 잔물결을 일으키는 물고기들과 대화를 나누기도 하고 때로는 부드러운 밤바람 속에서 낚싯줄을 통해 느껴지는 물고기의 희미한 떨림과 교신을 나누기도 했다. 월든 호수는 아름답고 평범하지만 유난히 깊고 맑다. 멀리서 보면 청색과 녹색을 띠었지만 물속을 들여다보면 청색과 녹색뿐 아니라 하늘빛, 노란빛, 연록색, 암록색, 선명한 녹청색……, 이루 형언할 수 없는 색깔들을 띠고 있다. 호수의 물은 맑고 차가웠으며 매우 맛이 좋았다. 호수는 가장 아름답고 표정이 풍부한 풍경이며 가장 순수한 형상이다. 호수는 하늘의 물이자 대지의 눈이어서 그 속을 들여다보는 사람은 자기 본성의 깊이를 잴 수 있을 정도였다. 호수에서 노를 저으면 섬광이 일었고 노와 부딪치는 물의 반향음은 너무 감미로웠다. 호수는 우리 인생보다 더 아름다우며 우리의 인격보다 투명하다. 자연은 이렇게 인간과 멀리 떨어져 있으면서도 저 혼자 늘 아름답게 존재하고 있는 것이다.

하루는 호수에 있던 중 천둥번개를 동반한 소낙비를 만나 어느 오두막 밑으로 피해 들어갔다. 집주인인 존 필드라는 사람은 착하지만 주변머리라고는 없어 뼈빠지게 일하면서도 가난하게 살고 있었다. 그래서 나는 그에게 좀더 깨끗하고 쾌적한 집을 지어 살 수 있다는 사실과 차와 커피와 버터와 우유 없이도 얼마든 살 수 있으니 지나치게 애쓸 필요 없다는 사실 등을 얘기해주었다. 자신이 원할 때 몸을 움직여 이틀 먹을 물고기를 잡으면서 그저 소박하고 편안하게 살 수 있다는 얘기도 해주었다. 하지만 그는 전연 내 말을 귀 기울여 듣는 것 같지 않았다. 하늘이 개고 집으로 오는 동안 나는 수호신이 말하는 소리를 들었다. 날마다 더 멀리 나가

낚시와 사냥을 하라, 냇가에서나 난롯가에서나 걱정 없이 쉬어라, 젊은 날 그대의 조물주를 잊지 마라, 동트기 전 깨어나 모험을 찾아 떠나라, 낮에는 다른 호수에 머물고 밤에는 뭇 장소를 집으로 삼아라, 지금 이곳에서 하는 놀이보다 더 가치 있는 것은 없으니 그대 천성에 따라 야성적으로 살아라, 밥벌이를 생업으로 삼지 말고 놀이로 삼아라, 대지를 누리되 소유하려 들지 마라……

나는 인간의 정신적인 삶을 추구하는 본능과 원시적이고 야만적인 삶을 추구하는 본능을 둘 다 높이 산다. 내가 자연과 친하게 된 것은 낚시와 사냥 덕택이지만 사냥은 벌써 그만두었는데 철없는 소년시절처럼 똑같이 무분별하게 뭇 동물들을 죽일 수는 없었기 때문이다. 요즘은 낚시를 하고 나도 후회하곤 한다. 얼마 전부터 육식을 즐기지 않게 된 것은 그저 검소하게 식사를 하는 것이 아름답게 생각되기도 하거니와, 고매한 능력을 최상으로 유지하려는 이들은 누구나 육식과 과식을 삼가고 있기 때문이다. 미물도 성장을 멈춘 후에는 음식을 거의 섭취하지 않는데 인간만 유독 대식가로 엄청난 복부를 가진다. 소박하고 깨끗한 음식의 참다운 맛을 아는 이는 폭식을 하지 않지만, 그 맛을 모르는 이는 폭식가가 된다. 먹고 마시기에만 열중하는 삶을 버릴 때 우리 안의 높은 본성이 깨어나고 영감이 생기니 정결한 존재가 되려면 절제를 해야 한다. 몸을 부지런히 놀리면 지혜와 순결을 지니게 되고, 몸이 나태하면 무지와 욕정을 갖게 된다. 우리는 모두 육체라고 불리는 신전의 건축가들이다. 자기 안의 고귀한 본능은 겉모습을 정교하게 만들며, 비열함과 관능은 그 모습을 짐승처럼 추하게 만든다. 스스로 육체를 구원하여 자기 자신을 더욱 존중하며 대하는 삶을 살 수 있어야 한다.

남과 보조를 맞추기 위해 자신의 봄을 여름으로 바꾸어야 한단 말인가

나는 깊은 명상에 잠기는 것을 즐겼기에 한없이 이어지면서 깊어지던 명상이 끊어지면 이 멋진 기회가 지금처럼 똑같이 와줄까 두려웠다. 그럼에도 난 가끔 친구와 낚시를 하기 위해 집을 나서곤 했는데, 숲 속의 동물들은 또한 매우 흥미로웠다. 어떤 쥐는 사람을 처음 보는 양 내게 서슴없이 다가와 치즈를 다투며 장난을 치듯 먹고 가고, 뇌조는 맑고 차분한 눈에 담긴 어른스럽고 순진한 표정으로 어미새와 새끼들의 놀라운 연대를 보여준다. 유난히 친한 척하는 붉은 날다람쥐, 승리가 아니면 죽음뿐이라는 듯 참혹하게 싸우는 개미들, 어떤 동물들보다 자연스럽게 잘 어울려 살아가는 고양이, 나와 호수에서 한 판 멋진 숨바꼭질 대결을 벌였던 새, 그리고 월든 호수를 나만큼이나 사랑하는 오리들…….

11월을 즈음해서 겨울이 되자 나는 오래도록 공들여 벽난로를 만들었다. 집이 추위를 피할 수 있는 따뜻한 곳이 되자 더 안온하게 느껴졌다. 호수는 살얼음이 생기기 시작하더니 하얀 기포를 가진 얼음들로 변해가고 추위가 깊어지면서 1845년 12월 22일 밤에는 올 겨울 들어 처음으로 완전히 얼었다. 본격적으로 겨울이 깊어지면서 나는 나무를 주워다가 땔감으로 삼으며 따뜻한 벽난로의 이글거리는 불과 새로운 동거를 시작했다. 쌓아놓은 장작더미를 애정으로 바라보았으며, 휘몰아치는 강풍에 전신이 얼어붙어도 내 집의 따뜻한 공기 속에 발을 들여놓는 순간 놀랍도록 몸이 회복되는 즐거움을 느꼈다.

폭설 속에서도 나는 기꺼이 산보를 즐겼으며, 벽난로와 마주앉은 행복한 겨울밤을 누렸다. 가끔씩 찾아오는 농부, 시인, 철학자와 즐거운 대화를 나누며 철학의 맑은 정신과 더불어 새로운 인생론을 만들어내기도 했다. 월든 호수가 완전히 얼어붙자 이곳은 마치 내 앞마당과도 같았다. 먹이를 찾는 여우들, 날마다 한바탕 공연을 펼치는 다람쥐, 어치와 박새와 뇌조, 여우를 쫓는 사냥개들, 산토끼……. 겨울 숲은 겨울 숲대로 동물들의 터였다. 그리고 겨울이 깊어지면서 월든 호수는 3개월간 동면에 들어갔다. 호수의 가장 깊은 곳은 자그마치 102피트쯤 되었는데, 어느 한 방향으로 비스듬히 기울어져 있었다. 그것은 마치 한 인간의 내면에 깊이 경사진 심연이 있는 것과 비슷한 이치였다.

4월이 되자 월든 호수가 녹기 시작했다. 날이 따뜻해지면서 대포처럼 요란하게 얼음이 갈라지고, 햇살과 훈풍이 안개와 비를 몰고 와 눈 더미를 녹이고, 그 속에서 졸졸거리는 시내와 개울이 흘렀다. 대지에서 얼음이 빠져나오자 따뜻한 날들이 이어지면서 부드러운 봄의 징후들과 겨울을 견딘 초목의 아름다움이 시작되었다. 봄에 찾아온 첫 참새, 싱그러운 희망으로 시작된 태양, 황홀하게 솟아나는 부드러운 초록빛 잎, 봄의 불길처럼 타오르는 풀! 인간을 무색하게 하는 이 자연 속에서, 녹아가는 호수의 가장자리 곡선은 아름답고, 맨살이 드러난 호수의 얼굴은 환희와 젊음으로 가득했다. 5월이 되자 온갖 나무들이 풍경에 눈부신 빛을 나눠주었다. 그리고 이렇게 하루가 다르게 높이 자라는 풀밭 사이를 거니는 동안 여름이 다가왔고, 첫해와 다름없는 또 한 해를 보내고 나는 1847년 9월 6일 월든 호수를 떠났다.

나는 숲에 들어갈 때와 마찬가지로 어떤 중요한 이유 때문에 숲을 떠났다. 내게는 살아야 할 다른 인생이 몇 개 더 남아 있다고 느꼈기에 월든의 숲 속 생활에 더 오래 머무를 수가 없었던 것이다. 난 월든에서 많은 것을 생각했다. 스스로 꿈꾸는 자신만의 삶을 살기 위해 자신 있게 나아가야 한다는 것, 그리고 그 꿈을 이루려 노력할 때 예전에는 생각지도 못한 성공을 거둘 수도 있다는 것이다. 눈에 보이지 않는 어떤 경계선을 넘어설 때, 그는 자기 안에 자유로운 법칙을 갖게 될 것이고 또한 존재의 보다 높은 질서를 허락받아 살 수 있으리라는 것이다. 공중에 누각을 쌓아도 헛되지 않은 것은 원래 누각은 공중에 있는 것이기 때문이다. 이제 그 아래에 토대만 쌓으면 된다. 우리는 왜 그토록 성공에 집착해 조급해하며 필사적으로 살아가는가? 누군가 다른 이들의 삶과 보조를 맞추지 않는다면 그것은 아마 그가 다른 고수의 북소리를 듣고 걸어가기 때문이다. 그로 하여금 자신이 듣는 음악에 발을 맞추어 걸어가도록 내버려두자. 누구든 다른 이들과 똑같은 속도로 나아가야 하는 법은 없다. 그가 남과 보조를 맞추기 위해 자신의 봄을 여름으로 바꾸어야 한단 말인가?

우리가 진정 깨어나 기다릴 때만 동이 튼다. 동이 틀 날은 앞으로 얼마든지 있다. 저 태양은 단지 아침에 뜨는 별에 지나지 않는다.

>> 인생의 정수를 향유하는 삶은 어떤 삶인가

자유로운 삶의 산책자

『월든』을 자연보호나 환경운동을 의도하는 책이라고 보기는 어렵다. 그렇다고 해서 『로빈슨 크루소』나 영화 「캐스트 어웨이」처럼 외딴 곳에서 혼자 모험을 일삼으며 생존해가는 주인공의 드라마틱한 얘기를 담은 책도 아니다. 소로우는 새로운 삶을 모색하기 위해서, 깊이있는 인생을 살기 위해서, 인생의 모든 정수를 빨아들이기를 원해서, 삶이 아닌 것은 살고 싶지 않아서, 월든 호숫가의 숲 속으로 자처해 들어갔다.

소로우는 문명과 이기가 가득한 세속을 떠나 자연 속에서 독립적으로 살아보려는 위대한 실험을 감행한다. 모든 것을 훌훌 던져버리고 아주 최소한의 것만 단출하게 지닌 채 숲 속으로 들어간 것이다. 그는 열여섯에 하버드대학에 입학해 스무 살에 졸업한, 다시 말해 세속적 가치의 눈으로 볼 때 전도양양한 청년이었다. 그러나 『월든』 곳곳에서 언급하고 있듯이 그는 대학에서 배운 것은 거의 쓸모없고 낭비에 가까웠으며 그곳에서는 인간이 왜 사는지 어떤 삶이 진정한 삶인지 삶의 목적이나 자유로운 인간의 삶은 어떤 것인지 등 정말 중요한 것들에 대해서는 배울수도 생각할 수도 없었다고 말한다.

또한 그는 사회와 국가도 자유로운 인간 존재를 장악하려고만 할 뿐 개인의 삶을 존중하려는 의지는 전연 없다고 비판한다. 개개인의 삶을 존중하는 덕을 지닌 국가라면 그렇게 비열하게 인간을 사고파는 노예제도를 존속시킬 리 없으며, 영토를 넓히겠다는 파렴치한 야욕 때문에 귀한 생명을 죽이는 전쟁을 벌일 리가 없다는 것이다. 소로우는 이 가차 없는 삶에 휩쓸려 살지 않기 위해, 삶의 방향을 잃은 무수한 사람들 속에서 자기 자신을 잃어버리지 않기 위해, 그리고 존귀한 존재로서 삶의 진액을 흠뻑 느끼기 위해 세상의 문명과 세속적 가치들을 떠났다. "삶은 그토록 소중한 것이기에 나는 삶이 아닌 것은 살고 싶지 않았다."라는 소로우의 말은 이처럼 절실한 의지를 담은 표현이다.

월든 호숫가에서 소로우가 맨 처음 한 일은 집을 짓는 일이었다. 손수 집을 짓는 일을 새로운 자아의 시작이라고 여긴 그는 즐기듯 천천히 집을 지었으며, 집을 짓는 내내 제 손으로 집을 짓는 일이라고는 없을뿐더러 크고 화려한 집을 갖기 위해 인생을 송두리째 바치는 사람들을 안쓰러워했다. 더 크고 좋은 것을 소유하려는 욕망이 사람의 자유를 빼앗고 그 자신을 빼앗고 문명의 노예로 만들어버리는 것을 봐왔던 것이다. 지금 숨쉬는 이 아침과 저녁, 하루하루가 모두 소중한 날들인데, 내일을 위해 혹은 노년의 행복을 위해 이 아름다운 시간들을 늘 유보하며 미루고 사는 사람들을 안타깝고 어리석게 여겼다.

터를 잡아 유유자적하며 지은 조촐한 집에서 간소하게 먹고 지내면서 소로우는 더 실감하게 된다. 우리가 살아가는 데 정말 꼭 필요하다고 생각했던 것들조차 실은 얼마나 하찮은 것이었는지를 새삼 절감한 것이다. 빵의 영혼인 효모가 없으면 빵을 만들 수 없으리라 믿어 늘 애써 효모를 구했으나 어느 날부터는 효모 없이도 맛있는 빵을 구울 수 있었고, 아침 한 잔의 커피와 빵에 바를 버터가 없는 삶을 지레 걱정했으나 그 삶을 버리자 오히려 다른 신선한 삶이 기다리고 있었다. 혼자 지낼 외로움을 염려했으나 그동안 사람들 속에서 서로 발에 걸려 넘어지고 염증을 내고 아무리 애써도 더 가까워지지 않았던 관계를 새삼 깨닫게 되었고, 완벽하게 혼자 있는 고독 속에서 자기 자신이 온전히 충만해지는 기쁨을 누리며 비로소 자기 자신과 대화를 시작하게 되었다. 깊고 맑고 투명한 월든 호수에 자신을 비추듯 이제 비로소 자유롭고 독립적으로 선 자기 자신과 대면하게 된 것이다.

간소하게, 간소하게, 간소하게 살라! 제발 바라건대, 여러분의 일을 두 가지나 세 가지로 줄일 것이며, 백 가지나 천 가지가 되도록 두지 마라. 백만 대신에 다섯이나 여섯까지만 셀 것이며, 계산은 엄지손톱에서 할 수 있도록 하라.

간소화하고 간소화하라. 하루에 세 끼를 먹는 대신 필요하다면 한 끼만 먹어라. 백 가지 요리를 다섯 가지로 줄여라. 그리고 다른 일들도 그런 비율로 줄이도록 하라. _소로우, 『월든』 중에서

단순하고 간소한 삶을 통해서 내게 주어진 본질적인 사명을 누릴 수 있고, 안팎으로 자유로워질 수가 있다. 내가 아무것도 갖지 않았을 때 온 세상을 차지할 수 있다. 우리가 무엇인가를 가졌다고 할 때 크건 작건 그것의 노예가 된 것이다. 그것으로부터 소유를 당하는 것이다. 그러므로 부자유해진다. 거듭 말하지만 무엇보다도 단순한 삶이 중요하다. 그리고 우리들 자신을 거듭거듭 안으로 살펴봐야 한다. 내가 지금 순간순간 살고 있는 이 일이 인간의 삶인가, 지금 나답게 살고 있는가, 스스로 점검을 해야 한다. _법정, 『무소유』 중에서

그리고 이렇게 모든 문명, 인간, 물질, 관계들에서 멀어지자 새로운 것들이 다가왔다. 바로 자연이다. 비로소 그는 자연이 빚는 온갖 소리를 들을 수 있게 되었고 자연 그대로의 풍경을 바라보게 되었으며 눈으로는 볼 수 없는 자연의 신성(神性)과 교감했다. 문명에 의해 오히려 퇴화되었던 능력이 회복되면서, 가장 단순한 삶의 방식 속에서 가장 풍부하고 진실하며 밀도 높은 삶을 살 수 있게 된 것이다. 새벽의 여명 속에 눈을 떠 서늘하고 맑은 아침 공기를 마시며 월든 호수에서 목욕을 했다. 호밀빵과 감자와 맑은 물로 아침을 먹고 콩밭에서 땀 흘려 일하고 낚시를 하고 양지 바른 곳에 앉아 책을 읽었다. 명상에 빠질 때면 그 쾌감을 놓치지 않기 위해 명상의 끝자락을 이어갔으며 그 깊은 명상 속에서 자유로운 영혼은 한없이 뻗어나갔다. 간소하게 먹고사니 자급자족하는 삶의 노동도 그저 놀이이고 유희였다.

「월든」의 「마을」 부분에는 소로우가 마을에 내려갔다가 6년간 인두세 납부를 거부했다는 이유로 체포, 투옥되는 이야기가 나온다. "상원 의사당 앞에서 남녀노소를 가축처럼 사고파는 국가에 세금을 내지 않았을 뿐 아니라 국가의 권위를 인정하지 않았기 때문"이라는 것이 그 이유였다. 소로우는 국가의 권력을 부정하면서 부당하고 비열한 국가의 권위에 맞서 개인의 존엄성을 옹호했다. 노예제 유지와 멕시코 침략전쟁에 쓰일 인두세를 납부할 수 없다고 거부했으며 노예의 망명을 돕고 노예폐지론자들을 위한 연설을 하기도 했다. 「시민불복종론」에서 소로우는 "국가는 불의한 일을 시민에게 강요해서는 안 되며, 시민은 그 같은 국가의 강요를 거부할 수 있는 권리를 지닌다"고 주장하면서 시민이 불의한 일을 그대로 방관하거나 순종하는 것은 그 불의에 동참하는 것과 똑같다고 말했다. 「시민불복종론」은 '세계의 역사를 바꾼 책'으로 주목받으며 간디의 비폭력저항운동, 톨스토이의 반제국주의적 사상, 마틴 루터 킹의 흑인인권운동, 함석헌의 사상과 운동 및 NGO 등에 큰 영향을 미쳤다.

수확한 콩을 내다팔고 마을을 기웃거리기도 했으며 가끔은 숲으로 찾아온 친구들과 열띤 대화를 벌였다. 호수에 배를 띄운 채 적막한 삶의 여백 속에서 자연의 모든 숨결과 메아리와 이치를 넉넉히 품어안았다. 삶이란 얼마나 소중한 것인지, 인간이란 얼마나 존귀한 존재인지, 인간 안에 쉽게 길들여지지 않는 더욱더 높은 자존적 가치가 어떻게 깃들어 있는지 생생하게 실감하면서 소로우는 행복한 2년을 보낸다. 그 당시 월든 호수의 숲 속에서 소로우는 저 혼자 다른 고수의 북소리를 듣고 걸었던, 그리고 다른 이와 억지로 보조를 맞추기 위해 자신의 봄을 여름으로 바꾸지 않았던, 자유로운 삶의 산책자였다.

『월든』의 삶은 오늘날에도 가능할까? 많은 이들은 『월든』의 삶에 경탄과 찬사를 보내지만 비판하는 시각도 없지 않다. 그들은 『월든』이 크게 먹고살 걱정이 없는 한 엘리트 청년의 지적인 놀이의 기록에 지나지 않는다고 비판한다. 물론 월든 숲에서 소로우의 삶은 먹고살 걱정이나 엘리트 청년 등의 가치와는 전연 무관한 것이었다. 그리고 그것은 소로우가 적극적으로 의도한 것이기도 했다. 소로우가 월든에 지은 오두막이 실제로 콩코드에 있는 그의 집과 그다지 멀지 않았다든지, 소로우가 마을에 너무 자주 내려오거나 이따금 여행을 다녔다든지, 소로우는 결국 숲에서 2년밖에 살지 않았다든지 하는 논란들은 실은 소로우가 의도한 것을 이해하지 못한 것이라고 할 수 있다. 소로우가 지은 오두막과 그가 본래 살았던 집이 먼 거리가 아니었다 하더라도 중요한 것은 실제 거리가 아니라 심리적인 거리와 독립적인 삶의 방식이었기 때문이다.

또 소로우는 삶을 다 작파하고 숲으로 들어간 것은 아니었다. 마을을 돌아다니고 여행을 한 것은 그냥 자연스러운 그의 삶의 일부였을 뿐이다. 소로우가 2년 2개월 후 월든을 떠난 것은 월든으로 들어간 것과 똑같은 이유에서였다. 그에게는 탐험해야 할 내면의 미지의 신대륙이 남아 있어 그 인생들을 더 살아보고 싶었기에 월든으로 들어갔고 또 월든을 떠났던 것이다. 실제로 소로우는 월든의 삶을 떠난 이후 '시민의 불복종'에 대한 강연들을 다녔고 노예폐지운동에 참여했으며 자유계약직으로 측량사 일을 했다. 그리고 겨울 숲에서 일을 하다 병을 얻어 결국 45세에 죽음에 이르게 된다. 그는 자신의 가장 소중한 삶의 시간들을 숲에서 얻고 숲에서 치렀던 것이다.

이같은 삶은 오늘날에도 가능할까? 소로우 이후 150년이 지난 오늘날에도 소로우처럼 용기 있는 자들이 있어 가끔은 그들이 사는 얘기가 뉴스거리가 되기도 한다. 그러나 대개의 경우 소로우의 삶을 동경만 해볼 뿐 이 일상의 그물을 벗어던지고 호수가 있는 숲으로 들어가 집을 짓고 살기란 결코 쉽지 않다. 그러나 어디에 살든 소로우가 월든에서 발견한 빛나는 생각들은 지니고 살 수 있다. 삶을 체감하라, 고독하라, 간소화하라, 깨어 있으라, 그리고 자연과 교감하라!

우선, 자신의 삶을 체감하며 살기 위해서는 삶의 속도를 늦추어야 한다. 우리는 밀란 쿤데라가 소설 『느림』에서 말하듯 "저 차에 탄 사내는 왜 그녀에게 뭔가 재미있는 얘기를 해주지 않는 것일까? 그는 왜 손바닥을 그녀의 무릎 위에 놓지 않는 것일까? 그러기는커녕 그는 차를 빨리 몰지 않는 앞 차의 운전자를 저주하고 있을 뿐이다." 피에르 쌍소가 『느리게 산다는 것의 의미』에서 얘기하듯 "느림이라는 태도는 내가 시간을 급하게 다루지 않고 시간의 재촉에 떠밀려가지 않겠다는 단호한 결심에서 비롯되는 것이며, 살아가는 동안 나 자신을 잊지 않고 세상을 받아들이는 능력을 키우겠다는 확고한 의지에서 비롯되는 것"임을 자주 잊고 있는 것이다.

그래서 소로우는 말한다. "어느 여름날 아침, 나는 호수 한가운데로 보트를 저어가서는 그 안에 길게 누워 공상에 잠기곤 했다. 그러고는 산들바람이 부는 대로 배

콩코드 그룹 (Concord group)

콩코드는 월든 호수가 있는 곳으로 콩코드 그룹이란 소로우에게 큰 영향을 주었던 스승 에머슨을 비롯해 1830년대부터 1850년대에 미국의 사상계를 휩쓴 초월주의자들을 총칭한다. 초월주의란 당시 물질에 집착하는 세태를 비판하고 자연 속에서 소박하게 살면서 전연 새로운 인간적인 기쁨을 느끼고자 했던 사상개혁운동이자 문화운동이다. 이들은 인간과 자연에 내재한 신성과 인간이 지닌 가치에 대한 믿음을 강조하며 신, 인간, 자연을 우주영혼의 공유자로 보았으며 개인, 자연 그리고 고독을 강조하였다. 소로우, 에머슨, 휘트먼 등이 대표자들이다.

가 떠가도록 맡겨놓으면 몇 시간이고 후에 배가 기슭에 닿는 바람에 몽상에서 깨어나곤 했다. 그 시절은 게으름 부리는 것이 가장 매력적이고 생산적인 때였다. 하루 중 가장 귀한 시간을 그렇게 보내기 위해 오전 나절 몰래 빠져나온 적이 얼마나 많았던가! 그 시절 나는 양지바른 시간과 여름날들을 풍부하게 가져 정말로 부유했다." 한 박자 천천히, 삶의 속도를 스스로 제어할 수 있을 때, 우리는 삶을 느끼고 체감하며 자신만의 삶을 살 수 있다.

그리고 바로 이 속도를 늦추는 데서 고독과 명상은 시작된다. 조금 더 빨리, 조금 더 먼저, 조금 더 조금 더……, 이 사슬에서 놓여날 때 비로소 자유로워질 수 있다. 뭇 사람들 속에서 헤어나지 못하고 자아를 잃거나, 자기 욕망이 아닌 거품 같은 거짓 욕망에 부추겨지고, 내 삶의 본질과 목적을 잃고 무엇에 취한 듯 공허하게 살아갈 때, 월든은 다시 얘기해준다. 고독과 명상만이 철저히 자기 자신과 맞서는 순간이며, 그 시간들을 관통해야만 삶이 얼마나 소중한 것인지, 왜 삶이 아닌 것은 결코 살 수 없는지 알게 된다는 것이다.

삶의 천박한 치장들을 벗고 간소하고 단순하게 살 때, 정신은 맑게 깨어나고 영혼은 더할 수 없이 풍요로워진다. 세속적 성공은 그저 타인의 시선을 의식한 겉치레일 뿐 삶의 정수를 흠뻑 빨아들이기 위해서는 단순하고 소박한 삶만으로 충분하다. 그리고 이렇게 얻은 소중한 여백은 모두 자기 자신과의 연애, 자기 자신과의 대화, 자신의 내면에 깃들어 있는 더욱더 높은 가치를 위해 귀하게 쓰여야 한다. 자신의 삶을 올올이 체감하면서 실존적 고독과 수수한 삶 속에서 늘 깨어있고자 하는 삶, 이것이 바로 소로우가 『월든』에서 찾은 진정한 삶의 가치인 것이다.

자연과 교감하라

소로우에게 있어 자연은 굳이 보호해야 할 대상도 아니었고 치유해야 할 대상도 아니었다. 그가 자연을 사랑하는 방법은 나무를 베거나 주워다가 집을 짓고 호수에서 낚시를 하고 콩밭을 매고 숲의 소리를 즐기고 동물들과 같이 사는, 그야말로 자연 속에서 사는 삶이었다. 그가 자연을 섬세하게 관찰해 생생하게 묘사하고 숱한 동물들의 이름을 줄줄이 외는 것도 그로선 그저 즐겁고 자연스러운 일일 뿐 학자적이거나 전문적인 관심은 아니었다. 문명의 죽은 가치들에 비해 자연의 생명들은 늘 경이로운 대상이었으며, 오로지 자연의 순수한 가치 안에서만 자신의 삶을 깊게 살 수 있으리라 믿었다.

하지만 소로우가 의도하지 않았음에도 불구하고 그는 19세기를 살면서 마치 20세기 이후를 내다보기라도 하듯 자연 훼손과 환경오염을 예견했다. 물론 소로우가 그 당시 한 일은 사냥을 하지 않는 것, 낚시를 더 이상 내켜하지 않게 된 것, 나무를 베지 않기 위해 벽난로 사용을 중단한 것 정도였지만, 산업화로 인해 자연이 서서히 파괴되어가는 것을 바라보면서 과연 자연이 광폭하게 치닫는 삶의 속도를 견뎌낼 수 있을지 우려했다. 그리고 이 점에서 『월든』은 최초의 녹색서적, 소로우는 최초의 환경보호론자라고 칭해지게 된다.

『월든』에서 소로우는 무엇보다도 자연과 교감하며 조화를 이루는 삶 속에서 진정한 삶의 가치를 찾으리라 확신했다. 그는 문명의 삶으로부터 도피해 자연에 다다른 것이 아니라, 문명의 삶에 가장 적극적으로 저항하는 방식으로서 자연 속에서 자족하며 사는 삶을 선택했던 것이다. 그리고 소로우가 월든에서 이룬 충족한 삶의 기록은 문명의 완력에 저항하는 그 어떤 것보다 가치 있는 승리의 쾌재가 되었다. 소로우가 『월든』을 통해 자연에 대해 갖는 태도는 다음에서 가장 친근하게 드러난다.

자연은 말로 표현할 수 없이 순수하고 자애로워서 우리에게 무궁무진한 건강과 환희를 안겨준다. 그리고 우리 인류에게 무한한 동정심을 가지고 있기 때문에 만약 어떤 사람이 정당한 이유로 슬퍼한다면 온 자연이 슬퍼해줄 것이다. 태양은 그 밝음을 감출 것이며 바람은 인간처럼 탄식할 것이며 구름은 비의 눈물을 흘릴 것이며 숲은 한여름에도 잎을 떨구고 상복을 입을 것이다. 내가 어찌 대지와 교류를 갖지 않겠는가? 내 자신이 그 일부분은 잎사귀이며 식물의 토양이 아니던가!

『월든』은 자연과 더불어 사는 삶이 인간의 본성과 얼마나 자연스럽게 어울리는 삶인지 잘 보여준다. 소로우는 삶의 진정한 가치를 발견하고 삶을 더욱 깊게 살기 위해서는, 그리고 삶의 진액을 흠뻑 빨아들이기 위해서는, 자연 속에서 자연을 누리고 자연과 교감하며 살아가야 한다는 이 절실한 깨우침을 이미 150년 전에 아름답고 예리한 글로 남겼던 것이다.

| 다 | 른 | 작 | 품 | 과 | 비 | 교 | 하 | 며 | 읽 | 기 |

『오래된 미래』 모든 사람이 우리처럼 행복하지 않단 말입니까

헬레나 노르베리-호지(Helena Norberg Hodge, 1946~)는 언어학 공부를 위해 인도의 티베트 고원에 위치한 라다크를 방문했다가, 그곳 사람들이 사는 모습에 깊이 매료되어 16년 동안 그곳에 살면서 『오래된 미래』를 쓰게 된다. 라다크 사람들은 더할 수 없이 검소하면서도 자립적이고 자족적인 삶을 살고 있는데, 그들은 자연의 진리를 전혀 거스르지 않으면서 자연을 최대한 누리고, 일년에 4개월만 일하고 나머지는 그저 소박한 잔치를 벌이고 이야기를 나누면서 즐기듯 살아간다. 라다크인들은 인간이 지닐 수 있는 가장 풍요로운 내면과 평화 속에서 조화로운 공동체의 삶을 영위해 나갔는데, 그들은 일과 놀이를 구분하지 않으며 서로를 깊이 존경하며 관용을 베풀면서 살아가고 있다. 그들의 온유함과 부드러움은 경험하기 이전에는 도저히 상상조차 할 수 없는 것으로, 라다크 사람들에게 가장 큰 모욕이 '화 잘 내는 사람'이라는 사실을 알게 되면 인간의 삶을 전연 다른 각도에서 바라보지 않을 수 없게 된다. 낭비와 오염이 없고 범죄란 존재하지 않으며 건강하고 튼튼한 공동체 속에서 유순하고 다정한 십대들이 웃어른을 대하는 곳, "모든 사람이 우리처럼 행복하지 않단 말입니까?"라며 묻는 곳이 바로 라다크인 것이다.

인간의 삶에 있어 진보란 당연한 것이며 불가피한 일이라고 확신하고 있던 이들은 라다크의 삶을 통해 미래의 인간들의 삶에 대해 새롭게 생각해보게 된다. 진정한 미래는 오히려 오래된 것에서 그 이상향과 새롭고 소중한 모델, 그리고 구체적인 미래의 대안까지 발견할 수 있다는 것이다. 반개발, 반세계화, 탈중심화라는 일련의 주장들과 맞닿은 이 입장은 그간 발전과 진보라는 미명 아래 인간다운 삶의 목적과 방향을 상실한 채 무서운 속도로 질주해온 우리에게 '오래된 미래'라는 삶의 모델을 제시한다. 라다크의 삶은 자연이 인간을 얼마나 아름다운 존재로 만들며 억누를 수 없는 기쁨과 풍요로움을 맛보게 하는지, 그리고 그 열정으로 행복을 추구하는 삶을 살 수 있게 하는지 보여준다.

그러나 서구 중심의 개발이라는 개념이 라다크로 밀려들어오면서 라다크의 삶은 크게 흔들린다. 서구의 개발자들은 라다크인들을 탐욕스럽게 만들어 더 많은 상품을 팔려고 머리를 짜냈으며 빈부의 격차를 크게 벌였고 강인하고 당당하던 여자들을 주눅들게 만들었다. 라다크 사람들을 상대적인 빈곤감에 시달리게 했고 늘 조급하게 했으며 범죄를 짓게 하고 유순하던 십대들이 부모를 구식이라며 비웃게 만들었다. 공동체를 파괴하고 땅에서 멀어지게 함으로써 자급자족해온 삶의 모습을 잃고 경제적으로 의존하게 만들었던 것이다. 저자는 이런 비극적인 변화 속에서 라다크가 파괴되는 것을 막고 인류의 진정한 미래의 대안을 진행하는 '라다크 프로젝트'를 진행하게 된다. 그리고 현재 이 움직임은 세계 곳곳에서 뜻깊은 호응을 받으며 이어지고 있다.

다음은 『오래된 미래』의 일부이다.

(1)

라다크 사람들은 시간을 넉넉히 가지고 있다. 그들은 부드러운 속도로 일을 하고 놀라울 만큼 많은 여가를 누린다. 시간은 느슨하게 측정된다. 분을 셀 필요는 절대로 없다. 그들은 "내일 한낮에 만나러 올게. 저녁 전에."라는 식으로 몇 시간이나 여유를 두고 말한다. 라다크 사람들에게는 시간을 나타내는 많은 아름다운 말들이 있다. '어두워진 다음 잘 때까지'라는 뜻의 '공그로트', '해가 산꼭대기에'라는 뜻의 '니체', '해뜨기 전 새들이 노래하는 아침시간'인 '치페 – 치리트' 등 모두 너그러운 말들이다. 여러 시간을 일을 해야 하는 추수철에도 일이 느리게 진행되기 때문에 여든 살의 노인도 어린아이도 함께 일할 수 있다. 사람들은 열심히 일하지만 자기들의 속도로 웃음과 노래를 곁들이며 한다. 일과 놀이는 엄격하게 구분되어 있지 않다.

(2)

　라다크가 주는 가장 중요한 교훈은 행복과 관련된 것이다. 그것은 내가 더디게 배운 교훈이다. 여러 해가 걸려서 신입견의 여러 층을 벗겨내고 나서야 나는 라다크 사람들의 기쁨과 웃음을 제대로 보기 시작했다. 그것은 삶 그 자체를 순수하고 구김 없이 받아들이는 일이었다. 라다크에서 나는 마음의 평화와 삶의 기쁨을 누리는 것을 타고난 당연한 권리라고 생각하는 사람들을 알게 되었다. 나는 공동체와 땅과의 긴밀한 관계가 물질적인 부나 고급기술과는 비교도 할 수 없이 인간의 삶을 풍부하게 만들 수 있음을 보았다. 나는 삶의 다른 길이 가능하다는 것을 알게 되었다.

(3)

　서구에서 우리는, 현실에서 한 단계 떨어진 채 이미지들과 개념들에 의존하여 삶을 사는 경향이 있다. 타시 랍기아스는 영국에서 두어 달 지내고 나서 이렇게 말했다. "이곳에서는 모든 것이 놀라울 정도로 간접적입니다. 사람들은 자연의 아름다움에 대하여 글을 쓰고 이야기하고, 어디에 가든지 화분에 담긴 식물과 플라스틱으로 만든 식물이 있고, 벽에는 나무 그림이 있습니다. 그리고 TV는 늘 자연에 대한 프로그램을 방영합니다. 그렇지만 사람들은 도대체 실제의 자연과 접촉을 갖는 일은 없는 것 같습니다."

■■■ Question

1. 예문 (1), (2)를 볼 때 라다크 사람들이 소중하게 여기는 삶의 가치란 어떤 것인가?

2. 예문 (3)에 비추어 현재 우리의 삶을 생각해보자.

■■■ Expression

『오래된 미래』라는 책 제목이 의미하는 '오래된 미래'의 삶의 모습은 소로우의 『월든』에서도 발견된다. 진정한 미래의 삶은 이미 우리가 오래 전에 경험한 자연과 더불어 사는 삶이며 그 안에서 인간의 자유와 존엄성을 지키며 사는 모습이라는 것이다. 현대의 삶의 모습에 비추어 『오래된 미래』와 『월든』에서 제시하는 삶을 지지하는 입장의 글을 써보자.

| 철 | 학 | 으 | 로 | 명 | 작 | 이 | 해 | 하 | 기 |

『맥도날드 그리고 맥도날드화』 맥도날드화, 비인간화의 상징

맥도날드화란 패스트푸드점의 원리가 미국과 세계의 많은 부문을 지배하게 되는 과정을 의미한다. 패스트푸드점뿐 아니라 교육, 스포츠, 종교, 노동, 의료, 여행, 여가, 다이어트, 정치, 가정 등 모든 면에 영향을 미치는 20세기 전반에 걸친 일련의 합리화 과정을 이른다. 맥도날드화는 대단히 합리적인 시스템이라는 논리 아래 몇 가지 요소로 인간의 모든 현상을 지배하고 있다. 배고팠을 때 포만감을 느끼게 하는 최적의 수단이라는 '효율성', 돈에 비해 많은 음식을 빠른 시간 안에 먹을 수 있다고 믿게 하는 '계산가능성', 변화를 싫어하는 사람들의 속성에 맞춰 제품과 서비스가 언제 어디서나 동일하다고 확신하게 하는 '예측가능성', 그리고 줄서서 기다리기, 제한된 메뉴, 불편한 의자, 다 먹은 그릇 치우기 등으로 행해지는 무인기술의 '통제', 이 네 가지 요소가 맥도날드화의 특징이다.

그러나 최근에는 맥도날드화의 합리적인 체계가 지니고 있는 비인간적인 요소들 및

합리성이 지닌 불합리성을 비판하고 있다. 길게 줄을 서서 기다려야 하고 품질보다 비싼 값을 치러야 하며 건강을 위협하는 음식, 빨리 먹고 일어서라고 종용하는 불편한 의자, 종업원과 손님의 형식적이고 불편한 인간관계, 어마어마한 쓰레기가 일으키는 환경오염까지, 맥도날드화는 여러 모로 인간다움을 앗아가는 대단히 비인간적이고 비이성적인 과정이라는 것이다.

■■■ Question

1. 맥도날드화의 비인간적인 점은 어떤 것인가?

2. 맥도날드화에 저항하는 몇 가지 대안 중에는 『월든』의 삶과 비슷한 점들이 있다. 가령 "가능하다면 아파트나 주택단지에 살지 말고 틀에 박히지 않은 환경에서 당신이 직접 지었거나 당신을 위해 지은 집에서 살도록 노력할 것. 부득이 아파트에 살아야 할 경우, 그곳을 인간화하고 개별화할 것. 스스로 할 수 있는 일을 많이 할 것. 인공식품을 사먹지 말 것." 등이다. 맥도날드화를 거부하는 삶과 월든의 삶은 어떤 점에서 연관되는가?

■■■ Expression

다음은 맥도날드화에 대처하는 세 가지 태도이다. 자신은 어떤 입장인지, 왜 그 입장을 택하는지 서술해보자.

첫째, 미래를 맥도날드화의 '벨벳 감옥'으로 보는 태도이다. 맥도날드화가 자신을 끊임없이 가두는 것을 인정하지만 그것을 매우 편안하게 여기고 맥도날드화된 세계를 좋아하며 심지어는 갈망하며 지속적인 성장과 번성을 환영한다. 여러 선택사양이 주어진 질서정연한 세계를 선호하며 이렇게 합리화된 것보다 더 나은 세계가 있다고 생각하지 못한다. 인간 로봇과 상호작용하는 비인격적인 세계를 즐기고 인간적인 접촉을 피하는 이들에게 맥도날드화는 위협이 아니라 열반이다.

둘째, 맥도날드화를 '고무 감옥'이라고 여기는 이들이다. 이들은 맥도날드화의 어떤 점은 싫어하고 어떤 점은 매력적이라고 생각한다. 이로운 점들을 잘 알지만 맥도날드화가 치러야 할 대가도 잘 알기에 피해보려고 애를 쓴다. 옛 방식대로 야영을 하거나 여행을 하기도 하고 전통적인 음식점을 찾아다니기도 한다. 가끔은 집에서 손이 가는 요리를 하기도 한다.

셋째, 맥도날드화가 '쇠 감옥'이라고 믿는 사람들이다. 이들은 맥도날드화에 불쾌감을 가지며 탈출구가 없다고 생각한다. 미래에 대해 어둡고 비극적인 전망을 갖고 있으며 맥도날드화를 신랄하게 비판하고 때로는 급진적으로 변혁시키기 위해 노력한다.

자연재난 영화들 자연재해를 다룬 재난 영화들의 태도 혹은 시각

할리우드에서 매년 블록버스터로 만드는 영화 중 빠지지 않는 장르는 재난영화다. 그 가운데서도 자연재해와 맞서 싸우고 그 악몽으로부터 벗어나려는 인간들의 시련과 노력을 담은 재난영화가 대다수이다. 이 영화에서 주인공은 물론 자연재해지만 실제 많은 영화들이 재난에 맞서 싸우는 인간들의 영웅담에 초점을 맞추고 있다. 「퍼펙트 스톰」「투모로우」「타이타닉」「포세이돈 어드벤처」「딥 임팩트」「아마겟돈」「트위스터」「단테스 피크」「볼케이노」 등 무수한 재난영화들은 화려하고 강력한 스펙터클뿐 아니라, 어떤 재난도 해결하는 무소불위한 인간의 능력, 집단적이고 사회적인 체험, 가족애와 조국애 혹은 인류애로 끝맺는 해피엔딩 등으로 이루어진 가장 대중적인 장르라 할 수 있다.

이 영화들에서 빙하, 지진, 홍수, 번개, 해일, 행성, 바다, 허리케인, 폭풍, 화산, 지구 온난화 등 모든 자연현상은 인간이 맞서 싸워야 할 위협적인 적으로 등장한다. 인간 대 자연이라는 대립적인 구도를 반복하면서, 대단히 끔찍하지만 결코 일어나지는 않을 환상 속의 재해, 가상의 이미지를 재난영화로 반복하는 것이다. 이 같은 재난영화들은 일견 자연에 대한 외경심과 인간의 오만에 대한 성찰을 하기도 하지만, 한편으로는 인간의 평화로운 삶을 위협하는 자연, 자연의 분노에 맞서 끝내 이를 극복해내는 인간의 능력을 더욱 강조하는 반자연적 태도를 드러내기도 한다.

■■■ Question

1. 자연재해를 다룬 재난영화들은 인간과 자연을 어떤 관계로 설정하고 있는가?

2. 슬라보예 지젝은 재난영화에 대해 "'실재' 자체를 환상으로 치환"하고, "악의적인 대리인들이 모든 것을 파괴하기 위해 끊임없이 위협을 가하고 있다는 생각을 주입하는, 격리된 가상세계에 살고 있다는 자각"이라고 말한다. 무슨 의미인가?

■■■ Expression

전 세계적으로 자연보호를 주장하고 환경과 생태계의 문제를 심각하고 진지하게 논의하는 오늘날, 자연재해를 다루는 재난영화 역시 여전히 대중적인 인기를 얻고 있다. 『월든』과 재난영화들에 나타나는 자연에 대한 태도를 비교, 대조하며 서술하라.

다음 지문들을 읽고, 현대 사회 속에서 자신의 진정한 삶을 찾는 방법을 어떻게 모색할 수 있을지 자신의 생각을 서술해보자.

모든 물질적 욕구를 쉽게 충족할 수 있는 풍요한 사회에 대한 고정관념은 수정되어야 한다. 이 관념은 사회적 논리를 일체 제외시키기 때문이다. 마샬 샬린스가 『최초의 풍부한 사회』에서 제기한 견해에 의하면, 현재 생산지상주의를 일삼는 산업사회는 원시사회와는 달리 희소성이라는 시장경제에 의해 지배되고 있다. 즉, 많이 생산하면 할수록 풍부함으로부터 오히려 더 멀어진다는 것이다. 성장사회에서 생산성의 증대에 비례해 만족되는 욕구는 생산의 영역에 속하는 욕구이지 인간의 욕구는 아니기 때문이다. 더욱이 이 체계는 인간의 욕구를 무시하는 것을 기반으로 하고 있기 때문에, 풍부함은 결국 후퇴할 수밖에 없다. 그에 의하면 수렵채취자들은 절대적인 빈곤함에도 불구하고 진정한 풍부함을 알고 있었다고 한다. 그들은 어떤 것도 소유하지 않았다. 그들은 자신이 갖고 있는 것에 집착하지 않았고 그것들을 차차 버리면서 더 좋은 곳으로 이동해갔다. 생산 장치도 노동도 없었다. 그들은 여유가 있을 때 수렵하고 채취하며 손에 넣은 모든 것을 나누어 가졌다. 그들의 낭비는 완전했다.

_장 보드리야르, 『소비의 사회』 중에서

어찌하여 느림의 즐거움은 사라져버렸는가? 아, 어디에 있는가, 옛날의 그 한량들은? 민요들 속의 그 게으른 주인공들, 이 방앗간 저 방앗간을 어슬렁거리며 총총한 별 아래 잠자던 그 방랑객들은? 시골길, 초원, 숲 속의 빈터, 자연과 더불어 사라져버렸는가? 한 체코 격언은 그들의 그 고요한 한가로움을 하나의 은유로써 이렇게 정의하고 있다. 그들은 신의 창들을 관조하고 있다고. 신의 창들을 관조하는 자는 따분하지 않다. 그는 행복하다. 우리 세계에서 이 한가로움은 빈둥거림으로 변질되었는데, 이는 성격이 전혀 다른 것이다. 빈둥거리는 자는, 낙심한 자요, 따분해하며, 자기에게 결여된 움직임을 끊임없이 찾고 있는 사람이다.

(중략)

느림과 기억 사이, 빠름과 망각 사이에는 어떤 내밀한 관계가 있다. 지극히 평범한 상황 하나를 상기해보자. 웬 사내가 거리를 걸어가고 있다. 문득, 그가 뭔가를 회상하고자 하는데, 기억이 나지 않는다. 그 순간, 기계적으로, 그는 자신의 발걸음을 늦춘다. 반면, 자신이 방금 겪은 어떤 끔직한 사고를 잊어버리고자 하는 자는, 시간상, 아직도 자기와 너무나 가까운, 자신의 현재 위치로부터 어서 빨리 멀어지고 싶다는 듯 자기도 모르게 걸음을 빨리한다. 실존 수학에서 이 체험은 두 개의 기본 방정식 형태를 갖는다. 느림의 정도는 기억의 강도에 정비례하고, 빠름의 정도는 망각의 강도에 정비례한다.

_밀란 쿤데라, 『느림』 중에서

왜 우리는 성공하려고 그처럼 필사적으로 서두르며, 그처럼 무모하게 일을 추진하는 것일까? 어떤 사람이 자기의 또래들과 보조를 맞추지 않는다면, 그것은 아마 그가 그들과는 다른 고수의 북소리를 듣고 있기 때문일 것이다. 그 사람으로 하여금 자신이 듣는 음악에 맞추어 걸어가도록 내버려두라. 그 북소리의 음률이 어떻든, 또 그 소리가 얼마나 먼 곳에서 들리든 말이다. 그가 꼭 사과나무나 떡갈나무와 같은 속도로 성숙해야 한다는 법칙은 없다. 그가 남과 보조를 맞추기 위해 자신의 봄을 여름으로 바꾸어야 한단 말인가? 우리의 천성에 맞는 여러 여건이 아직 갖추어지지 않았다면 대신 끌어다 댈 수 있는 현실은 무엇인가? 우리는 헛된 현실이라는 암초에 걸려 우리의 배를 난파시켜서는 안 되겠다. 우리가 애를 써서 머리 위에 청색 유리로 된 하늘을 만들어본들 무슨 소용이 있겠는가? 그것이 완성된다 하더라도 우리는 분명 그런 것은 없다는 듯이 그 훨씬 너머로 정기에 가득 찬 진짜 하늘을 바라볼 것인데.

_소로우, 『월든』 중에서

2

과학기술이 장밋빛 미래를
만들어줄 것인가

『멋진 신세계』 올더스 헉슬리

『오셀로』 윌리엄 셰익스피어

『이기적 유전자』 리처드 도킨스

영화 「매트릭스」

과학과 전체주의에 대한 엄중한 경고

영국의 작가인 올더스 헉슬리(Aldous Huxley, 1894~1963)가 쓴 『멋진 신세계』는 20세기에 쓰인 최고의 미래소설, 공상과학소설로 손꼽히는 작품이다. 1934년에 발표된 이 작품에는 미래 사회의 모습이 충격적인 SF 영화를 보는 것처럼 실감나게 그려져 있다. 인간은 실험실에서 인공 수정되어 사회가 필요로 하는 규격화된 상품처럼 만들어진다. 소마(일종의 아편)라는 약이 신의 손처럼 인간을 고통에서 구원해주기에, 사람들은 아무런 고뇌 없이 가벼운 쾌락만을 즐기며 '안정'되게 살아간다. 하지만 인간의 참된 행복이 무엇인가를 의심하는 일탈자들이 등장하면서, 도저히 멋질 수가 없는 '멋진 신세계'의 베일이 조금씩 벗겨진다.

'멋진 신세계'라는 표제는 셰익스피어의 『템페스트』 5막 1장에 나오는 대사인 "인간이란 얼마나 아름다운 존재인가! 오오, 멋진 신세계여!"에서 빌려온 것이다. 미래를 장밋빛 유토피아로만 보는 낭만적 진보주의를 겨냥한 반어적 제목으로, 1차 대전 이후 기술문명에 대해 절망과 전체주의를 경계하던 시대 분위기가 반영되어 있다.

18세기 말부터 서구사회에서는 역사에 대한 낙관주의와 진보주의의 열풍이 거세게 일어났다. 찰스 다윈이 『종의 기원』에서 주장한 '자연도태설'과 '적자생존설'은 자유경쟁이라는 산업자본주의의 시대 이념을 타고 열광적인 환영을 받았다. 올더스 헉슬리의 조부는 진화론 논쟁을 주도했던 토마스 헨리 헉슬리

(Thomas Henry Huxley, 1825~1895)이다. 그는 다윈 사상을 토대로 인간의 도덕적 윤리성을 강조하는 사회진화론을 주장하였으며, 사회생물학 논쟁의 선구자 역할을 했다. 또한 헉슬리의 형제들 중에는 저명한 생물학자와 노벨생리학상을 수상한 의학자도 있다. 헉슬리 집안은 기술 문명의 미래에서 교차하고 있는 '희망과 불안'이라는 시대적 과제를 앞서서 고민하고 있었다고 할 수 있다.

헉슬리가 그려낸 미래사회는 당시로서는 상상을 초월하는 획기적인 것이었겠지만, 현재의 시점에서 보면 그럴듯하게 느껴지는 부분이 많다. 인간 복제에대한 온갖 불길한 상상력이 난무하는 시대를 살고 있는 우리들이 '멋진 신세계'를 체험하는 기분은 각별할 수밖에 없다. 미래를 암울한 디스토피아라고 진단했던 헉슬리의 경고가 과연 어떤 면에서 새겨들을 만한 것인지 신인류가 탄생하는 비밀의 현장을 들여다보자.

■■■ 작품 이해를 위한 질문

1. 문명세계의 사회 시스템 중에서 가장 특기할 만한 것은 무엇인가?

2. 문명세계에서 각 계급의 인간들이 자기만족을 하고 살 수 있는 이유는 무엇인가?

3. 늙지 않는다는 것은 사람들의 의식에 어떤 영향을 줄까?

4. 존이 문명세계에서 느낀 가장 큰 환멸은 무엇이었을까?

5. 총통과 존은 각각 인생에서 무엇이 중요하다고 생각하고 있을까?

>> 멋진 신세계

인공부화, 계획양육

〈런던 중앙 인공부화·조건반사양육소〉의 수정실에서는 차가운 불빛 아래서 흰 가운을 입은 창백한 무리들이 줄지어 움직이고 있었다. 신참 견습생들이 현대식 인공수정의 원리를 설명하는 소장의 연설을 열의에 찬 모습으로 경청하고 있다.

포드(미국의 자동차 왕인 헨리 포드, 1863~1947) 기원 632년, 과학은 눈부신 발전을 거듭하여, 이제 모태 생식은 구시대의 부끄러운 유물이 된 지 오래고, 인간은 시험관 병에서 대량 생산된다. 인공수정된 난자는 부화기에 옮겨져 계급에 따라 각자 다른 분열과정을 겪게 된다. 상류층에 속하는 알파, 베타 계급은 자연적인 성장을 하지만, 노동을 담당하는 감마, 델타, 엡실론 계급은 보카노프스키법에 의해 처리된다. 수정체에 강한 X레이를 투사해 성장을 억제시키면 수정체들은 그것에 대응해 분열을 일으키게 되고, 이런 일을 반복하면 결국 하나의 수정체에서 96명의 태아가 탄생하게 된다. 모태시대에 태어났던 별 볼일 없는 쌍둥이나 세 쌍둥이와는 완전히 차원이 다른 수십 쌍의 쌍둥이가 한 번에 탄생하는 것이다. 게다가 새로 개발된 포즈내프 기술 때문에 난소에서 성숙한 난자를 단시간에 다량 생산할 수 있게 되어, 한 개의 난소에서 일만 육천십이 쌍의 쌍둥이가 태어나는 신기록이 세워지기도 했다.

수정란을 담은 병들은 한 시간에 약 30센티미터씩 움직이는 컨베이어 시스템 위에 놓여 267일 동안 1, 2, 3층의 정해진 코스 2,136미터를 일주하고, 267일째 아침 출산실에 도착하게 된다. 그렇게 인간은 실험실에서 배양되어 병에서 탄생한다.

267일 동안 수정체에는 갖가지 조작이 행해진다. 계급에 따라서 태아에게 주는 산소를 조절하여, 산소를 덜 공급받은 하층 계급의 태아들은 지능도 체격도 열등한 상태로 태어나게 된다. 난자의 공급원이 될 일부의 여성 태아를 제외한 대부분의 여성 태아에는 남성호르몬이 투입되어 불임여성으로 배양된다. 열대지방에서 광부나 철강공으로 일해야 할 태아들에게는 차가운 온도를 억지로 경험하게 하여, 추위는 선천적으로 두려워하고 더위만 좋아하게 만들어준다. 로켓조종사가 될 태아들이 들어 있는 병은 계속 회전하는 과정을 거치는데, 거꾸로 매달린 상태가 되었을 때 혈액을 많이 공급해주는 것을 반복하면, 아이들은 물구나무를 섰을 때 오히려 행복감을 느끼게 된다. 이렇게 아이들은 계산과 조작을 거쳐 만들어진다.

태어난 아이들은 유아 시기부터 계획적인 세뇌 교육을 받게 된다. 델타 계급 같은 하층 계급에 속하는 유아들은 신파블로식 조건반사 양육실에서 꽃과 책을 혐오하게 만드는 훈련을 받는다. 꽃과 그림책이 가득한 방에서 아이들을 놀게 하여, 아이들이 거기에 빠져드는 순간, 요란한 폭음과 전기쇼크를 동시에 준다. 이런 훈련이 반복되다 보면 아이들은 자연스럽게 독서를 혐오하게 되고 자연에 대한 동경심 따위도 사라지게 된다. 오로지 주어진 일에만 즐겁게 몰두하는 노동자로 키워지는 것이다. 또한 모든 아이들은 수면교육을 받게 된다. 아이들이 자고 있을 때, 베개 밑에서 끊임없이 '알파 계급은 똑똑하고, 엡실론 계급은 엉망이다.', '델타 계급의 카키색 옷은 정말 싫다.', '나는 행복하다.'는 식의 말들이 흘러나온다. 국가가 부여하는 수많은 고정관념과 암시가 베개 밑에서 항상 속삭이고, 결국 이 암시가 아이들의 의식을 점령해버린다.

소장은 아이들을 출생시키고 양육하는 이 완벽한 시스템을 자랑스럽게 떠벌렸다. 바깥 정원에서는 벌거벗은 6, 7백 명의 소년 소녀들이 아무 거리낌 없이 짝을 지어 서로의 몸을 만지며 장난을 치고 있다. 성적으로도 완전히 개방된 신세계에서 아이들은 즐겁고 행복해보였다.

일탈자들

일부일처제, 어머니, 주기적인 임신, 출산, 냄새나고 시끄러운 아이들, 소독도 제대로 하지 않은 더러운 감옥 같은 좁은 집, 누추함. – 이미 사라진 단어이지만 가정이니 어머니니 임신이니 하는 말은 생각만 해도 구토가 날 정도로 끔찍한 것이다.

태아들에게 면역 물질을 주입하는 일을 하고 있는 레니나는 자신이 한 남자만을 사 개월이나 계속 만나왔다는 사실을 떠올렸다. 만인은 만인의 소유물인 사회에서, 게다가 미인인 자기가 그런 비정상적 관계를 맺고 있다는 것은 충분히 지탄받을 만한 일이었다. 그래서 그녀는 요즘 알파플러스 계급에 속하는 버나드 마르크스에게 관심을 돌리고 있는 중이었다. 그는 괴짜였다. 알파플러스 계급인데도 체격이 왜소한 편이어서 태아일 때 실수로 혈액대용액 속에 알코올을 주입 당했을 거라는 소문이 무성했다.

체격과 계급이 비례하는 사회인지라, 버나드는 계급에 어울리지 않는 작은 체격 때문에 늘 열등감에 시달려야 했다. 하지만 이 고독과 열등감이 오히려 버나드의 특별한 자아의식을 만든 것도 사실이다. 그는 아무런 생각 없이 안주하는 사람들과 자신이 다름을 느꼈다. 그와 유일하게 말이 통하는 친구는 헬름홀츠 왓슨이었다. 헬름홀츠는 머리에서 발끝까지 완벽한 알파플러스였다. 그런데 버나드와는 정반대로 헬름홀츠의 경우에는 지나친 완벽함, 뛰어난 지력이 그를 특별한 인간으로 만들었다. 그 역시 타인과 자기가 다르다는 생각에 빠져들고 있었다. 이 두 사람은 공통적으로 자신이 '고독한 개인'이라는 점을 자각하고 있었다.

레니나는 그런 버나드를 신기한 눈으로 바라볼 수밖에 없었다. 소마를 먹고 완전히 도취되는 자기 망각의 예배시간에도 그는 도대체 몰두하는 법이 없었다. 소마가 주는 황홀함이나 전율도 안 좋아하는 것 같았다. 데이트를 할 때도 전자골프나 여자 레슬링을 구경하는 것보다는 황야를 산책하고 이야기하기를 원했다. 특히 바다를 보면서 자신이 사회의 일부가 아닌, 자기 자신이 된 것 같아서 좋다는 말을 할 때에는 공포를 느끼기까지 했다. 다섯 살 때부터 수없이 들어 누구나 알고 있는 사실인 '모든 사람은 행복하다'는 사실을 의심하다니! 사람들이 그를 기이하게 여기는 것도 무리가 아니다. 하지만 버나드에게는 각별한 매력이 있었다. 그래서 레니나는 뉴멕시코의 야만인 보호구역으로 여행을 가자는 그의 특이한 제안을 흔쾌히 받아들였다.

야만인 보호구역

허가증에 도장을 찍어주면서도, 금지구역으로 여행을 떠난다는 것에 대해 소장은 시종 못마땅한 표정을 짓고 있었다. 소장은 이십 년 전에 금발의 한 베타마이너스 소녀를 데리고 거기로 휴가를 떠났다가 그녀가 실종되었다는 것을 이야기해주며, 금지된 장난에 빠져드는 것이 위험한 일임을 충고했다. 소장은 알파 계급은 원래부터 감정적으로는 순종하도록 되어 있음을 재차 강조했다. 그리고 만약에 버나드의 행동양식이 계속 표준에서 벗어나면 아이슬란드 같은 오지로 전출시키겠다는 협박도 잊지 않았다.

블루퍼시픽 로켓은 6시간 반 만에 산타페에 착륙했다. 보호구역은 고압전류가 흐르는 철책으로 둘러싸여 있었다. 안내원은 음탕한 눈으로 레니나를 보면서 보호구역 안에서는 끔찍하게도 아직도 사람이 아기를 낳는다는 설명을 했다. 문명사회와는 전혀 접촉이 없는 곳이라 이들은 결혼, 가족, 미신, 기독교, 조상 등의 관습에 매어 있다고 했다. 보호구역 안은 불결함 그 자체였다. 살균과 청결이야말로 문명이라고 레니나가 혼자 중얼거렸다. 이 역시 수면교육 때 주입된 것이었다.

그들은 늙은 사람을 처음 보았다. 쭈글쭈글한 피부에 이가 빠져서 움푹 들어간 입, 굽어버린 몸통, 레니나는 비명을 질렀다. 문명세계에서는 각종 주사를 맞고 젊은 피를 수혈 받으면서 인위적으로 젊음을 유지한다. 육십 세까지는 팽팽한 젊음이 그대로 유지되다가 어느 날 갑자기 죽음을 맞는 것이다. 레니나는 늙어버린 육신들이나, 집단적으로 노래를 부르며 의식을 올리는 원주민들을 보며 참을 수 없는 공포를 느꼈다. 그녀는 주머니를 더듬거리며 소마를 찾았다.

그때 한 낯선 청년이 영어로 말을 걸어왔다. 인디언 복장을 하고, 피부는 검게 그을려 있었으나, 금발의 잘생긴 백인임을 금방 알아볼 수 있었다. 레니나는 첫눈에 그의 아름다운 육체에 매혹되었고 버나드는 그의 특별한 말씨와 태도에 감탄했다. 그의 이름은 존으로 어머니 린다는 보호구역 출신이 아닌 타지 출신인데 어떤 남자와 여행을 왔다가 이곳에 낙오되었다고 했다. 절벽에 추락해 쓰러져 있는 린다를 마을 청년들이 데려왔고, 린다는 이곳에서 함께 여행을 왔던 남자의 아이를 낳았다는 것이다. 버나드는 늙은 린다가 소장이 예전에 잃어버렸다는 여자임을 깨달았다.

린다는 너무나도 추하게 늙어 있었다. 린다는 문명세계에서 온 사람들을 황홀하게 바라보며, 짐승처럼 아기를 낳고 야만인이 되어서 살아가야 했던 끔찍했던 지난 세월에 몸서리를 쳤다. 존은 어두웠던 어린 시절을 버나드에게 털어놓았다. 엄마가 문명세계에서 하던 것처럼 수많은 남자들과 관계를 가져 마을에서 집단으로 따돌림을 당했던 일, 엄마의 애인들, 학대, 완전히 외톨이가 되어 절대적인 고독에 빠졌던 일, 그리고 그의 영혼 속에 숨쉬는 자신이 그토록 사랑하는 낡은 셰익스피어 전집의 수많은 인물들.

버나드는 존과 린다를 문명세계로 데려가기로 결정했다. 자기를 아이슬란드로 전출시키려는 소장과 한판 붙는데, 그들은 전략적으로 없어서는 안 될 존재였다.

"오오 멋진 신세계여! 그토록 아름다운 인간들이 살고 있는 멋진 신세계여! 즉시 떠나요."

존은 흥분하여 소리쳤다. 버나드는 흥분에 사로잡힌 젊은이를 응시하며 말했다.

"신세계를 실제 자네 눈으로 볼 때까지는 기다리는 것이 좋지 않을까?"

문명세계로의 귀환

버나드가 의기양양한 모습으로 수정실에 나타났다. 소장은 그를 보자마자 여러 사람이 듣도록 일부로 크게 외쳤다. 알파플러스 계급인 버나드는 자신에게 부여된 신뢰를 배반했으며, 질서와 안녕을 해치는 이단자이기에 아이슬란드로 전출시키는 게 당연하다는 것이었다. 그러나 버나드는 여유만만이었다. 소장의 엄포를 뒤집을 사건이 준비되어 있기 때문이었다.

버나드가 문을 열자, 늙은 린다가 추한 육신을 끌고 추적추적 걸어 들어왔다. 이상한 차림새의 젊은 야만인도 뒤따라 들어왔다. 곳곳에서 비명이 터졌나왔다. 린다는 소장에게 다가가 그의 목을 끌어안고 애절하게 그의 이름을 불렀다. 이 희극적인 광경에 곳곳에서 웃음이 터져 나왔다. 늙은 여자는 자기가 아이를 낳았노라고 고백했다. 이어서 젊은 야만인은 소장을 아버지라고 부르는 것이 아닌가? 우습고 속된 음담패설 같은 어휘들 때문에 수정실 안은 발작적인 웃음소리로 난장판이 되고 말았다. 이 놀랄 만한 사건에 대한 소문은 상류 계급 사이에 파다하게 퍼져나갔다.

린다는 수십 년 만에 소마가 주는 쾌감에 푹 빠져 들었다. 다량의 소마는 가장 행복했던 추억의 시간으로 그녀를 되돌려놓았다. 존은 건강에 치명적인 영향을 준다며 어머니가 소마를 복용하는 것을 말렸지만, 의사들은 오히려 의아한 눈으로 존을 쳐다보았다. 소마가 주는 행복한 하루가 영원과 똑같다고 믿는 이들에게는 소마의 힘을 거부하는 것은 이단으로 여겨졌다.

잘생긴 존은 인기인이 되었다. 덕분에 존의 후견인 역할을 하는 버나드까지도 유명세를 탔다. 그러나 문명인들이 존의 행동을 이해할 수가 없었다. 야만인은 문명세계의 곳곳을 구경했다. 야만인은 어리석게도 문명의 발명품에 별로 놀라지 않았다. 오히려 물질과는 다른 영혼에 관심이 있었고, 문명 세계가 갖고 있는 안이함을 조롱하기까지 하였다. 몇 십 쌍의 쌍둥이들이 우글우글 모여앉아 똑같은 일을 기계처럼 하고 있는 광경을 보고는 급기야 구토까지 했다.

"오오 이런 인간들이 사는 멋진 신세계여."

레니나는 본격적으로 존을 유혹하기 시작했다. 하지만 이 희한한 남자는 자신에게 도대체 접근하려고 하지 않았다. 그녀는 존을 데리고 촉감영화관에 갔다. 거대한 흑인과 금발의 여인이 포옹을 하는 장면이 입체 영상으로 눈부시게 나타났다. 게다가 사방에서는 사향향기가 느껴지고 영화 속의 키스의 촉감이 자신의 입술에도 그대로 느껴졌다. 영화관의 6천 명 관객들은 모두 흥분에 사로잡혀 소리를 질러댔다. 그러나 존은 촉감영화와 같은 저속함을 도저히 참을 수가 없었다.

야만인은 자신을 원하는 사람들로부터 점점 멀어져갔다. 존의 태도 때문에 버나드의 출세 전선에도 문제가 생겼지만 버나드는 존의 고통을 이해할 수 있었다. 버나드와 존, 그리고 헬름홀츠 사이에는 기묘한 우정이 성립되었다.

소마의 노예가 되어, 환상의 세계를 헤매던 린다는 결국 호흡곤란을 일으켜 사망했다. 어머니의 죽음에 충격을 받은 존의 가슴 속에서 분노의 불꽃이 선명하게 피어올랐다. "사람들을 린다와 같은 노예상태에서 벗어나게 해야 한다!", "자유를 주어 멋진 세상을 만들어야 한다!" 그는 소마를 배급받기 위해 모여 있는 사람들 앞으로 가서 인간다움과 자유에 대한 열변을 토했다. 그리고는 소마약 상자를 열고 약을 한 줌씩 꺼내 던지기 시작했다. 카키색 일색의 군중들은 신성모독적인 이

돌발 상황에 몸을 부들부들 떨었다. 그리고는 한꺼번에 야만인을 공격하기 시작했다. 버나드와 헬름홀츠가 달려왔을 때 존은 위급한 상황에 처해 있었다. 경찰이 출동하여 소마가스로 군중들의 분노를 잠재우고 나서야 사건은 겨우 수습되었다. 세 사람은 즉각 연행되었다.

최후의 인간

세 사람은 총통의 서재로 안내되었다. 총통은 놀랍게도 존이 애독하는 셰익스피어를 이해하는 사람이었고, 금지된 책들에 대한 해박한 지식을 갖고 있었다. 하지만 총통은 이 모든 책들에 대한 강렬한 비판자였으며, 그의 머릿속은 오로지 문명사회에 대한 확고한 신념과 긍지에 차 있었다.

"세계는 이제 안정되어 있어. 인간은 행복해. 질병이나 늙음도 없고 죽음을 두려워하지도 않아. 어머니나 아버지, 가족, 연인 같은 격렬한 감정의 대상도 없어. 그들을 조건반사교육에서 배운 대로만 느껴. 조금이라도 힘이 들면 소마가 있지. 자네가 자유라는 이름으로 집어던진 것 말이야. 촉감영화와 방향제는 그 자체로 의미 있는 거야. 관중에게 유쾌함을 가득 안겨주지."

"하지만 그것들은……. 천치가 말하는 이야기입니다."(『맥베스』 4막 5장) 존은 절규하듯 말했다.

총통과 이야기하며, 예술과 순수한 탐구심으로 가득한 과학 그리고 종교까지도 포기하는 비싼 희생을 치르고서야 멋진 신세계가 탄생했음을 존은 이해할 수 있었다. 방 안의 비밀 금고 속에는 신구약성서니 연애서적이니 하는 이미 잊힌 온갖 책들이 빼곡히 들어 있었다. 신(神)이란 기계나 발달된 의약품, 안락한 행복과는 양립할 수 없는 것이었다. 신세계의 문명은 그 모든 것 대신에 기계와 의약품과 행복을 선택한 것이다.

주입식 교육과 소마에 의해 완전한 안정과 균등을 유지하는 사회에서는 『오셀로』와 같은 사랑의 비극이 일어날 리 없다. 인과(因果)의 수레바퀴에 의해 죄의 대가를 치러야 할(『리어왕』 5막 3장) 일도 없다. 인간은 포악한 운명의 돌팔매에 인내하거나 또는 고난의 바다를 향해 무기를 들고 싸워야 할(『햄릿』 3막 1장) 필요도 없다. 불행해질 권리가 없는 인간에게는 진정으로 선하고 자유롭고 행복해질 권리 또한 없는 것이다.

헬름홀츠와 버나드는 외딴 아이슬란드로 차출되었다. 야만인 존은 위험한 야간비행을 감행했다. 어렵게 도시를 빠져나간 그는 퍼튼햄과 엘즈테드 사이에 위치한 등대에 은신처를 마련했다. 그는 무릎을 꿇고 세상의 수많은 신들에게 문명의 죄악을 벗고 선한 인간이 되게 해달라고 갈구했다. 가엾은 린다, 정욕에 불타던 레니나의 타락한 눈동자, 징그러운 쌍둥이들, 그는 자신의 몸을 채찍으로 후려쳤다. 아픈 기억들과 싸우며 고통을 참아냈다. 그리고 땅을 파고 땀을 흘리며 격한 노동을 했다. 그 모든 것은 혼신을 다해 속죄하며 새로운 생명을 얻기 위한 몸부림이었다.

하지만 문명의 메뚜기 떼는 야만인을 그대로 놔두지 않았다. 야만인의 모든 행동들은 사방에서 몰려든 기자들의 카메라에 그대로 찍혔다. 그들은 자학하는 야만인의 모습이 촉감영화에서 대박을 터뜨릴 것임을 믿어 의심치 않았다. 수많은 인간들이 몰려들어 조롱과 야유를 퍼붓기도 하고 다시 한 번 멋진 채찍질을 해보라고 아우성을 치기도 했다. 헬리콥터의 무리가 거대한 비구름처럼 몰려들었다. 등대는 굉음에 휩싸였다.

존은 궁지에 몰린 짐승이 되어 공포에 질린 얼굴로 신세계의 인류를 멀거니 바라보았다. 다음날 헬리콥터의 무리들이 다시 외진 등대를 찾았을 때, 그들은 아치에 대롱대롱 매달려 흔들리고 있는 다리를 발견했다.

>> 미래는 장밋빛 유토피아인가 절망의 디스토피아인가

인간이 자동차처럼 제조된다면?

20세기 초에 미국의 포드 자동차회사에서는 어셈블리 라인(Assembly Line)이라는 조립 생산 방식을 도입했다. 거대한 컨베이어 벨트를 따라서 T 모델 자동차가 꼬리에 꼬리를 물고 생산되며 대량생산의 신화를 개척했다.

포드 자동차와 멋진 신세계는 무슨 연관이 있을까? 멋진 신세계의 무대는 미래의 영국이며, 포드 기원 632년(서기로 따지면 약 2500년경)을 시간 배경으로 하고 있다. 자동차 왕인 헨리 포드(1863~1947)의 탄생을 기원으로 삼고 있다는 것에서도 알 수 있듯이, 멋진 신세계는 자동 조립, 대량생산, 효율성으로 상징되는 기술문명을 이어 받아 만들어진 세계이다. 포드 시스템이 준 문화적인 충격과 종횡무진하는 기술문명에 대한 불안감이 멋진 신세계를 상상해낸 것이다.

그렇다면 500년 후의 세상은 어떤 곳이며, 거기에서는 무슨 일이 일어날까? 현실세계와 멋진 신세계의 근본적인 차이는 인간탄생의 비밀에 있다. 인간은 애초부터 인공수정과 환경 조작(계급에 따른 각종 화학물질 주입, 능력을 제어하기 위한 산소량 조절)에 의해 탄생된다. 아니 생산된다. 성장과정에서도 수면교육이라는 세뇌시스템을 통해서 한 치의 의심도 없이 자신들의 계급적 숙명에 즐겁게 복종할 수 있게 키워진다.

인간이 모태 생식 없이 인공적으로 생산된다는 사실은 모든 사회 구조가 혁명적으로 바뀌는 것을 의미한다. 먼저 가족의 개념이 사라진다. 부모도 없고, 형제도 없으며, 사랑이란 감정도 필요 없다. 복잡한 인간 '관계' 속에서 자신을 돌아볼 필요가 없기에 책임이나 윤리 또한 필요하지 않다. 젊음과 죽음이 조절되므로 신조차 있을 자리가 없다. 또한 계급과 잠재력이 이미 결정되어 있기에 자기 정체성에 대해 고민하거나 탐구할 필요가 없다. 한마디로 인간의 삶은 똑같이 찍혀 나오는 자동차의 일생과 별반 다름이 없다. 주어진 기능에 따라 주어진 코스를 주행하다가 어느 날 폐차가 되듯이 한순간 죽음을 맞이하면 된다.

　　낮은 작업대에서는 감마플러스 계급의 난쟁이들이 발전기를 조립하고 있다. 두 줄의 낮은 작업대가 마주보고 있고 그 가운데 부품이 실린 운반 벨트가 움직이고 있다. 47명의 금발머리가 47명의 갈색머리와 마주보고 있었다. 47개의 들창코가 47개의 매부리코와 마주보고 있다. 조립이 끝나자 18명의 똑같이 생긴 곱슬머리 여자들이 검사를 하고, 왼손잡이인 34명의 델타마이너스 계급 남자들이 그것을 상자에 넣고, 주근깨투성이의 63명의 저능아들이 대기하던 트럭과 기차에 그것을 실었다.

　　멋진 신세계에서 내세우는 '공유, 균등, 안정'이란 슬로건은 달콤한 환상을 주지만, 실제는 위의 제시문대로 참혹한 것이었다. 계급이 같은 한 무리의 노동자들은 얼굴도 능력도 완전히 '균등'하며, 만인은 만인의 소유라는 말대로 서로를 성적으로 얼마든지 '공유'할 수 있다. 회의나 의심, 도전이나 좌절이란 개념이 존재하지 않기에 사회는 한 치의 동요도 없이 '안정' 상태를 유지한다. 야만인 존이 멋진 신세계의 실상을 목도하고 "아아! 이런 인간들이 사는 멋진 신세계여!"라고 울부짖는 장면은 인간의 고유성을 짓밟은 기술문명의 폭력성에 대한 절규라고 할 수 있다.

　　물론 과학 기술이 그 자체로 끔찍한 결과를 만드는 것은 아니다. 예나 지금이나 인류에게 과학은 긍정적인 희망이며 현실적 한계에서 벗어나게 해주는 탈출구이다. 그런데 과학은 정치적 의도나 이해관계로부터 자유로울 수 없으며, 오히려 이런 외적인 힘의 비호를 받으며 성장한다. 그리고 과학 기술이 특정한 정치적 권력과 유착될 때, 과학은 더 이상 희망의 과학이 될 수 없다.

『멋진 신세계』는 과학과 전체주의 결합이 얼마나 무서운 결과를 낳는가를 보여 준다. 누구를 위해서 컨베이어 벨트는 돌아가는 것일까? 자동차처럼 생산되는 개인들의 행복을 위해서는 아니다. 총통의 지휘 아래 사회를 일사분란하게 통제하기 위해 모든 기술이 활용된다. 운명이 조작된 자동인형들은 각자의 라인에 서서 정해진 노동을 열심히 한다. 사회적 이념은 실현되나 개인의 삶은 실종된다. 안정은 있되 인간적 행복은 없다.

과학의 미래는 기술의 우열에 달려 있는 것이 아니고, 그 기술이 어떤 사회 환경, 사상, 정치 체제 속에서 실현되는가에 있다. 헉슬리도 과학 자체보다는 과학이 전체주의와 같은 폭력적 정치체제와 유착되는 상황을 경계하고 있다.

괴물 프랑켄슈타인

『멋진 신세계』보다 한 발 먼저 과학소설의 서막을 열었던 것은 『프랑켄슈타인』(원제: 『현대의 프로메테우스 프랑켄슈타인』, 메리 울스턴크래프트 셸리 지음, 1818년)이다. 프랑켄슈타인은 구전 동화에 나오는 마법에 걸린 인형과 다르게, 과학기술을 이용해 창조된 최초의 괴물 인간이었다. 빅터 프랑켄슈타인 박사는 무덤을 돌아다니며 시체들을 수합해 신체부위들을 꿰매어 프랑켄슈타인을 만든다. 끔찍한 괴물의 형상에 사람들은 공포에 떨고, 배척당한 생명체는 점점 더 포악해진다. 생명 창조의 성역을 함부로 건드리고도 책임지지 못하는 과학자의 모습이나 프랑켄슈타인의 파괴적 이미지에는 장밋빛 미래만을 말하던 당대 과학에 대한 강렬한 비판의식이 숨어 있다. '프랑켄슈타인 신화'나 '프랑켄슈타인의 부활' 같은 말들은 '멋진 신세계'라는 조롱어린 말과 마찬가지로 부정적인 방향으로 나아가는 과학의 미래에 대한 공포와 불안을 비유적으로 나타낸 말이다.

신세계에 나타난 셰익스피어

『멋진 신세계』는 일반대중들이 과학의 미래를 두려운 것이라고 생각하게 하는데 가장 커다란 영향을 끼친 소설이라고 한다. 제펫트 할아버지가 만든 나무 인형 피노키오도 결국 인간이 되지만, 사람들은 피노키오에 대해서는 두려움보다 사랑스러운 친근감을 갖는다. 그런데 왜 신세계에서 창조된 신인류에 대해서는 끔찍하게 몸서리를 치는 것일까? 비단 이 소설뿐만이 아니고 대부분의 미래소설에 등장하는 인공의 세계는 악몽처럼 묘사되어 있다. 왜일까? 여러 가지 이유가 있지만, 무엇보다도 생명이 인공적으로 조절되는 세계에서는 인간의 고유한 특성이 발휘될 수 없다고 보기 때문이다.

구인류가 원시적인 방법으로 살아가고 있는 미개인 보호지역으로 여행을 간 레니나는 그곳의 불결함과 악취, 그리고 늙은이들의 초라한 몰골을 보고 경악을 금치 못한다. 그녀는 "문명은 살균"이라는 인상적인 말을 한다. 아이에게 젖을 먹이는 모성, 병을 앓는 아이의 울음소리, 늙어서 굽어버린 육체, 일상의 먼지와 케케묵은 때, 소원을 빌기 위해 고통스러운 형벌을 참는 제의(祭儀), 상처에서 흐르는 뜨거운 피 — 이 모든 것을 살균되지 않은 야만세계의 혼란이며 상스러움이라고 느낀다.

살균이란 인위적인 힘에 의해서 자연 상태를 무독(無毒)한 인공 상태로 변질시키는 것이다. 신세계의 문명이란 인간의 복잡한 잠재성을 모두 살균해버리고, 사회에서 필요한 요소만 남은 소독된 기계인형들이 사는 곳이었다. 무균질의 상태에서는 아무 일도 일어나지 않는다. 그래서 살균된 문명세계는 백색의 감옥처럼 숨막히고 두렵게 느껴지는 것이다.

감정이나 창조적 지성이 결핍되어 있는 신세계의 사람들이 얼마나 초라한 존재인가는 야만인 존의 눈을 통해 적나라하게 드러난다. 야만세계에서 자란 존은

포드주의

미국의 자동차 왕인 헨리 포드에 의해서 고안된 대량 생산시스템 및 경영 원리 전반을 말한다. 포드는 노동 분업의 원리를 컨베이어 벨트라는 생산시스템과 결합시켜서 근대적 생산체제를 만들었다. 노동자들은 조립선에 줄을 서서 자기가 맡은 단순 작업을 반복한다. 위계적인 지시 구조 속에서 노동의 구상과 실제 노동행위는 분리된다. 미숙련 노동자도 적응하기가 쉬워서 효율적으로 노동력을 운영할 수 있었으며 생산량을 극대화할 수 있었다. 미국을 중심으로 형성된 포드주의는 근대산업 사회의 가장 중요한 조직 원리로 전 세계에 영향을 주었다. 찰리 채플린의 영화 「모던 타임즈」는 바로 이런 생산시스템에서 일하는 노동자가 겪는 소외와 노동자가 도구화되는 문제를 상징적으로 다루고 있다.

12세 때 셰익스피어 전집을 우연히 읽게 되면서 천둥이 내리치는 듯한 충격을 경험한다. 주인공들의 대사가 머릿속에서 무수히 진동하며 마법의 주문처럼 수많은 이야기를 걸어온다. "인간이란 계속 미소 지으면서도 악인이 될 수 있다."(『햄릿』 1막 5장 중에서)라든가, "오오 그녀는 횃불에게 밝게 타라고 가르치고 있도다."(『로미오와 줄리엣』 1막 5장)에서 인간은 복잡하고 모순되면서도 동시에 아름답고 신비스러운 존재임을 배운다.

하지만 신세계의 인간들에게는 정신의 깊이나 고결함이란 존재하지 않는다. 마약의 일종인 소마가 영원한 안식을 체험하게 해준다지만, "영원은 우리의 입술과 눈에 깃들어"(『안토니우스와 클레오파트라』 1막 3장)있다는 것을 그는 안다. 신세계의 로켓은 시속 1,250킬로미터로 비행한다지만, "공기의 요정은 사십 분 안에 지구 둘레에다 띠를 두를 수 있다."(『한여름밤의 꿈』 2막 1장)는 아름다운 상상력에는 못 미친다고 존은 생각한다.

요란하게 노래하는 새로 하여금

외롭게 서 있는 아라비아의 나무 위에

슬픈 전령이 되어 나팔을 불게 하라

_셰익스피어, 『불사조와 비둘기』 중에서

존이 읊어준 이 시를 듣고 버나드와 헬름홀츠는 이제까지 경험한 적이 없는 감동에 몸을 떤다. 그들이 문명인으로 살면서 마음속에서 항상 갈망했던 것, 즉 X광선처럼 예리하게 마음을 관통하며 파고드는 언어를 처음으로 경험했기 때문이었다. 격정대용약을 복용하는 대신 정말로 격정에 휩싸여야, 소마에 마취당하지 않은 맑은 정신으로 고통과 분노를 느껴야만, 인간은 인형이나 자동 기계와는 다른 자기만의 삶을 영위할 수 있음을 문명인들은 어렴풋하게나마 느낀다.

고뇌와 행복이 동전의 앞뒷면처럼 연결되어 있는 것이며, 고통을 이겨낼 때 인간의 참다운 자기 성취가 있다는 것을 알고 있는 존은 결국 신세계에서 견디지 못하고 비극적으로 죽음을 맞는다.

여기에서 '셰익스피어' 란 멋진 신세계가 잃어버린 것들, 즉 사랑, 질투, 분노, 죽음, 열정 등의 '인간에게 내재된 모든 신비로움' 을 상징하는 이름이다. 과학과 기술이란 이름으로 문명세계는 인간의 고결한 감정과 창의력까지도 살균해버렸다. 정기적으로 열리는 단결예배 시간에 문명인들이 소마를 성배(聖杯)에 담아 자기멸각(滅却)을 위한 건배를 하는 장면은 매우 상징적이다. 나무 인형 피노키오가 날마다 진짜 소년이 되고 싶은 꿈을 꿀 때, 신세계의 사람들은 자기를 잊게 해줄 환상의 약을 찾는다. 인간을 잃어버린 멋진 신세계는 아이러니하게도 조금도 멋질 수 없는 참혹한 세계인 것이다.

1934년에 헉슬리가 상상해낸 신세계의 모습과 오늘 현재를 비교해보면 유사한 점이 꽤 있다. 헉슬리는 성(性)과 번식이 분리되는 데서 신세계의 비극이 시작되었다고 보고 있다. 그런데 현재 인공 수정은 이미 일반적 기술이 되었고, 난자와 정자 없이 체세포에서 번식하는 동물복제까지도 이루어지고 있다.

인간을 감시하고 통제하는 기술은 나날이 발전하고 있다. 유전적으로는 물론 다르지만 유행을 타고 사람들의 스타일은 점점 더 유사해진다. 대중문화나 사이버문화는 전 세계인의 패션과 입맛은 물론 미적 취향에까지 막대한 영향을 미쳐, 비슷비슷한 사람들이 양산된다. 소마라는 약처럼 인간을 취하게 하는 감각적인 문화가 판치고 있다. 자유라는 이름으로 도덕이나 윤리는 급속하게 해체되고 가족의 개념도 크게 흔들리고 있다. 유사 멋진 신세계라고 해도 과언이 아닐 정도이다.

1996년 7월 5일 핵이식을 통해 복제된 최초의 포유류인 복제양 돌리가 영국에서 태어났다. 이후 생쥐와 소, 돼지 등이 복제되었으며 최근에는 한국에서 최초의 복제 개 스너피가 탄생했다. 또한 치료를 위한 배아줄기세포를 둘러싼 논쟁이 뜨겁다. 피노키오의 소원을 들어주었던 푸른 요정처럼 이 줄기세포는 난치병 환자들의 간절한 소망을 조만간 들어줄 수 있을 것 같다. 자신의 세포를 이용하여, 유전적으로는 같으나 다른 종류의 세포로 증식시켜서 필요한 부분에 이식하는 이 기술이 현실화된다면 상상을 초월하는 획기적인 일들이 일어나게 될 것이다.

그런데 동물복제에는 고개를 끄덕이며 경탄하던 사람들도 막상 인간복제의 문제에 이르면 다른 반응을 보인다. '클론의 역습'이라는 한 영화 제목이 말해주듯이 인간이 복제된다는 상상은 늘 두려운 결말로 끝이 난다. 소설 『브라질에서 온 소년』에서처럼 히틀러의 유전자를 이용해 독재자 히틀러를 수십 명 복제해서 세계를 정복하려 한다든가, 영화 「아일랜드」에서처럼 자기 목숨을 위해서 자기랑 똑같은 클론을 무차별적으로 살해한다든가 하는 스토리에 너무 익숙하기 때문이다.

하지만 지금 필요한 것은 과학기술에 대한 극단적인 찬반 논쟁도 아니며 막연한 두려움도 아니다. 빠르게 달려 나가는 과학기술에 대한 기본적인 지식을 익혀야 한다. 그리고 과학기술을 진단할 철학적 안목과 이를 견제할 제도적인 기준들을 세세하게 정비해나가는 것이 필요하다. 복제과학은 인간의 소중한 생명을 구하는 것과 연결되기에 복잡한 윤리적 선택과 판단이 필요할 수밖에 없다.

인류의 희망이 과학 자체일 수는 없다. 인류의 희망은 모든 사람들이 인간답게 행복하게 사는 것이며 과학은 거기에 기여해야 한다. 복제기술이 가난한 자와 부유한 자를 더욱 갈라놓는 것이라는 우려며, 수명이 연장되는 것이 사회적으로 큰 혼란을 야기할 것이라는 걱정들도 많다. 과학과 윤리, 철학 그리고 제도가 서로 조화롭게 균형을 이루어 나아가야 한다. 과학기술과 셰익스피어가, 문명의 청결함과 야만의 혼돈스러운 에너지가 같이 공존해야 '인간'이 사는 멋진 신세계가 만들어질 수 있음을 '멋진 신세계'를 탐험하면서 발견할 수 있다.

세계 최초의
시험관 아기는?

1978년 캠브리지 대학의 로버트 에드워즈와 패트릭 스텝토에 의해서 세계 최초의 시험관 아기인 루이스 브라운이 탄생했다. 시험관(배양접시)에서 난자와 정자를 인공적으로 수정시킨 후 모체에 착상시켜 태어난 아이였다. 인명을 실험실에서 만든 획기적인 사건이었다. 이후 인공수정은 불임으로 고통 받던 수많은 사람들을 구원해주었으나, 과학기술을 둘러싼 윤리논쟁의 시발점이 되었다. 모체 바깥에서 인공적으로 만들어진 초기 배아의 도덕적 지위는 무엇일까? 언제부터 배아를 인간으로 볼 것인지에 대한 논쟁은 오늘날까지도 계속되고 있다. 인공수정 기술의 발달로 1970년대 이후 복제와 줄기세포의 연구는 본격적인 궤도에 오르게 된다.

|다|른||작|품|과||비|교|하|며||읽|기|

『오셀로』 고뇌는 인생을 아름답게 한다

야만인 존은 셰익스피어(William Shakespeare,1564~1616)의 작품 중에서도 특히 『오셀로』를 자주 입에 올린다. 천박한 육체적 사랑만을 요구해오는 레니나에게 절망한 존이 펼쳐보았던 장도 오셀로였다. 존을 사로잡은 『오셀로』의 힘은 무엇일까?

『오셀로』는 셰익스피어가 그려낸 최고의 사랑의 비극으로 알려져 있다. 베니스 최고 위층의 딸인 데스데모나와 검은 피부의 무어인인 오셀로는 사회적 편견과 시련을 뛰어넘는 지고한 사랑을 한다. 하지만 지극한 사랑은 지독한 질투심을 불러와 급기야 오셀로의 영혼은 분열되어 데스데모나의 목을 조르는 파국으로 치닫는다.

그들의 사랑은 아름다운 것인가? 모든 역경에 굴복하지 않고 오셀로를 선택한 데스데모나의 결정은 옳은 것이었을까? 자기 목숨보다도 더 사랑하는 사람을 그 사랑 때문에 살해하다니 인간은 얼마나 어리석은 존재인가? 때로는 용기와 열정을 주고 때로는 절망을 주기도 하는 사랑이라는 감정은 얼마나 모순된 것인가?

데스데모나의 사랑이 결국 비극으로 끝났지만, 그녀는 세상에 하나밖에 없는 특별한 사랑을 성취했다. 사랑 때문에 인간이 저토록 순수하고 격정적이며 맹목적이 되다니! 두 사람의 죽음으로 비로소 비극적으로 완성되는 애절한 사랑을 보면서 관중은 인간이란 존재에 대해 공포와 연민을 체험한다.

(1)은 아버지 몰래 오셀로와 영원한 사랑을 맹세한 데스데모나가, 키프로스 전투에 나가는 오셀로를 따라가게 해달라고 의원들에게 간청하는 대사이며 (2)는 키프로스 해안에 도착한 데스데모나를 맞이하는 오셀로의 대사이다.

(1) 데스데모나 :

　　저는 이 무어인을 사랑했고 함께 살 것임을

　　제가 철저하게 규범을 깨뜨리고

　　운명의 여신들을 조롱한 사실로

　　온 세상에 알립니다. 제 가슴은 주인님께

　　최대의 기쁨을 드릴 만큼 정복되었습니다.

　　저 오셀로의 얼굴을 그의 마음에서 보았고

　　그의 명성과 그의 용맹스러운 자질에

　　제 영혼과 운명을 헌납하였습니다.

　　그런데 의원님들, 그는 전장으로 나가고

　　저는 한가로운 나방처럼 뒤쳐져 남는다면

　　전 그와 나눌 사랑의 의식을 빼앗기고

　　뼈아픈 그의 부재로 어려운 시간을

　　견뎌야 할 것입니다.

　　함께 가게 해주세요.

　　(1막 3장)

(2) 오셀로 :

　　내 앞에 선 당신을 여기서 보노라니

　　내 만족만큼이나 커다란 놀라움이오.

　　오, 내 영혼의 기쁨이여.

　　모든 폭풍 뒤에 이 같은 평온이 깃든다면

　　바람은 죽음을 일깨울 때까지 불고 불어

고생하는 돛단배가 바다의 언덕을

저 높은 올림푸스 산까지 올랐다가

천국에서 지옥으로 떨어지듯

곤두박질치게 하라. 내 지금 죽더라도

지금이 가장 행복하리. 왜냐하면

내 영혼은 절대 만족을 맛보았으므로

이 같은 안락이 미지의 운명 속에서도

계속될까 염려하기

때문이오.

(2막 1장)

■■■ Question

1. 사랑이라는 감정이 데스데모나와 오셀로의 마음에 어떤 변화를 일으키고 있는지를 위의 지문에서 찾아서 설명하라.

2. 촉감영화나 격정대용약, 소마 등에 의지하며 일회적 사랑을 즐기는 사람들과 데스데모나처럼 갈등과 고통 속에서 사랑을 하는 사람들 중 어느 쪽이 더 행복하다고 할 수 있을까?

■■■ Expression

존과 총통의 대화를 읽고, 존이 "불행해질 권리"를 원하는 이유를 『오셀로』와 연관 지어 간략하게 쓰라.

총통 : 이건 격정대용약이야. 한 달에 1회씩 정규적으로 복용하면 신체의 모든 조직이 아드레날린으로 충만해지지. 공포와 분노의 효과를 가져오는 생리적 대용물인 셈이야.

데스데모나를 살해하는 마음, 오셀로에게 살해당하는 것 같은 심리적 효과를 얻으면서도 현실적으로는 전혀 불편한 일이 일어나지 않아.

존 : 저는 불편한 것을 좋아합니다. 저는 안락을 원하지 않습니다. 저는 신을 원합니다. 시와 진정한 위험과 자유와 선을 원합니다. 죄를 원합니다.

총통 : 그러니까 자네는 불행해질 권리를 요구하고 있군 그래. 나이를 먹어 추해질 권리, 미래를 몰라 불안에 떨 권리, 먹을 것이 떨어질 권리, 온갖 표현할 수 없는 고민에 시달릴 권리를 요구하겠지.

존 : 예. 그렇게 말씀하셔도 좋습니다. 저는 불행해질 권리를 요구합니다. 저는 모든 것을 요구합니다.

| 철 | 학 | 으 | 로 | 명 | 작 | 이 | 해 | 하 | 기 |

『이기적 유전자』 인간은 유전자를 넘어서는 존재이다

"인간이란 유전자로 알려진 이기적인 분자를 보존하기 위해서 맹목적으로 프로그램된 생존 기계이다."라는 리처드 도킨스(Richard Dawkins, 1941~)의 주장은 매우 충격적이다. 옥스퍼드대학에서 동물행동학을 연구하고 있는 저자는 찰스 다윈에서 토마스 헉슬리에 이르는 진화론을 계승하면서 유전자의 관점에서 진화론을 설명하고자 한다.

다윈은 진화는 자연선택에 의해 진행되고 자연선택이란 생존경쟁에 의해서 '최적자'가 살아남는 것이라고 했다. 그런데 최적자의 단위가 개체나 개체들의 모임인 그룹이 아니고 유전자라는 것이 도킨스 이론의 핵심이다. 이 유전자선택설에 의하면 자기복제자(현재의 개념으로서는 유전자)는 근본적으로 살아남기 위해 이기적 특성을 갖고 있는데 이것들은 외부와는 차단된 안전한 로봇(인간을 포함한 모든 동식물, 박테리아, 바이러스) 속에 거대한 집단으로 떼 지어 살면서 생존기계의 몸과 마음을 창조한다. 자기복제자의 존속이야말로 우리가 존재하는 궁극적인 이론적 근거가 된다.

유전자가 인간 존재의 근거이고 이유라니? 이 주장은 진화론을 명확히 정리해주는 것 같은 느낌을 주는 동시에, 인간이 다른 종(種)과는 완전히 다른 특별한 존재라고 생각하는 사람들에게는 커다란 혼돈을 준다. 그런데 도킨스는 유전적 특성은 고정 불가능한 것이 아니며 생존기계의 생애가 완전하게 유전자를 따르는 것은 아니라고 말한다. 특히 인간의 경우는 문화라는 특별한 것을 가지고 있는데, 문화적 전달은 유전적 전달과 비슷한 역할을 하면서 긍정적인 역할과 부정적인 역할을 함께 수행한다고 설명한다.

인간에 대한 특이성은 대개 '문화'라는 하나의 말로 요약된다. 물론 나는 이 말을 통속적인 의미로서가 아닌 과학자가 쓸 때의 의미로 사용하고 있다. 기본적으로는 보수적이면서도 어떤 형태의 진화를 일으키게 할 수 있다는 점에서 문화적 전달은 유전적 전달과 유사하다. 초서와 현대의 영국인은 20세대 정도 떨어져 있지만, 서로 대화할 수 있다. 언어는 비유전적인 수단에 의해 '진화'하며, 그 속도는 유전적 진화와 비교할 수 없을 만큼 빠르다.

문화적 전달은 인간에게만 볼 수 있는 것은 아니다. 뉴질랜드 앞 바다 섬에 사는 안장새의 노래 소리에서 적합한 예를 발견할 수 있다. 이 섬에는 약 9종류의 노래가 있다. 각각의 수놈들은 그중에서 하나 또는 몇 가지만 지저귄다. 인접한 지역에 사는 수놈 그룹별로 즐겨하는 노래가 따로 있는 것이다. 그런데 아비와 새끼의 노래를 비교하여 노래가 유전적으로 새끼에게 전해지는 것이 아니라는 사실을 밝혀냈다. 개개의 수놈들은 근처 영역에 사는 다른 개체들의 노래를 인간처럼 모방이라는 수단에 의해서 배운 것이다. 더 재미있는 것은 노래법을 모방하다가 새로운 노래를 발명하는 개체들이 있다는 점이다. 새로운 형식의 노래는 우연히 출연하지만 그 후 몇 년에 걸쳐 매우 안정되게 유지된다.

조류나 원숭이에게도 이런 예들이 있지만, 문화적 진화의 위력을 본격적으로 보여주는 것은 우리가 속해 있는 인간이라는 종이다. 언어는 그 많은 측면의 하나이며 의복과 음식물, 의식과 습관, 예술과 건축, 기술과 공학 등 이 모든 것들은 역사를 통하여 매우 속도가 빠른 유전적 진화와 같은 양식으로 진화하는데, 물론 유전적 진화와는 관계가 없다. 하지만 문화는 최초의 분자가 만들어지던 고대의 영양수프처럼 풍부한 번식 환경을 만들어낸다. 문화라는 자기복제자는 영양수프 속에서 모방이라는 과정을 매개로 하여 뇌에서 뇌로 건너다니면서 새로운 자기복제를 한다. 모방은 살아 있는 것이며 개체들을 거치며 번식력을 발휘한다. 인간은 어떤 경우 이러한 자기복제자들에게 뇌를 지배당하고 희생되기도 한다.

우리는 유전자 기계로 조립되어 밈(문화를 모방하는 자기복제자)기계로 교화된다. 하지만 우리에게는 이들에게 대항할 힘이 있다. 이 지구에서 우리 인간만이 유일하게 이기적인 자기복제자들의 전제에 반항할 수 있다.

■■■ Question

1. 인간의 존재 근거를 유전자의 이기적인 생존 본능으로 보는 견해는 인간을 이해하는 데 있어서 어떤 도움을 줄 수 있을까?

2. 안장새가 노래를 서로 배우고 창조하는 것과, 인간이 '언어' 라는 도구를 통해 문화적 모방의 유전자를 배포하는 것에는 어떤 차이가 있을까?

■■■ Expression

도킨스의 이론을 참고하여, '멋진 신세계' 에 사는 문명인들은 유전적 조작에 대해 왜 그토록 완벽하게 순응할 수밖에 없었는지에 대한 자기 나름의 근거를 제시하라.

「매트릭스」 진실과 거짓의 경계는 어디에 있을까

1999년에 개봉된 한 편의 영화는 소크라테스와 플라톤 이래 계속 되어온 "우리는 도대체 누구인가?"라는 오래된 질문을 장쾌한 액션과 함께 세상에 던져주었다. 대중문화 속으로 철학이 박력 있게 걸어 들어오는 순간이었다. 모호하면서도 재미있고 철학적이면서 할리우드적인 「매트릭스」는 디지털 시대가 만든 '지적인 액션 영화'이다.

낮에는 회사의 평범한 프로그래머로 밤에는 알아주는 해커로 살아가는 앤더슨은 어느 날 이상한 사람들의 방문을 받게 된다. 그들의 인도로 앤더슨은 자기가 살고 있는 세계는 실재로는 지능적인 컴퓨터시스템이 뇌파를 자극해서 보여주는 환상의 거짓 세상(매트릭스)에 불과하며, 인류의 모든 육체는 발전소의 캡슐에 갇혀서 에너지를 만들어내는 일종의 인간건전지로 사용되고 있다는 사실을 알게 된다. 앤더슨은 매트릭스에 갇혀 있는 인류를 구원하는 구세주 '네오'로서의 자기 운명을 개척해간다.

이 영화에서 가장 충격적인 장면은 인간이 건전지로 배양되는 인간발전소를 그린 부분이다. 마치 관처럼 생긴 무수한 캡슐이 끝도 없이 쌓여 있고, 하나하나의 캡슐 안에는 인간이 벌거벗은 채로 고치 안에 갇혀 있다. 인간의 몸에 연결된 케이블들을 통해 시스템은 인간에게서 에너지를 뽑아 자기보존을 한다.

이것은 『멋진 신세계』에서 본성과 잠재력이 조작된 자동인형 같은 인간들이 스스로를 행복하다고 여기며 어셈블리 라인 앞에 늘어서 있는 장면을 연상시킨다. 헉슬리의 상상

력이 20세기 초 기계문명의 불안에서 비롯된 것이었다면 매트릭스의 디지털적인 상상력
은 컴퓨터와 사이버세계에 대한 현대적 불안에서 나온 것이다.

　신세계의 쌍둥이 노동자들이나 고치에 갇힌 채 뇌파 자극으로 빚어지는 환상을 실재
라고 생각하는 사람들은 모두 다 플라톤의 비유에 나오는 동굴에 갇혀 다른 세계를 알지
못하는 수인(囚人)들과 같다. 그렇다면 우리는 자유로운가? 혹시 우리는 눈앞의 작은 세
상을 가장 참되고 아름답다고 착각하는 어리석은 수인은 아닌가?

■■■ Question

　1. 네오가 매트릭스에서 탈출하여 처음으로 자유의 몸이 되어 눈을 뜨는 장면이 있다. 아무
　　것도 보이지 않는다는 네오에게, 모피어스는 너는 눈을 한 번도 사용해본 적이 없다고 말
　　해준다. 여기에서 눈을 사용해본 적이 없다는 것은 무엇을 의미할까?

　2. 영화에서 인류는 무조건 행복하도록 프로그래밍된 매트릭스는 거부했지만, 갈등과 고통
　　이 계속되도록 프로그래밍된 현재의 매트릭스에는 잘 적응하여 생존하고 있다고 설정하
　　고 있다. 여기에서 추론할 수 있는 인간의 특성은 무엇인가?

■■■ Expression

신세계의 소마나 매트릭스처럼 인간의 눈을 가려 진실을 보지 못하도록 하는 상황이 우리
현실에서는 없을까? 하나의 예를 들어 그것이 작용하는 메커니즘을 설명하라.

논제

다음 제시문 4개의 내용을 전부 참고하여, 하나의 완결된 글을 쓰라(조건, '복제기술, 미래사회, 원칙'이라는 세 가지 키워드를 꼭 사용할 것).

어떤 사람들은 윤리적인 이유를 들어 모든 형태의 배아연구를 원칙적으로 반대한다. 하지만 우리는 줄기세포연구가 병을 앓고 있는 사람들의 삶에 도움을 줄 엄청난 잠재력을 지니고 있다는 점을 인정해야 하며, 그것은 이 연구를 옹호하는 강력한 윤리적 논거이기도 하다.

_토니 블레어의 연설문 중에서

줄기세포연구는 윤리적 문제에 봉착할지도 모른다는 경고를 잠재우기 위해서 늘 난치병 환자를 치료한다는 명분을 내건다. 그렇게만 된다면 정말 좋은 일이다. 명분 또한 정정당당하다. 그러나 과연 그럴까? 이것은 부자와 가난한 자의 갈등의 골을 줄이기는커녕 확대할 것이다. 그래서 현실적으로 자유롭게 이동하지도 못하는 장애인단체의 대표와 암 치료약이 고가인 것에 항의해 싸우는 건강단체의 대표들은 연구자들의 명분에 냉소한다. 가난한 환자들은 아직도 그리고 여전히 바닥에서 기거나 뒹굴 것이다. 이렇게 보면 난치병 환자는 배아줄기세포연구를 위한 휴머니즘적 인질인 셈이다.

_김진석, 『잔혹한 인질극』, 교수신문 2005.6

나는 말이지, 내가 지금 먹고 있는 이 스테이크가 실재로는 존재하지 않는다는 것을 알아. 내가 이걸 입속에 넣으면 매트릭스가 나의 뇌에게 이렇게 말하는 거야. 아주 부드럽고 맛있어. 최고급이야. 환상이긴 해도 정말 멋지지 않나. 매트릭스를 나와서 9년 동안 내가 이 사막 같은 현실세계에서 살면서 깨달은 것이 무엇인 줄 아나? 모르는 게 행복하다는 사실이야.

_영화 「매트릭스」 중 사이퍼의 대사

일과 유희 - 예순이 되어도 우리의 능력과 기호는 열일곱 살 때와 전혀 다를 바 없게 되었지. 불행한 과거의 노인들은 일을 포기하며 은퇴하고는 죽음을 기다리며 종교에 발을 들여놓고 독서와 명상으로 시간을 보냈던 것이야 - 명상으로 시간을 보냈다니까.

_올더스 헉슬리, 『멋진 신세계』 중에서

문화와 이데올로기 4부

낯선 문화에 대한 태도 억압된 사회에서 꿈꾸는 일탈 21세기가 요구하는 효자상

우리는 낯선 문화를 어떻게 받아들이는가

『열하일기(熱河日記)』 박지원

『슬픈 열대』 클로드 레비스트로스

- -

『조선교회사』 샤를르 달레

- -

영화 「늑대와 춤을」

조선을 뒤흔든 신지식인, 박지원

1780년, 조선의 선비인 박지원(朴趾源, 1737~1805)은 난생 처음 압록강을 건너 북쪽 땅에 발을 내딛는다. 18세기 말은 어떤 시대인가? 유럽에서는 시민혁명의 물결이 거세게 일었고, 조선에서도 새로운 변화의 에너지가 사회의 각 방면에서 흘러넘치던 시기였다. 인구는 늘어나 서울이 커지면서 서울 외각에 있던 한강이 서울 가운데를 흐르게 되었다. 상업이 활발해지고, 신분과 경제력이 비례하지 않는 경우도 많아진다.

외국과의 교역도 잦아져 조선 후기의 250여 년간 무려 500회 이상 사절단이 청나라를 방문하게 된다. 사절단이 오가는 그 길로 새로운 문화와 사상, 문물이 함께 드나들게 된다. 그래서 청나라의 수도인 연경(현재의 북경)을 가는 연행길은 넓은 세계로 나가는 통로가 되었다.

『열하일기』는 이 길에서 탄생한 것이다. 연암은 청나라 고종의 고희를 축하하기 위한 사절단의 일원이 되어 약 6개월의 일정으로 연행길에 나선다. 힘들게 연경에 도착한 일행은 황제가 열하에 있는 여름 별궁으로 순행을 갔다는 것을 전해 듣고 급하게 열하로 발걸음을 옮긴다. 보통 청나라를 다녀와서 쓴 글을 '연행록'이라고 명하는데, 열하를 다녀온 것은 연암이 유일한 경우이기 때문에 『열하일기』라는 특별한 이름이 붙게 되었다. 일기라고 되어 있으나 일기, 르포, 문답과 토론문, 문화 비평, 소설 등 수많은 장르를 넘나들고 있다. 풍성하고 다채로우면서도 곳곳에서 연암의 지식과 예지를 체감할 수 있는 방대한 책이다.

　박지원은 명문가의 후예로 태어나 일찍이 과거에 합격했으나, 흔히 말하는 주류의 인생길에서 벗어나 아웃사이더를 자청했다. 홍대용, 박제가, 이덕무, 유득공 등의 지식인들과 우정을 나누며 어디에도 구속되지 않은 정신으로 세상을 통찰하며 새로운 지식의 세계를 열어갔다. 연암이 천 리 길을 가면서 본 것은 무엇이었을까? 그것을 통해 연암은 어떻게 새로운 것을 창조했을까? 우리도 새롭고 낯선 것을 보고 두려워하거나 거부감을 가지지 않을 수 있는지, 그를 통해 새로운 문화를 만들 수 있는지 생각해보자.

■■■ 작품 이해를 위한 질문

1. 당시 조선에서 청나라에 대한 북벌론이 대두되었던 이유는 무엇인가?

2. 박지원이 낯선 세계를 관찰할 때 스스로 중시했던 것은 무엇인가?

3. 박지원이 전하는 홍대용의 자전(自轉)과 공전(公轉) 이론의 내용은 무엇인가?

4. 여래의 눈과 소경의 눈은 보통 사람의 눈과 어떻게 다른가. 그 비유적 의미는 무엇일까?

5. 박지원이 열하일기를 통해 얻은 것은 궁극적으로 무엇이었을까?

>> 열하일기

장면1 - 드디어 압록강을 건너

6월 24일, 아침부터 보슬비가 내리더니, 온종일 빗줄기가 오락가락한다. 열흘 동안 강을 건널 차비를 했다. 연행에 가지고 갈 선물도 다 도착했고, 날짜도 이제 촉박해졌으나, 장마 때문에 강물이 더욱 불었다. 물살은 거세어졌고 나무와 돌이 급류와 섞여 흐르는 탁류의 거친 물살이 마치 하늘에 닿을 듯하다.

압록강은 아주 먼 곳에서 발원한다. 『당서(唐書)』에는 "이 강은 만주의 백산(白山)에서부터 시작되는데 그 물빛이 오리의 머리처럼 푸르스름해서 압록이라고 했다."라고 쓰고 있으니 백산은 장백산을 말한다. 『산해경』에는 이 산을 불함산이라고 했고 우리나라에서는 백두산이라 일컫는다. 백두산은 모든 강의 발원지로 서남쪽으로 흐른 것이 압록강이다.

강물이 저토록 흘러넘치니 백두산의 장마가 짐작이 된다. 나룻가에 배 대는 곳도 사라져버렸고, 중류의 모래톱마저 흔적이 없어졌다. 하지만 더 이상 날짜를 늦출 수가 없어서 기어이 강을 건너기로 했다. 행장을 정리하고 파발을 띄우고, 모두들 부산하게 준비를 한다. 장차 가야 할 길을 생각하니 걱정이다. 또한 고향생각을 하니 서글픈 마음도 발걸음을 무겁게 한다. 평생을 걸고 꼭 한 번 가리라고 벼르던 길이었으나, 막상 떠나려 하니 슬픈 심회가 밀려온다.

말에 올랐다. 자줏빛 몸에 흰 정수리, 날씬한 다리에 높은 발굽, 날렵한 허리, 두 귀가 쫑긋한 것이 정말로 만 리를 달릴 것 같다. 창대(연암의 마부)는 경마를 잡고 장복(연암의 하인)이 뒤를 따른다. 안장에는 주머니 한 쌍을 달았다. 왼쪽에는 벼루를 넣었고, 오른쪽에는 거울, 붓 두 자루, 먹 한 장, 조그만 공책 네 권, 이정록(理程錄,

여정과 거리 등을 표시한 일종의 길 안내서) 한 묶음을 넣었다.

창대와 장복이 조그만 술병을 들고 왔다. 산들은 첩첩한 구름에 가려 있다. 술 한 잔을 문루 첫 기둥에 뿌리며 이번 길에 아무 탈이 없기를 빌었다. 또 한 잔을 다른 기둥에 부어 장복과 창대를 위해 빌었다. 그리고도 몇 잔이 더 남았기에 창대에게 술을 땅에 뿌리게 하고 말을 위하여서도 빌었다.

깃발을 휘날리며 정사(正使), 부사(副使), 서장관(書狀官)의 순대로 수많은 일행이 길을 떠났다. 다섯 척의 배가 짐과 사람, 말들을 태우고 물을 건넌다. 물살이 빠른데 배따라기 소리를 다 같이 부른다. 현기증이 나며 사방이 빙빙 도는 것 같고, 전송 나온 이들이 팥알처럼 까마득하게 멀어진다.

길이란 무엇일까? 길이란 바로 저 강 언덕에 있는 것이 아닐까. 강은 저들과 우리들의 경계이다. 무릇 세상 사람들의 윤리와 모든 법칙이 마치 물가나 언덕에 있는 것과 같다. 길이란 다른 데서 찾을 것이 아니라 곧 물과 언덕에서 찾아야 한다.

장면2 - 세상을 보는 치우침 없는 눈

나흘을 달려 중국 땅에 들어가는 책문에 다다랐다. 책문 밖에서 안을 들여다보니 띠 이엉을 덮은 민가가 높이 솟아 있고, 네거리가 가지런하게 펼쳐져 있었다. 벽돌로 쌓은 담이 즐비했고, 사람이나 짐을 실을 수레들이 북적대고 있었다. 이곳저곳에 벌여놓은 그릇들은 모두 그림을 그려놓은 자기로, 그 제도(製陶)가 어디로 보나 시골티라고는 조금도 없었다. 중국의 한 변두리에 불과한 이 책문 안도 이러한데, 앞으로 더욱 번화할 것이라 생각하자 갑자기 한풀 꺾이는 느낌이 들었다. 여기서 그만 발길을 돌릴까 하는 생각이 들어 스스로 얼굴이 붉어졌다. 이것은 시기하는 마음이다. 다른 나라에 발을 들여놓고 이제 만분의 일도 보지 못했는데 벌써 이런 망령된 마음이 일어남은 곧 견문이 좁은 탓일 것이다. 여래의 밝은 눈으로 온 세상을 살핀다면 모든 것은 평등할 것이고, 부러움과 시기 또한 저절로 없어질 것이다. 때마침 한 소경이 월금(月琴, 달 모양의 비파)을 들고 지나간다. 나는 크게 깨달았다. "저 사람이야말로 평등한 눈을 가진 이가 아니겠느냐."

장면3 - 관찰과 분석

이 문을 들어서면 중국 땅이다. 책문 안에는 인가가 2, 30호밖에 없었으나, 모두 웅장하게 높이 솟아 있었다. 아름드리 버드나무가 드리워진 집에 술집임을 나타내는 푸른 깃발이 나부끼고 있었다. 탁자 위에는 한 냥에서 열 냥까지 각기 다른 술잔이 놓여 있었다. 넉 냥 술을 청하면 넉 냥들이 잔에 부어주니, 술을 사는 사람은 양의 적고 많음을 따질 필요가 없다. 간편한 방법이 아닌가. 술 맛은 그다지 좋지 않았으나, 술집 안은 구석구석 단정하게 정돈되어 허투루 보이는 구석이 없었다. 심지어 외양간이나 돼지우리까지도 질서 정연하게 정리되어 있었고, 나무더미나 거름더미까지도 마치 그려놓은 듯이 깨끗하게 정리되어 있다.

집을 짓고 기와를 잇는 방법은 본받을 만한 것이 많다. 집을 지을 때는 모두 벽돌을 사용한다. 높은 담뿐만이 아니고 집 안팎 할 것 없이 벽돌을 쓰지 않는 곳이 없다. 그래서 눈 닿는 곳마다 반듯반듯하게 바둑판을 그려놓은 것처럼 보인다.

아, 이렇게 한 후에야 비로소 이용(利用)이라 이를 수 있을 것이다. 이용을 이루어야만 후생(厚生)이 될 것이요, 후생이 이루어진 후에야 정덕(正德)이 될 것이다. 이용이 되지 않고서 후생할 수 있는 이는 드물 것이다. 생활이 넉넉하지 못하다면 어찌 바른 마음을 지닐 수 있으리오.

주인이 방고래를 청소하고 있어서, 구들 모양을 대략 볼 수 있었다. 한 자 남짓

구들바닥을 쌓아서 반반하게 한 다음, 벽돌을 부수어서 바둑돌 놓듯이 깔고 그 위에 벽돌을 깔았다. 벽돌의 크기가 똑같기 때문에 가지런하고 틈이 없었다. 이곳의 벽돌 장판이 우리나라의 종이 장판만 못하다. 그러나 구들 놓는 방법은 뛰어나니 이를 본받아 가서 우리나라 온돌 놓는 방법을 개선하고 그 위에는 기름 먹인 장판지를 깔면 금상첨화일 것이다.

우리나라의 온돌 놓는 방법은 여섯 가지의 단점이 있는데 아무도 이를 개량하려는 사람이 없다. 우리나라 온돌은 진흙을 이겨 벽돌을 쌓고 그 위에 돌을 얹는다. 그 돌의 크기와 두께가 고르지 않아 조약돌로 괸다고 하지만, 흙이 마르면 쉽게 허물어지는 것이 첫 번째 단점이다. 돌이 울퉁불퉁하여 움푹한 데는 흙으로 메워 평평하게 만들기 때문에 골고루 방이 따뜻하지 않은 것이 두 번째 단점이다. 방고래가 너무 높아서 불길이 서로 통하지 못하는 것이 세 번째 단점이고, 벽이 성기고 얇기 때문에 틈이 생겨 바람이 새고 연기가 방 안으로 들어오는 것이 네 번째 단점이요, 불목이 목구멍같이 생겨서 불길이 안으로 빨려 들어가지 못하고 땔나무 끝에서만 남실거리는 것이 다섯 번째 단점이요, 새 방을 말리려면 땔나무가 적어도 백 단은 들고, 열흘 동안은 방을 사용하지 못하니 여섯 번째 단점이다.

그러나 중국의 온돌은 벽돌 수십 개만 사용하면, 웃고 이야기하는 틈에 금방 완성되어 그 위에 누워 잘 수 있으니 얼마나 편리한가.

장면4 - 조선에서 온 박지원이 연경을 기록하다

동문에서 서문까지 5리 사이에 외바퀴 수레 몇 만 채가 꽉 차서 길이 복잡했다. 상점에 들어가보니 화려함이 성경이나 산해관 따위에는 비길 바가 아니었다. 통주에서 연경까지 40리는 돌을 깎아 길을 닦아놓았다. 쇠수레바퀴가 서로 맞닿는 소리가 너무 우렁차 정신이 아찔해졌다. 심양에 들어갈 때처럼 삼사신이 옷을 정식으로 갈아입고 일행을 점검하고 예부(禮部)를 찾아 필요한 절차를 마쳤다.

아 슬프다. 옛 책에 문자가 생기기 전에 나라의 연대와 수도를 상고할 수 없다 하였으나, 문자가 생긴 이후의 3천여 년 동안에 천하는 어떤 법으로 다스렸을 것인가? 나는 몰랐었다. 그 얼마나 많은 성인이 지혜와 힘을 다해서 시대를 만들어 왔을까? 성인은 일찍이 나라를 다스리는 법을 말씀하셨고, 후세의 임금들은 실제로 이를 실천해왔으니, 이는 어찌 중화민족만이 그러하겠는가. 이적(夷狄, 오랑캐) 출신으로서 중원의 임금이 된 이들도 모두 도(道)를 물려받아 행해왔던 것이다. 이들은 나라이름을 청(淸)이라고 하고 수도를 순천(順天)이라고 했다. 성 둘레는 40리이고 좌측으로는 창해가 있고 우측으로는 태행산을 끼고 있다. 외성에는 문이 일곱 있으며, 자금성에는 문이 셋 있고, 궁성은 17리인데 문이 넷이다. 그 앞에 있는 태화(太和)라고 하는 황제의 전각이 있다. 종족은 여진 만주부이고 위(位)는 '천자', 호는 '황제'이며 직책은 하늘을 대신하여 만물을 다스리는 것이며, 자신을 일컬을 때는 '짐(朕)'이라고 하고 만국의 나라들이 그를 높여 부를 때는 '폐하'라 한다. 국통을 이은 지 사 대째이며 연호를 '건륭(乾隆)'이라 한다.

건륭 45년 가을 8월 초하루에 조선에서 온 박지원이 이 글을 썼다.

장면5 – 열하로 가는 길, 꿈과 현실 사이에서

합라하(闔喇河)를 건너 황혼 무렵에 큰 재를 넘었다. 황제가 있는 열하의 궁궐인 피서산장으로 조공 가는 수많은 수레가 길을 재촉하며 달리는데 갑자기 골짜기에 호랑이 소리가 쩌렁쩌렁 울린다. 그 많은 수레가 함께 모이니 소리가 천지를 진동하는 듯하는 것이다. 굉장하구나.

열하에 이르기까지 나흘 밤낮을 눈을 붙이지 못하고 달려왔다. 선 채로 조는 이도 있고, 나 역시 눈꺼풀이 구름처럼 무겁다. 달리면서도 꿈에 잠기고, 남더러 말에서 떨어지지 말라고 일깨워주면서도 자신은 안장에서 미끌어지곤 한다. 몸이 나른해지면서도 꿈이 짙어지면서 견줄 곳 없는 묘한 경지를 느낀다. 가을 매미소리는 가늘게 들려오고 떨어지는 꽃잎은 흩어지는데 아늑한 마음은 도교(道敎)나 선가(禪家)에서 말하는 깨달음의 순간과 다름없다. 이런 순간은 고대광실에 드러누워 차지도 덥지도 않은 구들에 높지도 낮지도 않는 베개를 베고, 두껍지도 얇지도 않은 이불을 덥고 깊지도 얕지도 않은 술잔을 기울이며 장주(莊周)도 호접(胡蝶)도 아닌 꿈나라를 노니는 재미와도 바꾸지 않으리라.

장면6 - 자전과 공전을 논하다

달빛이 유난히 밝았다. 기공(奇公)과 함께 밤을 새워 술을 마시며 이야기를 나누었다. 나는 친우인 담헌 홍대용에게 배운 우주에 대한 학설을 들려주었다.

해와 달과 별들은 모두 둥글며 서로 원리를 갖고 돌아간다. 땅덩어리가 네모졌다고 우기는 사람들은 모든 것은 반듯해야만 한다는 대의(大義)로 물체를 이해하려 한다. 땅덩어리라는 것은 원체 둥글둥글하게 허공에 걸려서 방향도 없으며 위아래도 없이 쐐기가 돌아가듯 돌아가다가 햇빛이 처음 닿는 곳에서 날이 밝아진다. 지구가 돌아가면서, 햇빛이 닿은 곳이 점점 멀어져 정오도 되고 해가 지기도 하여 밤과 낮이 구분되는 것이 아닐까.

사람들은 땅덩어리가 돌아간다면 땅 위의 물건들이 전부 떨어지고 뒤섞이고 부서질 것이라고 말한다. 하지만 만약 그렇다면 저 높은 하늘에 떠 있는 별들과 은하는 서로 돌고 있으면서도 왜 떨어지지 않고 그 자리에 있을까? 움직이지도 않고 돌아가지도 못하는 물체가 있다면, 부패하거나 부서지지도 않고 흩어지지도 않은 채 어떻게 자기 위치를 지키고 있겠는가. 인간의 일도 제대로 모르는데 하늘의 일을 알기는 어려우나, 홍대용의 학문은 넓고 깊기에 이 학설을 무너뜨리기는 힘들 것이다.

장면7 – 다시 연경으로 돌아와서

열하에서 다시 연경으로 돌아와 태학관에 묵었다. 역관들이 내 방에 모였다. 사람들은 내 봇짐을 눈여겨본다. 속에 혹시 먹을 것이라도 있지 않나 하는 눈치들이었다. 창대를 시켜서 봇짐을 끌러보이게 하였다. 그 안에는 붓과 벼루가 있을 뿐 다른 것은 하나도 없었다. 봇짐이 두툼하게 보인 것은 필담을 나눈 종이며, 유람할 때 쓴 일기 때문이었다. 갈 때는 아무 것도 없었는데 올 때는 짐이 부풀어서 이상했었노라고 사람들은 그제야 고개를 끄덕였다.

>> 편견 없는 시선으로 세상을 볼 수 있을까

『열하일기』의 새로움 – 여래의 눈, 소경의 눈

연암 박지원은 1780년 5월에 한양을 출발했고 북경 – 열하 – 북경을 거쳐서 그해 10월에 귀국한다. 여행길에서 간간이 써놓았던 메모들을 3년여에 걸쳐 정리해서 『열하일기』가 완성된다. 그런데 흥미롭게도 이 책은 세상에 나오기도 전에 먼저 입 소문으로 유명해져버렸다고 한다. 관심 있는 사람들이 채 완성도 안 된 원고를 서로 필사해서 돌려보면서, 이 글의 부분부분이 시중에 은밀히 나돌기 시작했던 것이다. 『열하일기』의 광대한 내용과 자유로운 문체는 당시 지식인들에게는 관심의 대상이면서 동시에 비방의 표적이기도 했다. 일반적인 연행기의 틀을 완전히 벗어나 내용상으로는 생활과 역사, 철학과 과학, 패관잡기를 종횡무진 하였고, 형식적으로도 문체가 고문의 격식을 벗어나 자유분방했기에 큰 충격을 주었다. 사람들은 낯선 것에 불편함과 두려움을 느낀다. 『열하일기』는 당시 지식인들에게 그런 불편함과 두려움을 주는 책이었고, 결국 『열하일기』는 문체반정의 회오리에 내몰리게 된다.

무엇이 그토록 『열하일기』를 특별한 것으로 만들었을까? 내용과 형식의 특성을 이야기하기 전에 먼저 인간 연암을 들여다볼 필요가 있다. 지금이야 영상매체를 통해 지구 곳곳은 물론 우주까지도 마음대로 엿볼 수 있는 시대이고, 마음만 먹으면 몇 시간 만에 먼 이국 땅에 발을 디딜 수도 있다. 하지만 18세기에 압록강을 건넌다는 것은 매우 특별한 사건이 아닐 수 없었다.

당시 조선은 만주족이 지배하는 청을 내심 무시하면서 명나라 중화문명의 정통성은 오로지 조선에 의해 계승되고 있다는 자존의식을 갖고 있었다. 그래서 북벌론이 끊이지 않고 제기되고 있었다. 그럼에도 불구하고 현실적으로 청은 거대한 세계제국이었고 사절단은 이런 제국 황제의 고희를 봉축하러 가는 길이었다. 그야말로 돌아올 수 없을지도 모를 길을 가는 막막함, 게다가 상대는 청제국이었으니 사절단이 어떤 심경으로 그 먼 길을 떠났을까는 미루어 짐작할 수 있다.

그러나 연암은 붓과 종이를 걸머메고 고독한 관찰자가 되기를 자처한다. 제국의 거대함에 굴복하지도 않고 새로운 것들을 함부로 폄하하지도 않는다. 넓고 공평무사한 시선을 지니려고 의식적으로 노력하는 데서 『열하일기』의 새로움이 시작된다. 중국 땅에 처음 발을 들여놓았을 때, 시골마을의 규모가 예상 외로 웅장한 것에 순간적으로 마음이 흔들리지만, 그는 스스로가 견문이 좁기 때문에 사심이 생기는 것이라며 자기 반성을 한다. 그리고 '여래의 눈'으로 세상을 보아야 함을 자각한다. 여래의 눈이란 온 세상에 두루 비추는 부처의 자비와 지혜를 의미한다. 천 개의 눈과 천 개의 손으로 세상을 보살핀다는 관세음보살의 이미지가 이 '여래의 눈'이라는 말에 겹쳐져 있다. 박지원은 유학자였지만 직관적 통찰과 지혜를 중요시했던 불교에 대해서도 비교적 열린 마음을 가지고 있었던 것 같다. 여래의 눈으로 북쪽 땅을 보겠다는 것은 화려한 것과 비천한 것, 큰 것과 작은 것, 중요한 것과

문체반정(文體反正)

1790년대를 전후하여 문체를 둘러싼 일련의 혼란스러운 사건들을 가리키는 것으로 흐트러진 문체를 바로 세운다는 의미를 갖는다. 정조는 당시에 유행하던 문장이 높은 가치나 이치를 논하지 않아 사대부의 기강을 해이하게 한다고 하여 이런 소품체(잡다한 글들) 종류의 문장을 전면 금지 시켰다. 이런 과정에서 『열하일기』는 문체를 어지럽히는 진앙지로 주목을 받게 되고, 정조는 소재에 따라 변화무쌍하게 문체가 달라지는 『열하일기』를 직접 읽고 문체를 고치라는 명령을 내린다.

사소한 것을 전부 공평하게 봄으로써, 스스로 그것들의 의미를 가늠하고 찾아보겠다는 뜻일 것이다.

그런데 바른 눈을 가지려고 해도 사람이 보고 생각하는 것에는 틀린 것, 잘못된 것이 있기 마련이다. 그것은 생각이 짧기 때문이기도 하지만, 이해관계나 처해 있는 입장이 달라서, 거짓을 진실이라고 착각해버리기 때문이다. '소경의 눈'으로 세상을 보겠다는 것은 자신의 눈을 흐려놓는 편견이나 고정관념을 의식적으로 제거하겠다는 것을 의미한다. 소경이 자신의 순수한 감각에 의지하여 방향을 잡아가는 것처럼 어느 쪽으로도 치우치지 않은 순수한 자신의 눈으로 관찰하고 판단하겠다는 의지가 소경의 눈이라는 표현에서 역설적으로 읽힌다.

조선이 중화문명의 적통임을 자처하며 청나라를 치겠다는 북벌론의 입장이나, 청제국을 무조건 따르고 숭배하려는 시선은 둘 다 한 쪽으로 치우친 것이다. 평생을 주변인으로, 자유스러운 방랑자로 살았던 연암의 행보는 이런 통념에서 자유로워져 스스로 길을 찾는 과정이기도 했다. 공평무사한 눈으로 낯선 세상을 보려고 부단히 노력했기에, 박지원의 연행길은 남들이 차마 발 딛지 못한 넓은 세계에 다다를 수 있었다.

'중국'을 통해 '자신'을 발견하는 길

『열하일기』는 방대한 분량의 작품이다. 압록강을 건너 요양(遼陽)에 이르는 과정을 기록하면서, 중국 땅의 이용후생적인 특성들을 객관적으로 관찰하고 그 장단점을 예리하게 분석하고 있는 『도강록』, 산해관에서 연경에 이르는 과정으로 백이, 숙제에 얽힌 이야기와 소설 「호질」이 실려 있는 『관내정사』, 연경에서 열하에 이르는 숨 가쁜 여정이 생생하게 살아 있는 『막북행정록』, 중국 특유의 요술과 볼

거리, 신기한 곡예를 뛰어난 묘사체로 그려낸 「환희기」 「일야구도하기(日夜九渡河記)」 「야출고북구기(夜出古北口記)」 등의 빛나는 명문장이 실려 있는 『산장잡기』, 소설 「허생전」이 실려 있는 『옥갑야화』 등 전체가 총 26권 10책으로 이루어져 있다. 따라서 이 작품을 일괄하기란 쉽지가 않으며, 현대어로 번역되어 있는 책들도 부분을 발췌하여 편집한 경우가 대부분이다.

『열하일기』 전체를 다 볼 수는 없지만, 앞에 제시한 장면들 중 몇 부분을 확인해보면서, 연암이 여래의 눈과 소경의 눈으로 얼마나 다채롭게 세상을 살펴보고 있으며 새로운 발견을 하고 있는지를 미루어 짐작해볼 수 있다.

장면 1

압록강을 건너는 심회와 긴 여행길을 위한 마음의 준비가 나타나 있는 부분이다. 백두산 쪽의 장마 때문에 물이 불어서 압록강을 건너지 못하고 며칠이 지체된다. 넘실거리는 압록강의 물결만큼 연암의 압록강에 대한 고증학적 해석 또한 풍부하고 박진감 있게 펼쳐진다. 날씬한 말 한 마리에 붓과 공책을 싣고, 술을 부으며 여행의 안녕을 기원하는 진지한 모습이 인상적이다. 어디론가 멀리 떠난다는 것은 원래 이처럼 어렵고 진중한 일이며, 일생일대의 사건이다. 술잔을 부어 땅과

패관잡기(稗官雜記)

저잣거리에 돌아다니는 잡다한 글이라는 뜻. 오늘날의 장르로 말하면 소설이나 수필 등의 글들을 통칭한 것이다. 현대에는 서사문학의 원천이 되는 생생한 이야깃거리이겠으나, 고문의 품격과 추상적인 이치의 세계가 주를 이루던 시대에 패관잡기는 시정잡배들이 즐기는 속되고 비천한 것으로 여겨졌다.

하늘에 기원하고, 하인과 말의 안녕까지를 소망하는 마음, 거센 물결을 건너야 비로소 길이 열린다는 깨달음으로 천릿길을 시작하는 연암의 뒷모습에서 비행기를 타고 몇 시간 만에 만리타향으로 훌쩍 건너가는 현대의 여행과는 사뭇 다른 '길 떠남'의 의미를 느낄 수 있다.

장면 3

여기에서는 지식이란 현실의 삶에 도움을 주어야 한다는 그의 신념을 엿볼 수 있는데, 중국인들의 생활 현장 곳곳을 꼼꼼히 살펴보면서 예리한 관찰과 분석을 하고 있다. 주막에서 술을 파는 방식과 집 안팎을 정리하는 솜씨, 집을 지을 때 기와와 벽돌을 사용하는 것 등을 눈여겨보면서 긍정적인 점을 칭찬하고, 부족한 점은 있는 그대로 지적을 한다. 특히 연암이 시종일관 관심을 가졌던 것은 벽돌의 효용성인데, 이것이 왜 좋은지를 논리적으로 따지는 솜씨가 일품이다. 청나라의 방식으로 벽돌로 구들을 놓고, 조선식으로 기름먹인 종이 장판을 깔면 최고의 온돌이 만들어질 수 있다는 것을 실제적인 예를 들어 명쾌하게 논증해내고 있다. 청나라 백성들이 살아가는 생활의 구체적인 현장에서 삶에 도움을 주는 앞선 기술들을 발견해낸다. 이러한 과정에서 오랑캐의 나라를 정벌하자는 북벌론은 자연스럽게 허울 좋은 낡은 이데올로기로 허물어진다. 사심 없이 관찰하고 분석하는 과정에서 기술을 이용해 백성의 삶을 넉넉하게 하자는 이용후생(利用厚生)의 정신이 실현되는 것이며, 북학론은 실제적인 내용을 담아내게 되는 것이다.

장면 4

역사와 지리, 중국고전에 대한 연암의 박람강기(博覽強記)적인 지식이 화려하게 펼쳐지는 부분이다. 연경에 도착하여 위압적인 도시 규모와 그곳에 서려 있는 시간의 흔적들을 보면서, 연암은 중국의 유구한 역사와 전통을 반추한다. 그리고 오랑캐 출신의 임금(청의 건륭제)도 똑같이 역사적 소명을 갖고 성인들의 도(道)를 행하는 주체라는 생각을 한다. 역사적 실체로서의 청을 인정해주고, 역사를 하나의 고정된 틀에서 보지 않고 현실정치 속에서 역동적으로 변화하는 것이라고 이해하고 있는 연암의 진보적 역사관과 현실 감각이 드러난다. 명나라만이 정통이라는 고정관념에 집착하지 않고, 수천 년의 중국 역사를 거시적 안목으로 통괄할 수 있기에 가능한 사고일 것이다.

마지막 부분에서 나타나듯이 박지원은 중국의 역사를 조망하는 자기 자신을 강렬하게 의식하고 있다. 중국의 역사는 타자(他者)의 역사이며 '조선에서 온 박지원이 이를 썼다'는 것에 의해서 비로소 의미 있는 것이 된다. 『열하일기』의 여정이 결국은 타자를 통해 '나' 자신에 이르는 길이었음을 유추하게 해주는 대목이다.

경계(境界)를 사랑한 자유인

『열하일기』의 독창성은 그 내용이 자연, 제도, 풍속, 인물, 정치, 경제, 종교, 고전 등을 가로질러 여러 장르를 넘나들고 있다는 점인데, 그중에서도 일반적인 연행록들과 특히 다른 점은 문학적 성취가 높다는 것이다. 양반의 위선을 풍자한 「호질」과 조선경제의 취약성과 집권계층의 무능을 비판한 「허생전」이 중간에 끼어 있는가 하면, 순간의 통찰이나 분출하는 서정을 풀어낸 수필들도 많이 눈에 띈다. 또한 독립된 작품이 아닐지라도 『열하일기』의 곳곳에는 현실의 고정성을 초월하는 분방한 상상력이 빛나고 있다.

연암은 철저한 현실주의적 사상가이기도 하지만 동시에 풍부한 문학적 상상력의 소유자이기도 했다. 연암은 이것도 저것도 아닌 모호한 '사이', 즉 '중간'의 애매모호한 긴장 상태를 사랑했다. 황제가 있다는 열하로 가면서 일행은 나흘 밤낮 동안 잠 한숨 못 자고 강행군을 한다. 말은 달리고 있는데 정신은 몽롱해져 깊은 꿈으로 빠져드는 아슬아슬한 장면이다. 보통 이런 상황에서는 피곤하고 신경이 곤두서기 마련일 터인데, 연암은 이 아슬아슬한 순간을 즐긴다. 이제 곧 황제를 배알해야 한다는 공식 일정의 중압 따위는 안중에도 없고, 오로지 자기만의 세계로 빠져든다. 그 무엇과도 바꿀 수 없는 재미난 세계가 자기 내면에 있기 때문이다. 차지도 덥지도 않은 구들, 장주도 호접도 아닌 꿈나라는 적당히 타협한 '중간치'를 의미하는 것이 아니고, 이곳에도 저곳에도 구속되지 않는 '정신의 자유로움'을 의미한다. 사람들은 한 곳에 귀속됨으로서 평안함을 느끼지만, 연암은 긴장된 '사이'에 수많은 새로운 길을 열 수 있는 엄청난 창조의 에너지가 숨어 있음을 직감했던 것일까?

이런 이유로 일찍이 중원 벌판을 가로지른 박지원의 천릿길은 사방팔방으로 길이 활짝 열린 21세기에도 명징한 이정표가 되어준다.

"너의 눈으로 자유롭게 세상을 보아라, 그리고 거기서 자신을 발견하라."

조선견문록

19세기 후반 달레의 『조선교회사』를 필두로 하여 서구인들에 의해서 조선을 소개한 책들이 많이 저술되었다. 대부분이 선교사이거나, 의사, 외교관 등이었던 이들의 저술은 조선을 서구에 소개하는 첨병 역할을 했으며, 조선이 무능하고 암울한 제국으로 각색되는 계기가 되기도 했다. 구한말에 쓰인 것은 현재 확인된 것만 해도 50여 권이 훌쩍 넘는데, 대표적인 저술로 그리피스의 『은자의 나라 한국』, 오페르트의 『금단의 나라 조선』, 새비지-랜도어의 『고요한 아침의 나라 조선』, 비숍의 『조선과 그 이웃나라들』, 알렌의 『전환기의 조선』, 맥켄지의 『대한제국의 비극』 등을 들 수 있다.

『슬픈 열대』 미개 사회에 잃어버린 인간이 있었다

　프랑스 문화 인류학자인 클로드 레비스트로스(Claude Lévi-Strauss, 1908~)는 1937년부터 38년에 걸쳐서 브라질에 건너가 원주민 부족들에 대한 민족학적 조사를 했는데, 그것을 바탕으로 저술한 것이 유명한『슬픈 열대』이다. 뛰어난 기행문학이고 민족지(民族誌)이면서 동시에 구조주의 이론에 입각한 민속 보고서이기도 하다. 저자는 원주민 사회를 파괴하는 서구문명의 폭력성에 대한 분노를 나타내면서, 외부적 힘의 유입으로 자기들 세계의 균형을 잃어버리고 사라져가는 원주민 사회의 비애를 곳곳에서 드러내고 있다. 야만과 문명의 이분법은 잘못된 것이며, 원주민 사회는 서구와는 다른 종류의 사회이며, 오히려 총체적으로 조화된 인간성을 갖고 있다고 했다. 사회나 조직 이전에 존재했을, 어쩌면 존재한 일조차 없을 '오직 인간만이 남아 있는 사회'를 저자는 가장 미개하고 비참하다는 남비콰라족의 생활에서 발견한다.

　백인들이 들여왔던 질병으로 남비콰라족들은 많이 죽었으나, 백인들은 아무런 노력을 하지 않았다. 어둠이 깃든 초원에서 야영지의 모닥불이 타오르고 있었다. 바람과 비를 피하려고 야자수와 나뭇가지를 꽂아 만든 덤불을 뒤에 두고, 남비콰라인들이 여기저기 누워 있다. 그들의 모든 부를 상징하는 초라한 물건들로 가득 찬 등나무바구니를 곁에 둔 채 땅 바닥에 누워서 꼭 껴안고 있는 부부들. 이때 그들은 서로를 일상의 고통과 남비콰라인들의 영혼을 뒤덮은 슬픔으로부터 구원해주고 위로해주며 버팀목이 되어줄 유일한 사람으로 믿는다.

　황야에서 처음으로 이 원주민들과 야영을 하게 되는 방문자들은 너무나 완전하게 빈털터리인 이들을 보고 괴로움과 동정에 사로잡히게 되며, 이들이 극심한 대변동에 의해 대지의 흙에 짓밟혀, 꺼져가는 불 옆에서 벌거벗은 채 떨고 있는 양 느끼게 된다. 그래서 불빛에 어슴푸레 드러난 손이나 발, 몸통과 부딪칠세라 살짝 덤불을 돌아가기도 한다.

그러나 이 비참한 모습에도 속삭임과 웃음소리가 들려오고 생기가 돌기도 한다. 부부들은 어떤 잃어버린 결합을 그리는 향수에 잠긴 듯이 포옹을 하며, 남들이 지나가더라도 중단을 하는 법이 없다. 그들 모두에게서 무한한 친절, 그리고 소박하면서도 매력적인 원초적인 만족감을 보게 된다. 이러한 갖가지 감정들이 모인 곳에서 인간적인 애정의 가장 감동적이며 가장 진실된 표현 같은 무엇을 느낀다.

■■■ Question

1. 문명의 우열은 흔히 어떤 기준에 의해서 구분되어 왔는가?

2. 연암이 청을 바라보는 시선과 레비스트로스가 브라질 원주민을 바라보는 시선에 공통점이 있다면 무엇인가?

■■■ Expression

위의 지문을 읽고 문화를 보는 상대주의적 관점의 특성과 그 장점을 지적하라.

『조선교회사』 만들어지는 이미지, 만들어지는 진실

조선이 문호를 개항하기도 이전인 1874년 프랑스 신부인 샤를르 달레(Claude Charles Dallet, 1829~1878)는 『조선교회사』라는 방대한 저작을 파리에서 출판했다. 서양인이 한국의 역사, 정치, 제도, 풍속 등에 대해 체계적인 글을 쓴 것으로는 최초의 작품인데, 달레는 조선에 와보지 않은 상태에서 중국과 일본 책의 도움에 의해 천 페이지에 육박하는 이 대작을 완성했다고 한다. 이 책은 당시에 일본어로도 번역되었으며, 프레이저(J.G. Frazer, 1854~1941)의 유명한 저서인 『황금가지』에도 야만의 예로 인용되고 있는가 하면, 브리태니커 백과사전에도 수록되는 등 광범위한 인기를 끌었다. 『조선교회사』는 이후에 간행된 서양인들의 조선견문록들에 절대적 영향력을 주었으며, '은둔의 나라' 로서의 조선의 이미지가 만들어진 데도 이 책의 영향을 빼놓을 수 없다.

달레의 『조선교회사』는 조선 연구의 출발점이 되었다는 면에서 의의가 크지만, 조선은 전형적인 전제군주제 국가라든가, 주체성이 없이 정체된 나라였다는 식의 관점이 일관되게 나타나고 있어 서구인들의 전형적인 편견을 보여주기도 한다. 세계 역사에 유례가 없는 500여 년의 역사를 갖고 있는 조선은 왕도정치를 이상으로 했고, 신하나 백성이 왕을 견제하는 제도가 있었다. 양반들의 유교적 신념은 높은 정신문화를 꽃피웠고, 나라가 위기에 처할 때 의병활동으로 실천되기도 했다. 전체를 보려 하지 않을 때, 이미지가 진실을 덮게 되고, 결국 진실로 둔갑하게 된다. 다음 부분을 보자.

이른바 정치생활이며 진보며 혁명이라는 것은 조선에 존재하지 않는다. 백성은 아무 것도 아니며 아무 것에도 관여하지 않는다. 양반만이 권력을 쥐고 있고, 백성을 짜서 한껏 많은 돈을 빼내기 위해서만 백성을 상대한다. 양반은 자기네끼리 철천지원(徹天之冤)을 품고 서로 잡아먹으려는 여러 당파(黨派)로 나누어져 있다. 그러나 이렇게 그들이 갈라진 원인이나 취지가 정치와 행정의 원리를 달리함에 있는 것은 전혀 아니다. 그들은 관직과 사무상의 권력을 다투고 있을 뿐이다. 이것은 근 3세기 전부터 피비린내 나는 헛된 싸움의 따분한 이야기에 불과하다.

(중략)

중국의 경서에 의하면 왕은 오직 공익에만 마음을 쓴다. 그는 법률이 엄수되는가를 감시하고, 모든 신민에게 공평하고, 대관들의 착취에 대하여 백성을 보호한다 등등. 하지만 이같은 왕은 조선에는 드물다. 대개의 경우 왕위에 오른 자는 게으름뱅이, 타락자, 방랑자, 조로자(早老者), 우자(愚者), 무능력자들이 많다. 젊어서부터 왕위에 오른 이 불행한 임금들, 그들의 온갖 변덕은 숭배를 받고, 아무도 감히 충고 한 마디 못하며, 열두서너 살 때부터 궁궐 속에서, 후궁 속에서, 우스꽝스런 예절에 파묻혀 있게 되니, 어찌 그렇지 않은 사람이 될 수 있겠는가!

■■■ Question

1. 위의 설명은 일본인들이 조선을 식민지화하면서 주장한 내용과 놀랍도록 유사하다. 그 이유가 무엇일까?

2. 교통 통신이 발달되지 않은 시대에 기행문, 견문록은 어떤 사회적 영향력을 발휘했을까?

■■■ Expression

낯선 세계를 관찰하고 분석할 때, 우리가 꼭 지켜야 할 원칙은 무엇인지를 박지원의 태도를 참고하여 서술하라.

「늑대와 춤을」 수우족이 된 북군 병사의 이야기

지구 안에 함께 사는 이상, 낯선 문명이나 다른 민족들은 언젠가는 서로 만나 공존해야 할 필연적인 운명에 처해 있다. 그런데 이 만남은 늘 평화로운 상생을 이루지 못하고, 대부분의 경우 정복과 지배의 야욕으로 얼룩지고 말았다. 19세기에 조선을 찾았던 열강들의 군화발이, 아프리카나 아메리카 대륙을 처절하게 수탈한 백인들의 논리가 그랬다.

이해하려 하지 않고 먼저 정복해버리는 인류의 역사는 실상 현재에도 계속되고 있다. 타자와 어떻게 만날 것인가? 여행과 교류가 일상이 된 현대인들은 과연 이 질문에 대해 어떤 대답을 할 수 있을까?

케빈 코스트너 감독, 주연의 영화 「늑대와 춤을」(1990)은 아메리칸 원주민 토벌작전 과정에서, 한 미국 병사가 백인의 폭력성을 깨닫고 원주민으로 동화되어가는 것을 아름다우면서도 광대한 화면으로 담아내고 있다.

1863년 남북전쟁 중에 북군의 중위인 존 던바는 중서부의 최전방에 배치되어 혼자서 낡아빠진 요새를 지키는 고독한 나날을 보낸다. 그는 전쟁의 참상을 잠시 잊고 평온한 마음으로 일기를 쓰고, 흰 발을 가진 늑대를 벗 삼아서 대자연에 빠져든다. 그러던 중에 인디언 수우족과 친구가 되고, 그들의 삶과 철학에 깊은 감명을 받게 되며 수우족의 딸로 자란 백인여자와 결혼을 한다. 기병대의 대대적인 토벌작전이 시작되고, 인디언들은 그들을 피해 끝도 없는 이주를 시작한다. 존 던바는 수우족에게 해를 줄까봐 아내를 데리고 종족을 떠난다. 13년 후 수우족은 결국 사우스 다코타 지역에서 백인에게 항복했고, 평원의 위대한 문명은 역사 속으로 사라진다.

존 던바가 야생의 늑대와 친구가 되어 함께 춤을 추는 장면은, 문명이라는 제도 밑에 숨겨진 인간의 순수함을 상징적으로 보여준다. 타자와 나는 서로 다르지만, 다른 점보다는 공통적인 점들을 많이 갖고 있다. 존 던바는 원주민에게서 가족애, 동지애, 자연에 대한 경외감, 평화를 지키려는 신념 등을 발견하고 수우족으로 재탄생한다. 이처럼 보편적인 아름다움을 볼 수 있는 눈, 이것을 발견하려는 노력이야말로 만남의 참 의미이며 타인과의 공생을 가능하게 하는 해결책이기도 하다.

문명 교류의 시대에 우리는 무엇을 보고 무엇을 발견하는가? '박지원의 눈'과 '늑대와 춤을 추는 한 인간의 순수한 서정'은 열린 마음으로, 그리고 열정과 호기심으로 세상과 만나라고 말해준다.

■■■ Question

1. 주인공이 다른 백인과 달리 인디언과 친구가 될 수 있었던 것은 무엇 때문인가?

2. '늑대와 춤을'이라는 제목이 상징하는 의미는?

■■■ Expression

공평무사하게 대상을 보지 않고, 치우친 잣대로 편 가르기를 하는 경우가 현실에서 있다면 그 예를 들어보고 거기에서 파생되는 문제점을 지적하라.

논제

다음은 『열하일기』의 「산장잡기」편에 실려 있는 상기(象記)의 일부분이다. 연암이 코끼리를 통해 말하고자 하는 것을 '소경의 눈'과 연관지어서 설명하라.

열하의 행궁 서쪽에서 코끼리 두 마리를 보았는데, 온몸을 꿈틀거리면서 걷는 것이 마치 비바람이 움직이는 듯했다. 몸뚱이는 소 같고 꼬리는 나귀, 낙타 무릎에 호랑이 발톱, 털은 짧고 몸은 회색이며 성질은 어질어 보이는데 가끔 구슬픈 소리를 냈다. 귀는 구름 모양이며 눈은 초승달 같고, 어금니는 크기가 두 아름은 되고 길이는 한 발을 넘었으며 어금니보다 큰 코는 구부렸다 펴는 것이 커다란 자벌레 같았다.

(중략)

코끼리의 이빨을 준 자가 누구인가 하고 묻는다면 사람들은 하늘이 주었다고 할 것이다. 그리고 하늘이 이빨을 왜 주었냐고 묻는다면 먹이를 씹으라고 주었다고 할 것이다. 하지만 이런 말들은 소, 닭, 말, 개 같은 것들에게나 맞다. 하늘이 이빨을 준 것이, 반드시 몸을 구부려서 무엇을 씹도록 한 것이라면, 코끼리에게는 어금니가 아무 쓸모 없는 것이 된다. 입을 땅에 대려 하면 이빨이 먼저 땅에 걸리니 물건을 씹는 데 이것은 오히려 방해가 된다.

이렇게 말하면 다시 코가 있기 때문이라고 말하는 이가 있다. 하지만 코 때문에 긴 어금니를 주었다는 논리는 오히려 어금니를 없애고 코를 짧게 하는 것만 못하다. 사람들은 그때서야 더 주장을 내세우지 못하고 입을 다물었다.

사람들이 언제나 생각하는 것은 소, 말, 닭, 개뿐이요, 용이나 봉, 거북, 기린 같은 짐승에게는 생각이 미치지 못한 까닭이다. 코끼리는 범을 만나면 코로 때려눕히니 그 코는 천하에 상대가 없으나, 쥐를 만나면 코를 가지고도 쓸모가 없어 하늘만 쳐다보고 멍하니 서 있다고 하니, 장차 이를 두고 쥐가 범보다 무섭다고 할 것이다.

코끼리는 눈에 보이는 사물인데도 그 이치를 알기가 너무 어렵다. 하물며 천하 만물은 코끼리보다도 수만 배나 복잡할 것은 당연하지 않은가. 그러므로 성인이 『역경(易經)』을 지을 때 코끼리 상(象) 자를 따서 지은 것도 만물이 변하는 이치를 연구하게 하려는 뜻에서다.

2

낭만적 사랑은 영원할 수 있을까

『마담 보바리』 귀스타브 플로베르

『소설처럼』 다니엘 페나크

『낭만적 거짓과 소설적 진실』 르네 지라르

영화 「델마와 루이스」

그녀의 불온하고 위태로운 열정

어느 날 플로베르는 신문에 난 기사를 읽게 된다. 한 시골의사의 아내가 평범한 결혼 생활에 염증을 느껴 외도를 거듭하다가 결국 독약을 마시고 자살했으며 그녀의 남편도 따라 죽었다는 내용이었다. 플로베르는 이 기사를 뼈대 삼아 『마담 보바리』를 집필한다. 하지만 얼마 후 이 소설은 예기치 않은 사건으로 인해 주목받게 된다. 『마담 보바리』의 몇몇 장면이 선정적이며 소설에 등장하는 간통이 당시 통념을 벗어나기 때문에 이 작품은 공중도덕과 종교적 미풍양속에 어긋난다는 점에서 재판을 받게 된 것이다. 그러나 뛰어난 변호에 힘입어 무죄판결을 받음으로써 오히려 폭발적인 인기를 얻게 된다.

귀스타브 플로베르(Gustave Flaubert, 1821~1880)는 프랑스의 대표적인 작가이자 프랑스 자연주의의 대가로 평가받는다. 그는 문학을 이데올로기의 수단으로 생각하는 것에 반대했으며 작품의 독립적인 존재 이유를 강조했다. 플로베르가 병적일 정도로 한 단어 한 문장의 완벽에 집착했다는 것은 잘 알려진 사실이다. 4년 반에 걸쳐 1856년에 완성한 『마담 보바리』는 플로베르의 작가관을 잘 드러낸 대표적인 소설이다. 불륜과 간통이라는 통속적인 주제를 지녔으나 정확한 관찰과 철저한 자료수집은 물론, 작가의 주관이나 편견을 배제한 시선으로 현실의 세부와 인물의 심리를 상세히 묘사한 매우 새로운 작품이라 할 수 있다.

우리는 때로 엠마와 같은 열정적 사랑을 꿈꾼다. 그러나 그러한 열정은 과연 존재하는 것이며 지속될 수 있는 것일까 의문이 들기도 한다. 열정 혹은 낭만적 감정은 사랑의 본질 혹은 실체일까? 사랑이라는 욕망은 어떻게 시작되고 실현 혹은 좌절되는가?

■■■ 작품 이해를 위한 질문

1. 엠마와 샤를르는 각각 어떤 인물인가?

2. 엠마가 낭만적 사랑의 환상을 갖게 된 계기는 무엇인가?

3. 로돌프와 레옹, 오메와 뢰르는 각각 어떤 인물인가?

4. 엠마를 타락하게 만든 사랑과 돈은 어떤 관계이며 무슨 의미를 갖는가?

5. 엠마가 음독자살을 한 이유는 무엇인가?

>> 마담 보바리

엠마는 의사인 샤를르를 만나 결혼하지만
안정적이고 지루한 결혼 생활에 적응하지 못한다

샤를르 보바리는 어릴 적부터 온순하고 성실한 모범생이었다. 자신의 열정이나 욕망을 억누르고 부모의 기대에 따라 공부를 해 우수한 성적으로 의사 시험에 합격한 샤를르는 토트에서 병원을 개업한다. 부모는 지참금을 많이 가져온 마흔다섯의 과부와 아들을 결혼시키지만 그녀는 평범하지도 유순하지도 않아 샤를르와 불화가 잦았다.

어느 날 샤를르는 왕진을 위해 멀고 힘든 길을 건너 한 농가를 찾는다. 그 집 딸 엠마를 보고 첫눈에 호감을 갖게 된 샤를르는 그날 이후 먼 길을 마다 않고 그녀의 집을 찾게 된다. 샤를르의 아내는 남편이 엠마를 보러 그 집에 자주 가는 것을 알게 되는데 더욱이 엠마가 다재다능하고 교육을 많이 받은 매력적인 여성이라는 것을 알고 남편이 다시는 엠마에게 가지 못하도록 맹세까지 받는다. 소심하고 순진한 샤를르는 그럼에도 불구하고 자신의 대담한 욕망을 이기지 못해 그녀를 계속 찾아간다. 얼마 후 샤를르의 아내는 사기를 당하고 큰 병을 얻어 죽고 만다. 슬픔을 극복한 샤를르는 다시 엠마를 만나게 되는데, 이번엔 굳게 마음먹고 그녀에게 청혼한다. 딸 엠마가 농사일이나 하기에는 너무 총명하다고 생각하고 있던 엠마의 아버지는 흔쾌히 결혼을 허락한다.

엠마는 기대하던 결혼 생활을 시작하여 집안을 새로 꾸미고 새로운 생활에 호기심을 갖는다. 샤를르는 모든 것이 행복하기만 하다. 그러나 어느새 엠마는 의문을 갖기 시작한다. 책에서 볼 때 그토록 아름답게만 여겨졌던 희열이니 정열이니 도취니 하는 말들이 실제 자신의 인생에서는 어떤 의미를 갖는지 알고 싶어졌다. 열세 살에 수도원의 기숙학교에 들어갔던 엠마는 처음에는 수도원 생활에 만족하며 모든 일에 성심을 다했었다. 그러나 그녀는 평화롭고 조용한 것보다는 파란만장한 인생, 감정적인 욕구, 뭉클한 감동에 마음을 빼앗겼다. 열다섯이 되었을 때 수도원에서 그녀는 "사랑하는 남녀, 쓸쓸한 정자에서 기절하는 박해받은 귀부인, 역참마다 살해당하는 마부, 페이지마다 지쳐 쓰러지는 말들, 어두운 숲, 마음의 혼란, 맹세, 흐느낌, 눈물과 키스, 달빛 속에 떠 있는 조각배, 숲 속의 밤꾀꼬리, 사자처럼 용맹하고 어린 양처럼 부드럽고 더할 수 없는 미덕의 소유자로서 언제나 말쑥하게 차려입고 물동이처럼 눈물을 펑펑 쏟는 신사들"의 이야기뿐인 낭만적이고 허무맹랑한 책에 빠져 살았다. 그러다가 엄마가 병후에 돌아가신 후 그녀는 더욱 변했고 결국 신앙에 회의를 느껴 그만 수도원에서 나오게 된다. 인생에 환멸을 느끼고 있던 즈음 샤를르를 만난 엠마는 사랑의 흥분과 정열을 경험할 기회로 결혼을 결심했던 것이다.

하지만 샤를르는 정열의 위력도 세련된 생활도 없이 "너무나 흔들림 없는 평온과 태연한 둔감"뿐이어서 엠마는 그에게서 조금씩 멀어져갔다. 엠마는 자신의 열정과 욕망을 억누른 채 집안 살림이나 병원 살림을 규모있고 기품있게 꾸려가며 마음을 다스리려 애쓴다. 그러던 어느 날 엠마는 탄식하며 부르짖고 만다. "맙소사, 내가 어쩌자고 결혼을 했던가?"

그리고 결정적인 계기가 다가온다. 어느 후작의 무도회에 초대를 받은 그녀는 화려하고 매혹적인 파티에서 자신이 원하던 자극적이고 열정적인 순간들을 느끼고 전율하게 된다. 그녀는 다시 일상으로 돌아왔지만 파티의 추억을 되새김질하는 것으로 시간을 보냈고, 늘 어떤 결정적인 사건이 일어나기만을 기다리며 막막한 하루하루에 진저리를 냈다. 그러면서 엠마는 급격히 변해갔다. 가사를 돌보지 않았고 모든 일에 변덕을 부렸으며 전에 없이 사람들에게 무례하게 굴었고 방자한 쾌락과 열정을 바라며 병들어갔다. 영문을 모르는 샤를르는 병든 아내의 건강을 위해 용빌로 이사를 가기로 한다.

엠마와 레옹은 서로에게 호감을 갖지만 애써 감정을 억누르며 헤어진다

용빌로 이사한 보바리 가족은 그곳에서 약국을 하는 오메, 옷감 장수 뢰르, 서기 레옹 등 새로운 사람들을 만나게 된다. 엠마는 금발의 청년 레옹을 만나 대화를 하게 되는데 모처럼 음악과 문학 등 모든 면에서 공감하는 이를 만나게 되자 호감을 갖는다. 레옹은 내성적이고 수줍음 많은 청년으로 그 마을에서는 나무랄 데 없는 행실로 인정받고 있었다. 한편 오메는 약삭빠르고 돈에 혈안이 된 비열한 사람이며 뢰르 역시 탐욕스럽고 간사한 사람이었다. 이즈음 임신을 한 엠마는 아들을 원했다. 엠마는 자신의 아기가 아들로 태어나 자유로운 존재로 살 수 있기를 바랐고 엠마 자신의 모든 무력감 또한 사라지게 해주리라고 기대했다. 엠마가 생각하기에 여자란 끊임없이 금제와 마주치는 무기력한 존재이자 법률의 속박에 묶여 있는 존재일 뿐이었다. 그러나 엠마는 딸을 낳는다.

유모의 집에 맡긴 딸 베르트를 보러 가던 어느 날, 엠마는 레옹과 동행을 하게 된다. 레옹은 엠마의 아름다움에 사로잡히고 두 사람은 서로 호감 이상의 애틋한 감정을 느끼지만 모른 체한다. 그날 이후 두 사람은 점점 더 가까워지고 레옹은 어떻게 자신의 속마음을 엠마에게 고백할까 고민하며 낙담과 욕정 사이에서 괴로워한다. 엠마도 레옹의 매력적인 모습에 점점 더 빠져들며 그가 자신을 사랑하는 것을 알고 기쁨에 찬다. 한편 뢰르는 끊임없이 엠마로 하여금 화려한 물건들을 사들이게 하고 사치에 빠져들게 한다. 레옹은 엠마가 너무도 정숙하고 숭고한 존재로

여겨져 차마 다가갈 수 없어 괴로워하지만 엠마는 자신의 사랑과 욕정을 억누르느라 고통스러워하며 신경쇠약에 걸린다. 결국 "보답 없는 사랑에 지친" 레옹은 힘들게 그곳을 떠날 결심을 하고, 레옹이 떠난 후 엠마는 "그녀 삶의 단 하나의 매력이며 행복을 가져올 수 있는 유일한 희망"이었던 레옹을 잃고 심하게 앓는다.

레옹이 떠난 후 엠마는 저속하고 비열한 로돌프에게 넘어가 쾌락에 빠진다

마을에 새로 이사 온 로돌프는 엠마를 본 순간 그녀의 아름답고 기품 있는 모습에 반하면서도 어딘지 공허해 보이는 그녀의 마음을 눈치 챈다. 저속하고 야비한 바람둥이인 로돌프는 그녀를 유혹하고 나중에 떼버릴 생각까지 미리 한다. 농사공진회의 날, 연설이 이어지는 동안 로돌프는 그녀의 귀에 뜨거운 유혹의 말을 불어넣으며 그녀의 도덕심의 빗장을 풀려고 안간힘을 쓴다. 그들은 서로에게 극도의 욕망을 느끼게 되는데, 그날 로돌프는 샤를르의 허락을 받아 엠마에게 승마를 가르치기로 한다. 로돌프는 계산된 사랑 고백으로 그녀의 마음을 홀리고 엠마는 "자신의 심장이 다시 뛰기 시작하고 피가 몸속에서 젖의 강물처럼 순환하는 것을 느끼면서" 그만 로돌프에게 넘어가고 만다. 엠마는 다시 정열과 도취와 광란과 황홀에 휩싸여 로돌프와 사랑에 빠진다. 엠마는 아침 이슬을 맞으며 로돌프에게 달려가고 광적인 감정과 육체적 쾌락에 빠진다.

그러나 엠마의 아름다움과 순진함에 빠져 있던 로돌프는 금세 엠마를 부담스럽게 여기기 시작한다. 더 이상 그녀에게 감미로운 말도 애무도 하지 않았을 뿐 아니라 마침내 노골적으로 무관심을 드러내기에 이른다. 아버지의 편지를 받고 새삼 마음을 잡은 엠마는 자신의 자리를 되찾으려고 애쓰면서 이렇게 되어버린 자신의 처지에 회한을 느낀다. 남편에게 다시 사랑과 신뢰를 느끼려 애를 쓰던 엠마는 샤를르로 하여금 어려운 안짱다리 수술에 도전하도록 격려하지만 샤를르는 시술에 실패하고 남편의 성공을 희망삼아 뒷바라지를 했던 엠마는 이제 무능하기까지 한 샤를르의 존재 자체를 싫어하게 된다. 또 엇나가기 시작한 엠마는 로돌프에게 다시 집착하게 되고 여느 정부(情婦)들처럼 행세했으며 천박하고 노골적인 행동을 하고 다녔다. 엠마는 로돌프에게 같이 도망가서 살기를 애원하지만 떠나기 전날 간교한 로돌프는 혼자 몰래 도망가버린다. 엠마는 충격으로 뇌막염에 걸려 수십 일을 앓고 샤를르는 한 시도 아내 곁을 떠나지 않고 지킨다.

엠마는 뢰르에게 빚진 돈이 점점 불어나자 경제적인 어려움까지 심각해진다. 힘들게 다시 일어선 엠마는 자선활동에 몰입하고 극진히 딸아이를 키우며 마을 아낙들과도 잘 어울려 지낸다. 샤를르는 모처럼 아내를 위해 함께 연극공연을 보러 가는데, 샤를르는 연극 내용을 전연 이해하지 못하고 그런 샤를르를 한심해하는 엠마는 자신의 처지와 비슷한 내용의 연극을 보며 자기 연민에 빠진다. 그리고 그곳에서 엠마는 레옹을 다시 만나게 된다.

엠마는 레옹과 사랑에 빠지지만 결국 파산하게 되고
모든 것을 잃은 채 음독자살한다

삼년 만에 다시 엠마를 만난 레옹은 정열에 휩싸여 이번에는 그녀를 꼭 자기 것으로 만들겠다고 결심한다. 내성적이고 도덕적이었던 레옹의 성격은 그동안 많이 변했고 많이 닳았다. 엠마는 남매처럼 지내자고 하지만 레옹은 자신의 열정을 주체하지 못하고 사랑을 고백한다. 샤를르에게 매번 실망한 엠마는 핑계를 만들어 레옹에게 달려가고 레옹과 엠마는 격정적인 사랑에 빠져 밀월을 즐긴다. 마침내 엠마는 꾀를 내어 피아노를 배우러 다닌다는 구실을 만들어 레옹과 정기적인 밀회를 하게 되고, 레옹은 엠마에게 영혼을 다해 사랑을 바친다. 이제 그녀의 생활은 온통 거짓말투성이이고 이를 눈치 챈 뢰르는 이를 빌미삼아 돈이 필요한 그녀를 더욱 옭죄어간다.

쾌락 속에 몸을 던지면서 엠마는 차차 음탕해져가고, 레옹은 점차 그녀의 지나친 열정과 탐욕적 행동을 두려워하게 된다. 레옹과 지내기 위해 돈이 필요해진 그녀는 점점 돈에 혈안이 되어갔고 샤를르를 더 끔찍하게 싫어하게 되었으며 자신의 욕망을 주체하지 못해 광분했다. 그러던 중 레옹의 어머니가 이 사실을 알고 아들에게 경고를 하자 레옹은 자신의 미래를 위해 엠마를 더 이상 만나지 않겠다고 결심한다. 어느 새 레옹은 엠마가 지겹다고 느꼈으며 경이로운 소유의 맛도 잃었다. 결국 엠마는 "간통 속에서 결혼 생활의 모든 진부함을 그대로 발견"하지만 이미 늦어버렸다.

상황은 더욱 악화되어 그동안 엠마가 진 빚 때문에 보바리의 모든 재산이 차압당하게 된다. 엠마는 돈을 구하기 위해 미친 듯이 사람들을 찾아다녔지만 모두에게 외면당한다. 레옹마저 무심하게 거절하자 거의 미쳐버린 엠마는 로돌프까지 찾아가지만 모욕과 무시를 당한다. 집으로 돌아온 엠마는 자신을 사모해온 쥐스탱에게 사정해 비소를 구해 입에 털어넣는다. 엠마는 죽어갈 때 비로소 샤를르에게 따듯한 애정을 느끼지만 이미 때는 늦었다. 엠마가 비참하게 죽은 바로 그 시간, 그녀를 이렇게까지 몰아간 로돌프와 레옹은 그저 편한 잠에 빠져 있을 뿐이었다.

아내를 잃은 샤를르는 깊은 충격에 빠졌으나 조금씩 회복해가던 중 아내가 모아놓은 편지들을 보고 엠마와 로돌프, 그리고 엠마와 레옹 사이의 일을 모두 알게 된다. 샤를르는 그간의 모든 고통을 이기지 못하고 죽고 만다. 그후 그들의 딸 베르트는 방직공장에서 일을 하며 더부살이를 하게 되고 간교한 오메는 성공해 그토록 원하던 훈장까지 받게 된다.

>> 엠마가 진정 사랑했던 것은 무엇인가

엠마 보바리의 연애, 몽상인가 열정인가

우리는 가끔 멋진 연애를 꿈꾸고 사랑하는 사람과의 행복한 결혼 생활을 상상해 보기도 한다. 사랑을 하고 싶은 마음이나 연애에 대한 기대는 사랑하는 사람을 향한 자연스러운 감정에서 싹트기 마련이지만, 때론 다른 요인에서 생겨나기도 한다. 자신의 외로움으로부터 벗어나기 위해 사랑을 시작하거나 책이나 영화에서 본 낭만적인 사랑의 모습을 보고 자극을 받아 사랑을 시작하는 경우이다. 하지만 이렇게 시작하는 사랑은 책이나 영화에서 본 것처럼 격정과 낭만으로 차고 넘치는 그런 사랑이 아니기 십상이다.

엠마는 위선적이고 천편일률적인 결혼 생활에 넌더리를 낸다. 그녀는 매 순간 열정과 도취와 황홀을 느끼며 살아가기를 간절히 바라지만 결혼은 그런 느낌들을 주지 못한다. 엠마는 책에서 읽고 상상과 공상 속에서 키운 낭만적 환상과 격정적인 사랑에 탐닉해 오히려 현실에 대한 감각을 잃어버린다. 엠마는 가슴 속에서 끓어오르는 열정을 가누지 못해 연애에 빠지지만 실패를 거듭한다. 이미 결혼한 엠마에게 연애는 사랑이나 열정이 아니라 방종한 불륜이고 외도일 뿐이며 진정한 욕망을 충족하는 길도 아니었다. 엠마는 결국 자신의 열정을 다스리지 못하고 자기 자신조차 잃어버린다.

엠마는 사춘기 시절 수도원의 기숙학교에서 교육받고 성장했다. 그녀는 가슴 속에 열정이 가득하되 기품 있고 고귀한 본성 또한 지니고 있었기에 수도원을 좋아했다. 그런데 그곳에서 우연한 기회에 사춘기 소녀들이 좋아할 법한 낭만적 사랑의 환상으로 가득한 삼류 소설들을 접하게 된다. 이 책들은 엠마의 정서를 완전히 장악하고 만다. 자극적이고 비현실적이며 온갖 몽상적 장면과 비극적인 애정행각으로 가득한 책들은 엠마로 하여금 현실과 일상을 가장 지루하고 초라한 것, 열정과 낭만이 죽은 비참한 인생으로 여기게끔 만들었던 것이다.

수도원을 나온 엠마가 만난 현실은 책에서 보던 것들과는 전연 다른 세상이었다. 열정이 가득한 연애를 꿈꾸며 새로운 인생을 시작하리라는 기대 속에 샤를르와 결혼하지만 실제 결혼 생활은 엠마의 꿈과는 거리가 있었다. 안정과 행복을 기대하며 결혼을 한 샤를르와 달리 광풍과 격정을 기대하며 결혼한 엠마는 결혼 생활이 안정되고 편안할수록 자기 인생이 그렇게 꺼져갈까봐 불안해했다. 엠마가 기대한 환상과 자극, 일탈과 낭만과 열정은 현실에서 지속적으로 존재할 수 없었다. 게다가 결혼이라는 제도와 그저 평범하기만 한 남편 샤를르는 그녀가 꿈꾼 것들과는 너무도 거리가 멀었다. 샤를르와의 결혼은 낭만적 환상도 짜릿한 사랑도 달콤한 밀애도 아무것도 아니었다.

단 몇 번의 일탈의 기회가 없었다면 엠마는 평범하게 살아갈 수 있었을까? 엠마는 유혹의 시간들을 만난다. 무도회에 간 것, 레옹을 만난 것, 로돌프를 만난 것, 레옹을 다시 만난 것 등이 그것이다. 자기 안의 열정과 격정을 애써 억누르며 살아가던 엠마는 화려한 무도회에서 일종의 충격을 받고 내내 들뜬다. 그 열기가 채 가

보바리즘

엠마가 현실 감각을 잃은 채 낭만적 사랑과 비현실적 몽상 속에 헤어나오지 못하는 것을 비유한 표현이다. 자기 환상에 빠져 현실에 만족하지 못하고 늘 현실을 외면하며 현실에서 일탈해 낭만적 환상과 비현실적인 이상향만을 좇는 경향을 의미한다. 이는 낭만주의의 속성을 일컫는 표현으로 쓰이기도 한다.

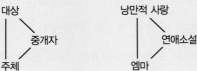

르네 지라르는 『낭만적 거짓과 소설적 진실』에서 욕망의 삼각형이라는 욕망모방이론을 『마담 보바리』를 통해 설명하고 있다. 욕망하는 주체와 욕망의 대상 사이에는 늘 욕망을 중개하는 모델 혹은 타자가 존재하는데, 주체는 이 모델이나 타자의 욕망을 그대로 모방한다는 것이다. 엠마는 낭만적인 사랑의 환상을 자신의 자발적인 욕망이라고 생각하지만 그것은 사실 수녀원의 기숙사에서 읽은 저급한 소설의 로맨틱한 연애담과 그 주인공들에 의해 중개된 것일 뿐이라는 해석이다. 하지만 욕망이란 결코 완전히 충족될 수 없는 것이기에 엠마는 그 누구를 통해서도 낭만적 사랑의 환상에 대한 욕망을 결코 충족시킬 수 없었다.

욕망의 삼각형

대상

중개자

주체

낭만적 사랑

연애소설

엠마

시지 않았을 때 레옹을 만나지만, 이때 엠마는 도덕심의 평형을 지켜내며 힘들게 자신을 가눈다. 레옹 역시 고귀하고 아름다운 엠마를 향한 자신의 순수하고 뜨거운 연정을 애써 감추며 그녀를 떠난다.

그러나 못내 버리지 못한 자기 안의 격정과 레옹이 떠난 후의 공허함은 엠마를 매우 병약하고 나약하게 만든다. 레옹을 향한 연정은 "꿈꾸는 모험"으로 끝냈지만 로돌프를 만나면서 엠마는 변한다. 로돌프는 레옹과 달리 여자를 유혹하고 다루는 데 능한 사람이었기에 순진한 열정만으로 가득한 엠마는 그만 넘어가고 만다. 로돌프는 자신을 사랑한다고 믿고 순진하게 뛰어드는 엠마를 농락하고 배신한다. 엠마는 자기 안의 열정을 뜨거운 사랑이라고 착각할 뿐 아니라 그것이 불륜일 때 한층 열렬한 사랑이라고 헛되이 믿는 한편, 그와는 반대로 자기 자신을 다시 일으켜 세우려 매번 애쓰고 거듭 노력한다. 남편이 의사로서 어려운 수술에 성공하기를 바라며 내조를 하고 딸 베르트를 애지중지 키웠으며 봉사와 자선사업에 몰두하기도 하고 맵시있게 살림을 꾸리며 가정을 지키려고 애쓴다. 하지만 이런 노력들이 하나 둘 실패할 즈음 레옹을 다시 만나고 결국 엠마는 또다시 열렬한 사랑이라는 자기도취에 빠진다. 그리고 이제 엠마는 정신적으로나 육체적으로 타락하고 사치와 향락에 빠져 가산마저 탕진하기에 이른다. 엠마는 자신의 열정과 욕망의 정체를 잘 알지도 못한 채 허황되고 격렬한 감정으로 자기 자신을 소진하며 파국으로 치달았던 것이다.

엠마의 남자들 - 샤를르, 로돌프, 레옹

『마담 보바리』는 내용도 길고 밀도도 높지만 흡인력 있게 읽게 하는 힘을 지닌 소설이다. 특히 엠마를 중심으로 등장하는 남자들의 다양한 성격은 이 소설의 중요한 배경이 될 뿐 아니라 소설의 긴장감을 더해주는 역할을 한다. 중심인물은 남편 샤를르 보바리, 빗나간 애정행각의 상대인 로돌프와 레옹이다. 그 외에도 엠마를 지극히 위하면서도 엠마를 제자리로 돌아오게 할 수는 없었던 엠마의 아버지, 엠마의 불행을 빌미삼아 그녀를 난처한 처지에 빠뜨리고 마침내 파경에 이르게 한 약제사 오메와 옷감장사겸 고리대금업자 뢰르, 마음속으로 오래도록 엠마를 흠모하다가 마침내 고통에 빠진 엠마가 자살할 수 있게 도와주는 쥐스텡 등이 있다.

엠마의 남편인 샤를르는 성실하고 착한 남자다. 한결같이 아내를 믿었으며 어리석을 만큼 조금도 아내를 의심하지 않았다. 엠마가 죽은 후 로돌프와 엠마가 주고받은 열정적인 편지들을 발견했을 때에도 처음에는 그저 대단한 우정으로 여겼을 정도다. 샤를르는 어린 시절부터 자신의 의지대로 행동하고 선택하기보다는 부모의 뜻이나 사회 규범 속에 성장해왔는데, 유일하게 자신의 의지와 열의를 보인 것은 엠마와의 결혼을 결심했을 때뿐이었다. 그는 좋은 의사였으나 뛰어난 능력을 가진 의사는 못되었으며, 착한 남편이지만 아내의 남다른 감수성을 이해하지 못했고, 성실한 인간이었으나 인간사의 쓰고 달콤한 맛에 너무도 무뎠다. 야망도 열정도 없이 그저 따듯한 온수처럼 찰랑이는 일상에 만족하는 평범한 시골 의사였을 뿐이다. 하지만 엠마가 불륜에 빠진 것이 꼭 샤를르의 무능함 때문이라고 하기는 어렵다. 샤를르의 우둔함과 서투름 때문에 엠마가 외도를 저지른 것이라기보다는 자신의 격정과 비현실적 몽상의 힘 때문에 엠마는 정착하거나 안주하지 못했다. 샤를르는 엠마의 낭만적 감수성과 내면의 격정을 전혀 이해하지 못하는 인물이었지만 어쩌면 샤를르가 모든 걸 이해했어도 엠마는 그 결혼 안에서 자기 안의 열정과 사랑의 환상을 충족시킬 수 없었을 것이다. 그녀는 결혼생활이 불행해서 외도를 했다기보다는 결혼이라는 제도가 낭만적 사랑의 환상을 증발시켜버리는 것을 견디지 못했으며 사랑에 빠지는 것 이외에는 다른 아무것도 할 수 없는 지리멸렬한 생에서 벗어나고자 더 자극적인 감정으로 탐닉해 들어갔던 것이다. 샤를르는 결혼 생활에는 성실했지만 엠마의 격렬한 감정과는 교감할 수 없었다. 독약을 먹고 죽음을 앞둔 순간, 샤를르와 엠마는 처음으로 마음을 나눈다.

> "당신은 행복하지 않았어? 내 잘못이야? 난 그래도 한다고 했는데!"
> "네…… 맞아요…… 당신은 좋은 사람이에요!"

샤를르가 엠마로부터 최고의 애정고백을 들은 이 순간, 그러나 두 사람은 영원히 헤어지게 된다.

로돌프는 샤를르와 정반대의 인물이다. 그는 불성실하고 무책임하며 비열한 바람둥이다. 엠마는 자기 열정의 길을 찾지 못해 공허했던 터라 그만 로돌프에게 넘어가고 만다. 로돌프는 엠마를 사랑한 것이 아니었다. 그녀의 미모와 기품 있는 자태가 이런 시골에 갇혀 사는 것이 아깝다고 감언이설을 하고 그녀의 낭만적 감수성을 십분 이해하는 척 사랑의 밀어를 늘어놓으면서 그녀를 계획적으로 꾀어낸다. 극적인 사랑을 향해서라면 늘 장전된 욕망을 지니고 있는 엠마는 순진하게 로돌프의 거짓 사랑에 빠져 자신의 모든 것을 건다. 하지만 모든 것을 버리고 로돌프와 사랑의 도피행각을 벌이려던 엠마의 계획은 무산된다. 그저 사랑놀음일 뿐인데 엠마가 마치 목숨이라도 걸듯 저돌적으로 달려들자 로돌프는 번지르르한 말만 남긴 채 도망쳐버린 것이다. 그는 엠마의 순진한 정열과 과잉된 감수성을 견딜 수 없었다. 엠마를 유혹하고 적당한 때 그녀를 떼어버릴 생각까지 하고 있었던 야비한 로돌프는 끝내 엠마의 열정을 농락한 채 그녀를 떠난다.

레옹은 샤를르나 로돌프와 달리 성격의 변화를 보이는 인물이다. 처음 엠마를 만났을 때는 그녀를 마음 깊이 사모하면서도 차마 그녀의 기품과 자신의 도덕성 때문에 마음을 고백하지 못하고 고통 속에 그녀를 떠났다. 엠마만큼이나 순수하고 정열적이었던 레옹은 3년 만에 다시 만났을 때 많이 변해 있었다. 내성적이고 순수했던 성품은 그간의 생활을 통해 많이 닳았으며 다시 만난 엠마에게 거침없이 사랑을 토로했다. 샤를르의 신뢰와 호의를 배신했을 뿐 아니라 엠마가 빌려온 돈으로 함께 쾌락을 누렸다. 하지만 레옹도 곧 엠마를 감당할 수 없게 되었다. 그녀를 소유하는 경이로움도 퇴색하고 그녀가 고귀하고 순결한 자태를 잃고 음탕해져만 가는 것이 두려웠으며 오히려 그녀가 자신의 창창한 미래에 걸림돌이 될까 걱정되기 시작했다. 그리고 이렇게 변해가는 레옹을 바라보면서 엠마는 극적인 사랑이라고 착각해온 이 간통도 결국 결혼 생활의 모든 진부함을 그대로 가지고 있음을 발견하고 탄식한다.

엠마가 로돌프와 레옹과 더불어 사치와 향락을 누리면서 지게 된 어마어마한 빚 때문에 샤를르는 파산하고 엠마는 자살한다. 하지만 로돌프와 레옹은 돈을 빌려주길 청하는 그녀에게 단 한 푼도 건네지 않았을 뿐 아니라 그녀의 비참한 죽음과 전연 무관한 듯 자신들의 일상으로 안전하게 돌아간다. 엠마가 사랑이라 믿고 자신을 던져넣었던 소용돌이는 결국 현실 속의 늪이었을 뿐이며 낭만적 사랑의 환영에 지나지 않았던 것이다.

엠마의 자의식은 어떤 것이었을까

엠마는 처음에는 아름답고 청순하고 우아하며 기품 있고 고귀한 존재였으나 마지막에는 타락하고 무례하고 천박하며 음탕하고 굴욕적인 존재가 되어버렸다. 열정적이고 낭만적이라고 생각했던 엠마의 사랑은 그녀에게 가장 타락하고 부패한 진창이었을 뿐이다.

낭만적 사랑이라는 이름의 연애를 아무리 전전해도 엠마의 욕망은 끝내 충족되지 못했다. 그녀의 욕망은 연애나 불륜으로 충족될 수 없는 그런 것이었는지도 모른다. 엠마의 마음속에서 늘 타오르는 뜨거움은 사랑의 환상과 미성숙한 낭만지상주의에 사로잡혀 삶의 안정과 권태를 견디지 못했다. 엠마는 현실에 기반하지 않은 자신의 몽상과 열정을 현실 속에서 이루려 했기에 실패했고 불행해졌다. 하지만 엠마는 자신을 넘어서는 격렬한 감정을 치르면서도 혼신의 힘을 다해 자신을 가누려 애썼다. 슬픔과 고통을 이기는 경험 끝에 때론 성녀의 모습에 가까워지기도 했으며 무모한 열정을 다스리려 스스로를 연단하기도 했다. 그런데도 어쩔 수 없었다.

엠마는 "맙소사, 내가 왜 결혼을 했던가."라며 자탄하고, "아들을 낳고 싶다. 남자로 태어나면 자유로울 수 있다. 여자는 끊임없이 금지와 마주친다. 욕망에 비해

체면과 법률에 묶여 있다."라며 한탄했다. 엠마를 비롯한 당시 여성들에게는 열정과 욕망을 펼칠 기회가 없었다. 그저 주어진 삶을 일탈해 욕망 충족의 쾌감을 느낄 수 있을 뿐이었다. 시대의 흐름에 유순하게 순종할 수 없는 엠마의 자의식은 비난의 대상이 될 수밖에 없었다. 이는 최근 우리나라 소설 가운데에도 불륜을 다루고 있는 많은 소설들이 사랑과 괴리된 결혼이라는 제도, 지리멸렬한 일상에 대한 저항, 여성의 자의식과 욕망을 기저로 하고 있음과 유사한 것이다. 하지만 불륜이나 외도 혹은 간통이라는 이름의 연애가 늘 여성의 욕망을 온전히 충족시킬 수는 없었다.

수도원의 기숙학교 생활은 오히려 엠마를 파멸로 이끄는 역설적인 공간이 된다. 그곳에서 바깥 세계와 소통할 수 있는 유일한 매개물은 책이었는데 이때 엠마가 만난 책은 1800년대 프랑스 낭만주의 시대의 도서목록이었다. 즉, 엠마는 그곳에서 종교적 가치와 이상적인 삶을 배우면서도 한편으론 달콤한 로맨스 소설들 속의 낭만적 사랑과 환상에 푹 빠졌다. 그리고 결국 그녀의 풍부한 열정과 날카로운 감수성은 더 이상 성장하거나 고양되지 못하고 낭만적 몽상으로만 가득하게 되었던 것이다.

엠마는 마지막에 레옹과의 관계 속에서 "이러한 행복의 저속함에 굴욕을 느끼지

일물일어설
(一物一語說)

플로베르는 하나의 사물을 정확하게 나타내는 단어는 꼭 하나밖에 없으며 문장 하나하나는 모두 독립된 사물이라고 주장했다. 즉, 내용을 표현하는 데 있어서 엄선된 어휘 선택이 지니는 중요성을 강조한 것이다. 『마담 보바리』 역시 인물들의 심리와 정경 묘사, 그리고 일상의 묘사가 매우 탁월하며 소리의 아름다움까지 중시한 어휘의 구사로 정평이 난 소설이다.

만 어쩔 수 없다."고 고백한다. 그녀가 열정을 쏟아부은 이들은 모두 그녀를 배신했으며 열렬한 사랑이라고 믿은 간통은 결혼 생활의 진부함을 반복하는 한낱 환상이었다. 물론 엠마의 자살은 최선책이 아니다. 하지만 그녀의 죽음은 자신의 간통에 대한 정죄이기도 하고, 낭만적 사랑의 좌절이기도 하며, 결코 혼자의 힘으로는 헤어나올 수 없었던 열정에서 벗어나기 위한 몸부림이기도 하다. 따라서 엠마가 죽기 직전 환청처럼 들은 노래는 엠마를 위한 진혼곡이라고 할 수 있을 것이다. "화창한 날의 후끈한 열기에 못 이겨 젊은 아가씨는 사랑을 꿈꾼다네. 낫으로 추수한 이삭들을 부지런히 거두어 모으려고 이삭들 흩어진 밭이랑으로 나의 나네트는 허리를 구부리고 가네. 그날은 바람이 하도 거세게 불어 짧은 치마가 날려서 들춰졌다네!" 어쩌면 엠마는 허황된 불륜에 빠져 죽음에 이르렀다기보다는 열정과 감성을 억누른 채 끝내 자기 파멸로 치달을 수밖에 없었다고 할 수 있을 것이다.

|다|른| |작|품|과| |비|교|하|며| |읽|기|

『소설처럼』 그녀의 연애는 몽상인가 열정인가

　다니엘 페나크의 『소설처럼』은 소설을 즐겁게 읽는 방법을 '소설처럼' 들려주는 흥미로운 책이다. 이 책은 몇몇 사례를 통해 어린아이가 청소년으로 성장하면서 어떻게 소설 읽기와 멀어지고 또 가까워지는가를 보여준다. 그중 한 여학생은 조루즈 페로스라는 교수를 만나 책읽기에 빠져들게 된 이야기를 들려주는데, 다음은 그 일부이다.

　　책을 읽고 싶다는 마음이 들게 하려면, 독서의 향연에 한 번 흠뻑 빠져보도록 하는 것보다 좋은 방법은 없을 것이다. 조루즈 페로스에 대하여, 한 여학생은 또 이런 감동들을 적고 있다.

　　"그분은 책을 읽어주기만 하신 건 아니에요. 우리에게 이야기를 들려주셨지요! 『돈키호테』며 『마담 보바리』까지도요! 비평적 통찰이 요구되는 대작들을, 교수님은 먼저 단순한 이야기로 들려주셨어요. 그분의 이야기를 통해 산초는 살아 있는 뚱보가 되었고, 슬픈 얼굴의 기사 돈키호테는 지독하게 고통스러운 신념으로 가득 찬 깡마른 격다리가 되었어요! 그분이 우리에게 들려준 엠마는 '오래된 서가에 꽂힌 한물 간 책들의 잔영'에만 매달려 타락해가는 어리석은 여인이 아니라, 놀랄 만한 열정을 품고 있는 인물이었어요. 그러면서 우리는 페로스 교수의 목소리를 통해 인간이라는 그 부조리한 모순 덩어리에게 냉소를 던지는 플로베르의 목소리를 들을 수 있었죠."

1. 앞의 글에 제시된 조루즈 페로스의 교수법은 어떤 것인가?

2. 제시문의 끝부분에서 '인간이라는 그 부조리한 모순 덩어리에게 냉소를 던지는 플로베르의 목소리'란 무슨 뜻인가?

■■■ Expression

앞의 글을 읽고 밑줄 친 부분에 대해 어떻게 생각하는지 찬성하거나 반대하는 자신의 주장을 서술하라.

ㅣ철ㅣ학ㅣ으ㅣ로ㅣㅣ명ㅣ작ㅣㅣ이ㅣ해ㅣ하ㅣ기ㅣ

『낭만적 거짓과 소설적 진실』 인간의 욕망은 타자에 의해 매개된다

르네 지라르(Rene Girard)에 의하면 소설의 인물들은 대상을 직접 욕망하는 것이 아니라 타자의 중개를 통해 욕망을 일으킨다. 즉, 욕망의 주체와 욕망의 대상 사이에는 욕망을 매개하는 타자가 숨어 있다는 것이다. 르네 지라르는 인간의 욕망은 자발적인 것이 아니라 타자에 의해 매개되고 촉발되었다고 본다. 가령, 주인공 A가 B를 직접 욕망하는 것이 아니라 C의 욕망에 자극받아 B를 사랑하려는 욕망을 갖는다는 식이다. 물론 여기서 욕망을 매개하는 타자는 실제 인물일 수도 있고 상상 속의 인물일 수도 있다. 자신의 욕망이 모방된 욕망이 아니라 자발적이고 독자적인 욕망이라고 주장하는 것을 르네 지라르는 무의식적 자기기만이라고 보고 이를 '낭만적 거짓'이라 했으며, 이 낭만적 거짓을 드러내고 인간의 모든 욕망은 매개된 욕망이라는 욕망의 비자발성과 허위성을 인정하고 그 실상을 보여주는 진정한 작품을 '소설적 진실'이라고 했다.

■■▶ Question

1. '낭만적 거짓'과 '소설적 진실'이란 무슨 의미인가?

2. 위의 글에 비추어볼 때 엠마 보바리의 욕망은 무엇에 의해 매개되었는가?

■■▶ Expression

『마담 보바리』에서 엠마는 끊임없이 낭만적 사랑을 꿈꾼다. 그러나 낭만적 사랑을 향한 그녀의 욕망은 자발적인 것이라기보다는 십대에 수도원의 기숙학교에서 읽었던 낭만적 환상을 다룬 수많은 책들에서 매개된 것이라고 볼 수 있다. 이를 르네 지라르의 '낭만적 거짓'의 개념으로 설명해보라.

| 영 | 화 | 와 | | 명 | 작 | | 비 | 교 | 하 | 기 |

「델마와 루이스」 남성 지배 사회에 대한 거부

리들리 스콧 감독의 영화 「델마와 루이스」(1991)는 두 여성의 며칠간의 여정을 담은 로드무비다. 델마는 전형적인 가부장적인 남편으로부터 벗어나고 루이스는 웨이트리스로 일하는 답답한 식당으로부터 해방되어 여행을 떠난다. 이 여행은 그녀들의 생에서 가

장 짧지만 가장 강렬하게 인생의 의미를 되새기게 한 충격적인 시간이 된다. 그들은 여행을 하면서 비로소 자신들의 정체성을 자각하고 자신의 욕망에 귀 기울이게 된다. 그리고 짧은 여행 동안 가정, 남편과 애인, 강간, 살인, 성적 욕망, 강도, 성희롱 등의 사건들을 겪으면서 이 사회가 얼마나 남성중심적인 이데올로기와 폭력으로 무장되어 있는지를 뼈저리게 실감한다. 사막의 황량한 길 위에서, 깊고 웅장한 자연의 위엄 앞에서, 그녀들은 모처럼 자신의 심장박동을 느끼며 깊은 숨을 쉰다. 그래서 경찰의 포위망이 그들을 위협해왔을 때, 그들은 뒤돌아서서 남성지배의 굴레 속으로 다시 돌아갈 것을 거부한다. 델마와 루이스는 손을 꼭 잡고 그랜드캐니언의 절벽을 향해 힘껏 액셀러레이터를 밟는다.

■■■ Question

1. 이 영화의 시나리오 작가는 "절친한 두 여자로 하여금 그들이 소유한 것과 그들이 소유할 수 있는 것 사이에서 선택을 하도록 몰아가는 일이 어떤 것이 있을까?"라는 생각에서 출발했다고 한다. '그들이 소유한 것과 그들이 소유할 수 있는 것 사이의 선택' 이란 무슨 뜻일까?

2. 엠마 보바리의 최후와 델마와 루이스의 죽음을 비교해보자.

■■■ Expression

다음 주어진 문장을 예시의 방법으로 한 문단의 글로 완성하라.

남성중심적인 사회에서 여성은 자신의 진정한 자아와 욕망을 자각하기 어렵다. 따라서 그녀들의 죽음이 꼭 패배가 아닌 것은 일종의 항거이자 저항이기 때문이다. 예를 들어,

여성은 자신의 욕망을 모성이나 사랑의 이름으로 억압하며 사회에 순응하지만, 때로는 사회적 금제에 저항하며 불륜이나 일탈의 양상을 드러내기도 한다. 『마담 보바리』의 엠마 보바리의 심리를 다음 시에 드러나는 여성의 심리와 대비하며 서술하라.

나는 엄마다
딸이 나를 엄마라고 부르고
내가 또 새끼를 근엄하게 훈계하고
먹여서 기르니
나는 엄마다
엄마이기 때문에
나는 엄마 행세를 한다
그건 안 돼!
하지 마!
때릴 거야!

그전엔 난 엄마가 아니었다
어렴풋한 기억 저편
나에게도 엄마가 있었다
두 눈이 전 우주를 향해 열려 있고

손가락들이 해왕성 명왕성을 꼬집고 놀 때

나에게도 엄마가 있었다

나의 엄마도 나에게 엄마 행세를 했다

별 떨어질라 푸르른 창공 아래엔

지붕을 덮고

바람 불라 넓은 벌판 한 가운데

벽을 세우는

엄마가 있었다

엄마는 늘 말씀하셨다

시야를 좁게 가져라

저 까만 우물을 향해 투신하라

영혼을 아무데나 흘리고 다녀선 안 된다

그래서 나도 엄마가 될 수밖에 없었다

어린 자신의 시야엔 칼을 지르고

널푸른 영혼에 금을 긋고

우물을 파는

자못 교훈적인 엄마가 되었다

_김혜순, 「엄마」

송편을 찌다가

떡 반죽을 두 손으로 마구

짓뭉개고

침을 탁 뱉고

마구 내던지고 싶다가도

쟁반 위엔

형형색색의 가지런한 송편

술을 따르다가

술잔을 내던지고

깨뜨리고

깨어진 술병을 들고

마구 찌르고, 뚝뚝 듣는

선혈을 보고 싶다가도

약간 떨며 술잔 모서리에

찰랑 알맞게

언제나 고요한 시선, 고요한 수면

하늘 한번 쳐다보고 한숨 한번 쉬고

불을 지피다가

불붙은 장작을

초가삼간 지붕 위로 내던지며

나와라 이 도둑놈들아

옷고름을 갈가리 찢고

두 폭 치마 벗어던지며

용천 발광하고 싶다가도

문풍지가 한밤내 바르르 떨고

하이얀 식탁보는 눈처럼 짜여지고

　　　　_김혜순, 「레이스 짜는 여자」

심청은 제도의 희생양인가 여성영웅인가

『심청전(沈淸傳)』

새롭게 부활하는 효녀 심청

효(孝)도 좋지만 제 몸을 던지다니? 폭력적인 가부장제의 희생물이야!

'나', '개인', '주체'라는 말들이 그 무엇보다도 중요시되는 사회에서 심청은 낯선 인물임에 틀림없다. '나는 세상의 중심'이라는 근대정신은 신(神)은 물론이고 가족이나 타자(他者)로부터 완전히 분리된 절대적인 개인을 탄생시켰다. 자기 권리를 합리적으로 주장하는 개인들은 '인간 심청'이 아닌 '효녀 심청'으로만 존재하는 어린 소녀의 희생 이야기에 선뜻 고개를 끄덕일 수 없다. 숭고한 희생정신보다는 딸의 희생을 강요하는 구시대적 이데올로기의 그림자를 먼저 느끼기 때문이다.

하지만 무능한 아버지를 위해 죽음을 선택하는 소녀의 비장한 태도나, 그녀의 희생 덕분에 세상 모든 맹인들은 물론 짐승들까지도 눈을 뜨는 행복한 판타지는 또 다른 차원에서 깊은 감동을 준다. 냉철한 이성으로 무장한 현대인에게는 결핍되어버린 뜨거운 에너지가 심청이라는 가녀린 소녀에게서 발산되어 나온다. 고난을 극복하며 세상을 바꾸어나가는 여성 영웅의 품격까지도 느껴진다. 가족마저도 해체되어 가는 이 시대에 심청전이 꿈꾸는 '가족애'나 '사랑의 방법'은 함부로 배척할 수 없는 강력한 힘을 발휘하고 있다.

한국 고전 소설 중에서도 가장 널리 사랑받아온 『심청전』은 '효녀 지은'이나 '거타지 설화'와 같은 옛이야기들이 모티프가 되어 형성된 이야기이다. 구비전승되다가 판소리로 채택되었으며 17세기 이후에 소설로 정착되었다. 스토리가 극적이고 중국과 조선, 지상과 용궁을 오가는 작품의 배경 또한 다채로워서 읽는 재미가 톡톡하다. 작자 미상의 구전소설이라서 여러 형태의 다른 판본이 있다. 이해조가 『강상련』이라는 신소설로 개작했는가 하면 채만식은 『심봉사』라는 비극적인 희곡으로 각색을 하는 등, 현재까지도 많은 작가들이 개작과 차용을 계속해왔다. 최근에는 심청이란 인물을 완전히 재해석한 연극과 소설이 발표되었고, 심청을 운명을 개척하는 도전적 여성으로 그린 만화 영화도 만들어져 화제가 되었다.

효녀 심청의 이야기가 오늘날까지 계속 이어지는 이유는 도대체 무엇일까? 『심청전』은 화석이 되어버린 죽은 고전이 아니고, 현재적 관점에서 다시 생각하고 재창조할 문제 거리를 그만큼 많이 갖고 있기 때문일 것이다.

심청은 가부장제의 희생양이었을까? 아니면 자기 운명에 맞서 진지한 선택을 해나간 여성 영웅이었을까? 21세기의 우리에게 심청은 어떤 이야기를 건네고 있는지 생각해보자.

■■■ 작품 이해를 위한 질문

1. 심봉사는 어떤 성격의 인물인가?

2. 심청은 왜 장승상댁 부인의 수양딸 제의를 거절했을까?

3. 공양미를 구할 다른 방법은 없었을까? 몸을 팔기로 한 것은 현명한 선택일까?

4. 뺑덕어미가 이 소설에서 하는 역할은 무엇일까?

5. 심봉사만 눈을 뜬 것이 아니고 온 세상 맹인들이 모두 눈을 뜬다는 것은 어떤 의미일까?

>> 심청전

심청이 고운 거동 보아라

송나라 때 황주 도화동에 한 소경이 살았는데 성은 심이요 이름은 학규였다. 명문 거족(巨族)의 자손이었으나, 집안이 기울고 눈마저 멀어 불행한 처지였다. 하지만 현명하고 정숙한 아내 곽씨 부인이 갖은 품을 팔아 살림을 꾸리니 가난 속에서도 화목하고 행복했다. 선녀가 품으로 뛰어드는 태몽을 꾸고 곽씨 부인이 어여쁜 딸을 낳으니 이름을 청이라 했다. 부인은 청이를 낳은 지 이레 만에 병을 얻어 저 세상으로 가버리고 심봉사는 동냥젖으로 청이를 키웠다. 심청은 고운 용모에 더 고운 마음씨를 가진 아이로 어릴 적부터 효성이 남달랐다. 예닐곱이 되면서 부친을 수발하고, 모친 제사를 잘 지내니 칭찬 않는 사람이 없다.

심청이 거동 보아라.

밥 빌러 나갈 적 / 깃도 없는 헌 저고리에

헌 치마 둘러 입고 / 목만 남은 버선에다

바가지 옆에 끼고 / 옆 걸음쳐 나갈 때에

먼 산에는 해 비치고 / 건넛마을 연기일고

주적주적 걸어가서 / 부엌문에 다달으며

가련하게 비는 말이 / 우리 모친 나를 낳고

초칠일 만에 죽은 후에 / 우리 부친 나를 안고

동냥젖을 얻어 먹여 / 요만큼이나 자랐으되

앞 어두운 우리 부친 / 구할 길이 전혀 없어

밥을 빌러 왔아오니 / 십시일반 주옵시면

추운 방에 우리 부친 / 구완을 하겄내다

듣고 보는 부인들이 / 뉘 아니 슬퍼하리

그릇 밥 김치 장을 / 아끼지 않고 후히 주네

샛별 같은 눈을 감고, 치맛자락 무릅쓰고

심청은 조신하고 고운 처녀로 자라났다. 바느질 솜씨가 빼어나 삯바느질로 아버지를 봉양했다. 청이를 칭찬하고 흠모하는 소리가 멀리까지 자자했다. 15살이 되었을 때 장승상 댁 마님에게서 전갈이 왔다. 심청은 부친저녁을 준비해놓고, 하녀를 따라 길을 나섰다. 고래 등 같은 집에서 반백이 넘는 부인이 청이를 반갑게 맞는다. 승상 부인은 한눈에 심청을 사랑하는 마음이 일어 수양딸이 돼줄 것을 소망한다. 심청은 자신의 처지를 고하고 죽는 날까지 아버지를 모시려는 마음을 아뢰었다. 승상 부인은 감복하여 더 청하지 않고 후한 상을 내리며 후일을 기약했다.

빈방에서 청이를 기다리던 심봉사는 걱정이 되어 밖으로 나섰다가, 발을 잘못 디뎌 개천에 떨어지고 만다. 그러나 날도 어두워지고 사람의 자취도 뚝 끊어져서 누구 하나 건져줄 이가 없었다. 그때 마침 몽운사 화주승이 시주를 받아 돌아가는 길에 비명 소리를 듣고 달려왔다. 심봉사를 구해준 화주승은 그의 처지가 딱해 보여, 공양미 삼백 석을 부처님 전에 올리고 빌면 눈을 뜰 수 있다고 귀띔해준다. 심봉사는 눈뜬다는 말에 자기 처지는 잊고 덜컥 약속을 해놓고, 깊은 시름에 빠진다.

아버지의 고민을 안 청이는 공양미 삼백 석을 구할 방법을 찾는다. 이때 남경상인들이 바다를 무사히 건너기 위해서 인당수에 제물로 바칠 처녀를 찾는다는 말을 듣고는 몸을 팔기로 결심한다. 떠나는 날 아침에서야 사실을 알게 된 심봉사는 대성 통곡을 하고, 심청은 아버지의 개명을 기원하며 눈물의 이별을 한다. 남경상인들은 공양미 삼백 석 이외에도 심봉사가 먹고 살 수 있을 만큼의 재물을 주고 청이를 데리고 뱃길을 떠난다.

끝없는 바다를 며칠간 순조롭게 항해하고 있었는데 어느 날 갑자기 미친 듯한 큰 바람이 일어났다. 그곳이 바로 인당수였다. 큰 바다 한가운데 배는 순식간에 노를 잃고 닻도 끊어지고 키도 빠지고, 온천지가 어둑어둑해진다. 뱃사람들은 속히 제물을 바칠 준비를 한다. 북이 둥둥 울리고 심청이 휘적휘적 뱃전에 오른다.

> 아이고 아버지 / 청이 이제 죽사오니
> 아버지는 눈을 떠서 / 대명천지 다시 보고
> 행복하게 사옵소서 / 여보시오 선인님네
> 억만금을 버시어서 / 본국으로 가실 때에
> 도화동에 들리어서 / 우리 부친 위로하소
> 심청이 거동 봐라 / 샛별 같은 눈을 감고
> 치맛자락 무릅쓰고 / 이리 비틀 저리 비틀
> 뱃전으로 우르르 / 큰 파도에 갈매기처럼
> 물에다가 풍, 빠져들어 / 거센 물결에 잠겨드니
> 사공도 울고 모두 울며 / 어기야어야 떠나더라

강선화(降仙花) 벌어지며 선녀가 걸어 나오는데

이 모든 것을 지켜보던 옥황상제는 바다의 각 왕들에게 명을 내려 심청을 용왕이 사는 수정궁으로 모셨다가 곱게 단장해 세상으로 돌려보내라 한다. 심청이 바다에 뛰어들자 선녀들이며 수군의 백관들이 다투어 청이를 모셔 가마에 태운다. 수정궁으로 들어가니 인간세상과 완전히 다른 별세계가 펼쳐져 있다. 청이는 아름답기 그지없는 수정궁에서 며칠을 지내며 옥황상제의 특별한 배려로 광한전의 옥진 부인이 되어 있는 어머니와도 해후한다.

옥황상제의 명으로 용왕은 큰 꽃송이에 심청을 태우고 두 시녀로 하여금 보필하게 하여 인간세상으로 돌려보낸다. 남경상인들이 억만금을 벌어 고국으로 돌아가다가 인당수에 다다라 심청의 넋을 위로하는데, 마침 바다 가운데 아름다운 꽃송이가 두둥실 떠 있다. 심소저의 영혼인가 싶어 꽃을 건져 고이 간직했다가, 송나라 천자가 귀한 꽃을 구한다는 말을 듣고 천자께 올린다. 천자가 이를 받아 대궐 꽃밭에 두니, 향기가 신비롭고 상서로운 기운이 가득했다. 강선화라 이름 짓고 특별히 아끼시는데 어느 날 봉오리가 움직이더니 조심스레 벌어졌다. 가까이 가서보니 눈부시게 아름다운 처녀를 두 시녀가 보필하고 있었다. 사정을 전해들은 천자는 옥황상제께서 인연을 보내심을 깨닫고 심소저를 황후로 봉하여 혼인을 올린다.

심황후의 높은 덕이 온 나라에 미치어 해마다 풍년이 들고 태평성대가 펼쳐지는데, 심황후는 더 바랄 것이 없으나 오로지 한 가지, 아버지 생각에 근심이 끊이지 않았다.

가을 달은 뜰에 가득하야 / 산호주렴 비쳐들 때

청천의 외기러기는 / 뚜루길룩 울고 가니

심황후 반기어서 / 오느냐 저 기럭아

도화동에 가거들랑 / 불쌍한 우리 부친

편지 한 장 전하거라 / 편지를 쓰랴할 때

한 자 쓰고 눈물 짓고 / 두 자 쓰고 한숨 쉬니

눈물에 먹이 번지고 / 말은 자꾸 뒤섞이네

편지 들고 나가보니 / 기러기는 간 곳 없고

창망한 구름밖에 / 별과 달만 밝았구나

심황후의 근심을 알게 된 천자는 도화동에 사람을 보냈으나 심봉사는 이미 그곳을 떠났다는 기별이 온다. 심황후 지혜를 내어 맹인잔치 열기를 청하니, 즉시 각처에 전령이 가서 세상 모든 맹인은 잔치에 참여하라는 어명이 내리더라.

아이고, 아버지 여태 눈을 못 뜨셨소

심청을 잃은 후 심봉사는 딸을 그리워하며 모진 목숨을 이어갔다. 남경상인들이 주고 간 재물을 동네사람들이 잘 관리해주어서 살림은 해마다 늘어갔다. 이웃 마을에 행실이 불량하고 서방질만 일삼는 뺑덕이네라는 여자가 있었는데, 심봉사 재산을 넘보고는 자청해 첩으로 들어앉았다. 심봉사가 새 여자 맛에 푹 빠져 지내는 동안, 뺑덕어미는 집안 살림을 거덜 내고 동네 웃음거리가 되게 생겼다. 이에 심봉사는 기박한 신세를 탓하며, 남은 살림을 챙겨 정처 없이 길을 떠난다. 이리저리 헤매는 중에 황성에서 맹인잔치를 연다는 말을 듣고 황성길을 재촉하는데, 도중에 뺑덕어미는 황봉사라는 반소경과 눈이 맞아 달아나버린다. 하릴없이 앉았다가 다시 길을 나서는데 잠깐 먹을 감다가 봇짐까지 잃어버리게 되어 오도가도 못하고 소리 내어 통곡한다. 겨우겨우 어찌해서 성 안에 당도했는데 안봉사라는 처녀가 심봉사를 부른다. 꿈에서 배필을 점지해주어 심봉사가 올 줄 알고 기다리고 있었다는 것이다. 서로 처지를 위로하며 그날 밤 인연을 맺고 다음날 맹인잔치에 나간다. 심황후는 여러 날째, 맹인 명부를 보았지만 아버지를 찾을 수 없어 깊이 탄식을 하고 있는데, 저쪽에서 심봉사가 한탄하는 소리를 듣는다.

심황후 이말 듣고 / 산호주렴 걷어버리고

버선발로 우르르르, / 부친의 목을 안고

아이고 아버지 / 심봉사 깜짝 놀라

아니 아버지라니 / 뉘가 날더러 아버지여

나는 아들도 없고 / 딸도 없소

무남독녀 외딸 하나 / 물에 빠져 죽은 지가

이제 삼 년인디 / 누가 날더러 아버지여

아이고 아버지 / 아직도 눈을 못 뜨셨소

인당수 풍랑 중에 / 빠져 죽은 청이가 살아왔소

어서어서 눈을 떠서 / 저를 급히 보옵소서

심봉사 이말 듣더니 / 어쩔 줄을 모르면서

아니 청이라니 / 에잉 이것이 웬 말이니

내가 지금 꿈을 꾸나 / 죽은 청이가 살아오다니

내 딸이면 어디보자 / 내 딸 보자 답답해라

두 눈을 끔쩍하더니 / 눈을 번쩍 떴구나

이게 모두 부처님 도술이렷다. 심봉사 눈을 뜨는 바람에 여러 봉사들이 모두 따라 눈을 뜨는데,

모든 맹인 눈을 뜬다

까치새끼 밥먹이듯 / 짝짝쩍쩍 희번덕 희번덕

잔치 끝난 맹인들은 / 제 집에서 눈을 뜨고

오고 있는 맹인들은 / 길 위에서 눈을 뜨고

서서 뜨고 앉아서 뜨고 / 실없이 뜨고 어이없이 뜨고

울다 뜨고 웃다 뜨고 / 떠보느라 뜨고 시원히 뜨고

자다 깨다 뜨고 / 졸다 번뜻 뜨고

나는 새 기는 짐승까지 / 일시에 눈을 떠서

광명천지가 되었구나

　　대궐 안은 기쁨이 넘치고 심황후는 아버지와 회포를 나누었다. 천자는 심학규를 부원군에 안씨를 정렬부인에 봉하고, 장승상 부인과 도화동 사람들에게도 큰 상을 내렸다. 뺑덕어미는 죄를 물어 극형에 처하고 황봉사는 귀향을 보냈다. 그 후 황후와 정렬부인은 같은 해 같은 달에 아들을 낳았다. 두 아이는 장성하여 한날 한시에 각각 배필을 맞아 혼인을 하였고, 심학규의 아들 태동은 품계를 받아 태자를 보필하게 된다. 심학규 팔십이 되어 세상을 버리니, 황후는 삼년상으로 효를 다했다. 세상 사람들아! 인간의 백행 근본은 충효밖에 더 있을까. 기쁨이 다하면 슬픔이 오고 고생 끝에 낙이 오니 심황후의 어진 이름 길이길이 전해지리.

>> 심청의 희생을 어떻게 이해해야 할까

심청은 희생양인가

『심청전』에는 몰락한 양반인 심학규를 위시하여, 선량한 마을 사람들, 장승상댁 마님, 화주승, 남경상인, 뺑덕어미 등 많은 인물이 등장하여 조선후기를 살아가던 사람들의 정서와 세계관, 그리고 일상의 장면들을 생생하게 보여준다. 위의 명작 읽기는 내용이 가장 풍부한 완판본(完板, 전북 전주에서 만든 판본)을 바탕으로 하고, 읽는 재미를 위해서 판소리 사설을 첨가하여 구성한 것이다.

『심청전』을 내용상 크게 두 부분으로 나누어본다면 전반부의 끝은 어디일까? 바로 심청이 인당수에 몸을 던지는 장면일 것이다. 심청은 온갖 고생을 하며 아버지를 봉양하다 급기야는 자기 몸을 상인들에게 팔아 죽음에 이르게 되는 것은 가난한 소녀 가장이 겪어야 하는 힘겨운 현실이다. 그에 비해 환생을 하여 행복한 결말을 맞는 것은 현실에서 이루기 힘든 꿈을 한바탕 풀어보는 판타지에 해당한다.

소설의 구성이 왜 이렇게 이분되어 있을까? 현실은 아버지를 중심으로 한 가부장적(家父長的) 가족 이데올로기가 철저하게 작용하는 곳이며, 돈이라면 목숨까지도 사고 팔 수 있는 살벌하고 몰인정한 곳이다. 여기에서 어린 소녀가 겪는 일들은 당대의 삶을 사실적으로 보여주며 동시에 사회적 모순을 고발하는 역할을 한다. 하지만 판타지의 세계에서는 모든 문제가 일시에 해결된다. 심청은 살아나 황후가 됨으로써 선행에 걸맞은 보상을 받게 되며, 현실 세계가 만든 상처는 세상 모든 맹인들이 눈을 뜨는 재생과 부활의 잔치에서 깨끗하게 치유된다. 한쪽으로는 현실의 아픔을 드러내고, 한쪽으로는 그 아픔을 위로받는 모순적인 일이 한 소설 안에서

「심청전」에 나오는 유일한 악녀. 「용부가」 같은 가사(歌辭)를 위시하여 여러 문학작품에서 악녀의 대표자로서 그 이미지가 반복적으로 나온다. 뺑덕어미는 못생긴데다가 음탕하며 게으르고 먹고 마시는 것만 좋아한다. 순종적이고 헌신적인 곽씨(심청의 생모)나 심청과는 완전히 반대되는 인물이다. 그녀는 결국 여필종부(女必從夫)라는 규율을 깨고 다른 남자와 야반도주를 한다. 가부장적 질서체계에서 볼 때는 그야말로 비도덕적인 악인이다. 주인공의 선행을 역으로 강조한다는 점에서는 「흥부전」의 놀부나 「춘향전」의 월매와 유사하지만, 지배질서를 완전히 조롱하고 질서에서 일탈해간다는 점에서는 훨씬 개성적인 인물이며, 다양한 해석이 필요한 문제적 인물이다.

동시에 일어나고 있다.

이와 같이 현실을 반영하는 사실주의적인 고발정신과 낭만적이고 아름다운 꿈이 함께 있다 보니, 어느 쪽에 중심을 두고 보느냐에 따라서 『심청전』에 대한 평가도 달라진다.

심청의 죽음에 초점을 두고 본문을 다시 보자. 심청은 태어나자마자 어머니를 여의고 동냥젖으로 자란다. 심봉사는 딸을 사랑하는 마음은 극진하지만, 무능하고 이기적이며 지나치게 감정적이다. 그래서 덜컥 시주를 약속해버린다든가, 뺑덕어미에게 빠져서 딸 목숨으로 얻은 재산을 탕진해버리기도 한다. 행실이 불량한 뺑덕어미가 악역의 대표 주자로 등장하기는 하지만 전체 이야기에서 뺑덕어미의 역할은 소소하며, 실제로 사건을 일으키고 심청을 중대한 선택으로 내모는 사람은 늘 아버지 심봉사이다. 어린 딸에게 돌이킬 수 없는 책임을 지워버린 아버지의 행동은 무책임하다못해 폭력적이기까지 하다.

그래서 심청을 효녀의 화신으로 추앙해온 그간의 분위기에도 많은 변화가 있는 듯하다. 오히려 어린 딸을 죽음으로까지 내몬 현실을 문제 삼아, 효란 이름으로

미화된 가부장적 이데올로기의 폭력성을 비판하며 심청을 희생양으로 보자는 목소리가 높다. 이런 관점에서 보자면 심청은 가부장 이데올로기와 돈의 힘이라는 이중적 폭력에 의해 희생당한 것이다. 소녀의 죽음은 조선 후기 사회구조의 모순이 상징적으로 집약된 '사회적 죽음'이라고 할 수 있다.

그런데 심청을 사회적 희생양으로 이해할 때, 사회적 모순은 명료하게 드러나지만, 심청의 희생이 만들어내는 감동적인 판타지의 세계는 빛을 잃게 된다. 그녀는 효를 위해서 제 몸을 던진 희생양인 것도 사실이지만, 동시에 힘겨운 운명에 대응하여 진지한 선택을 해나간 뜨겁고 아름다운 인간이기도 했다. 심청을 현대적 가치관으로 재단하기에 앞서, 그녀가 보여주는 정신적 가치와 인간적인 아름다움을 음미하는 것도 필요할 것이다.

심청의 '선택'을 어떻게 보아야 할까

한국적 사고방식의 중심에는 '가족'이 있다. 혈연으로 이어진 가족은 생물학적인 울타리이면서 동시에 모든 가치관을 만드는 기본틀이 된다. 같은 유교문화권일지라도 한국만큼 가족 중심적인 사고가 강한 나라는 찾아보기 힘들다. '나'는 '나'이기 이전에 가족의 일원이며, 삶의 행복이나 가치는 가족을 기준으로 이해된다. '나'보다는 '우리'라는 말에 익숙하고, 제사를 통해 죽은 이까지도 포함하여 가족의 유대를 소중히 지키고자 하는 것이 우리의 전통적인 삶의 방식인 것이다. 이런 가족 중심의 사회에서 인간이란 철저하게 타인들과의 관계 속에서 자신의 존재가치를 확인한다. 삼강오륜(三綱五倫)은 자기 성취보다는 '타인과 어떻게 관계할 것인가'가 도덕적 삶의 기본이라고 가르친다. 임금, 부모, 형제, 부부, 친구에게 인간의 도리를 다함으로써 비로소 인간의 행복이 실현될 수 있다고 역설한다.

심청은 이런 세계관 속에서 탄생한 인물이다. 개인의 절대적인 존엄성을 강조하는 근대적 사유체계에서는 심청이 이데올로기에 희생된 제물일 수 있지만, 심청의 선택과 행동을 그 시대의 감수성과 세계관 속에서 이해해볼 때는 조금 다른 해석이 나올 수 있다. 효는 어린 소녀에게 막무가내로 부과된 무거운 짐이기만 했을까? 부위자강(父爲子綱, 아들은 아버지를 섬기는 것이 근본임)을 삶의 원리로 삼았던 평범하고도 착한 사람들에게 인간으로서의 도리를 다하고, 자기 가치를 확인하는 길은 역시 효행이 아니었을까? 그렇다면 심청의 죽음이 비극적이기는 하지만, 스스로의 삶을 실현하기 위한 실존적인 선택이었다고 볼 수는 없을까?

심청은 살아가기 위해서 그때그때 선택을 한다. 어릴 때는 동냥을 했고, 철이 들면서부터는 삯바느질로 생계를 이어나갔고, 아버지의 개명을 위해서는 목숨을 내놓는다. 황후가 된 뒤에는 맹인잔치를 제안하여 아버지를 찾아낸다. 효의 가치를 마음에 품고, 자신의 자리에서 할 수 있는 최선의 헌신을 한 것이다. 남경상인에게

삼강오륜(三綱五倫)

사람이 지켜야 할 3가지 강령과 5가지 실천 덕목으로 유교의 가장 기본이 되는 가치이다. 유가는 전통적으로 개인과 타자와의 관계를 중요시했는데, 삼강은 군신, 부자, 부부의 세 가지 인간관계에 대한 강령이다. 임금과 신하를 하늘과 땅에, 남편과 아내를 양과 음에, 아버지와 아들을 봄과 여름에 비유하여 후자가 전자에 종속되는 상하질서를 내포하고 있다. 오륜은 삼강을 바탕으로 한 윤리의 구체적 실천방법이라 할 수 있다. 세종 16년(1434)에는 『삼강행실도(三綱行實圖)』가 간행되어 백성들에게 효(孝), 충(忠), 열(烈)의 정신을 적극적으로 교육하고자 했으며, 이후 『속삼강행실도(續三綱行實圖)』 『동국신속삼강행실도(東國新續三綱行實圖)』 등이 계속 간행되었다. 삼강은 군위신강(君爲臣綱) 부위자강(父爲子綱) 부위부강(夫爲婦綱), 오륜은 군신유의(君臣有義) 부자유친(父子有親) 부부유별(夫婦有別) 장유유서(長幼有序) 붕우유신(朋友有信)을 이른다.

목숨을 팔기로 하면서 심청은 무슨 생각을 했을까? 어린 시절부터 효행을 다해온 심청에게 죽음은 곧 효를 완성하는 일이며, 인간으로서의 자기 가치를 실현하는 마지막 선택이었을 것이다. 무능하고 이기적인 아버지가 어린 소녀를 사지로 떠밀었다는 현실적인 상황은 분명히 존재했으나, 여기에는 끝까지 자신의 가치를 포기하지 않는 심청의 도덕적인 판단이나 의지가 분명히 작용하고 있었다.

가족 중심의 이데올로기 속에서는 개인의 존엄성보다 가족 구성원으로서의 도리가 더 중요한 가치가 되며, 자신의 도덕적 신념을 실천할 때 비로소 인간은 자기 존재 의의를 확인한다. 심청은 고단한 삶을 견뎌야 했고 비극적 선택을 해야 했다. 인당수에 몸을 던지는 심청의 마음에는 젊은 목숨을 끊어야 하는 안타까움과 동시에, 죽음으로 도덕적 신념을 완수하겠다는 고귀하고 당당한 자부심도 있었을 것이다. 심청의 죽음은 그런 의미에서 가치 있고 아름다운 것이다. 그녀의 선택을 수동적인 희생으로만 몰고 가는 것은, 심청에게 이번에는 '개인'이라는 또 다른 이데올로기의 굴레를 덧씌우는 것과 같다.

개인이나 주체의 개념으로는 재단할 수 없는 정신세계가 우리 전통사회에는 존재했다. 자유롭고 독립적인 자아정신은 근대 과학문명을 선도했다. 그러나 그 대가로 가족이나 공동체를 위한 헌신이라는 도덕적 가치나 엄격한 자기수행의 자세를 잃어버렸다. 효를 위해 자신의 모든 것을 바칠 수 있는 정신, 극기와 절제로 도덕적 신념을 지켜내고자 하는 투지는 누구나 할 수 있는 것은 아니지만 누구나 지향해야 할 인간성의 고귀한 목표가 아닐까?

잃어버린 인간성의 시원(始原)으로 우리를 인도하는 어린 영웅

오랜 세월 동안 구비전승되어온 고전소설에는 많은 사람들의 눈물과 꿈이 쌓여 있다. 따라서 오늘의 눈으로 과거를 분석하고, 조상들의 삶의 방식을 비판해보는 것도 중요하지만, 그들의 눈으로 오늘의 사회와 나를 성찰해보는 것 또한 중요하다.

어린 딸에게 효의 길을 가혹하게 강요하는 사회 구조 안에서도, 심청은 따뜻한 인간성과 고귀한 품위를 잃지 않고 결국은 승리자가 된다. 『심청전』의 클라이맥스는 두말할 것도 없이 맹인잔치에서 눈 뜨는 장면이다. 암행어사가 변학도를 때려잡는 『춘향전』의 클라이맥스도 통쾌한 명장면이지만, 이 눈 뜨는 장면과 비교하기는 어렵다. 여기에는 여타의 고전 소설들과는 전혀 다른 차원의 심오한 상징이 깃들어 있다.

가엾은 어린 소녀는 부활하여 온 세상 맹인을 위한 잔치를 연다. 맹인잔치의 장면을 상상해보자. 앞 못 보는 사람들이 더듬거리며 각지에서 몰려든다. 풍악이 울리고 산해진미가 가득한 잔칫상에서 좋은 냄새가 진동한다. 난생처음으로 주인공이 되어 잔치를 벌이는 사람들의 흥분과 열기가 느껴지는 듯하다. 그리고 다음 순간 이들의 가장 간절한 소망이 이루어진다. "아이고 아버지 아직도 눈을 못 뜨셨소."라는 심황후의 절규에 심학규의 눈이 번쩍 뜨이고, 그 소리에 온 세상 맹인들이 차례차례 눈을 뜬다. 반소경 청맹과니까지도 모조리 눈을 뜬다. 어두움의 장막이 열리며 세상이 밝아진다. 광명(光明)의 에너지는 궁궐을 넘어 세상으로 퍼져나가 산천초목 짐승들까지도 밝게 비춘다. 맹인잔치장은 심청의 개인적 원망을 푸는 곳이고 소외된 이들의 꿈이 이루어지는 곳이기도 하며, 더 나아가서는 비정한 세상이 새롭게 눈 뜨는 천지개벽의 장소이기도 하다.

심청은 도대체 누구인가? 맹인잔치 장면을 다시 읽으면서 문득 되묻게 된다. 심청의 효심은 가족의 울타리를 훌쩍 넘어 온 세상을 감싸 안는다. 그녀의 희생정신과 고결한 인간성은 눈 감은 세상을 열어젖히고 있지 않은가. 이런 순간의 심청은 마치 생명을 길러내고 치유하는 신화 속의 여성신(女性神)으로도 느껴지고, 고난을 극복하고 세상을 위해 큰 승리를 얻어내는 여성 영웅으로도 보인다. 그러므로 심청의 효심은 사회 구조가 만든 이데올로기의 차원을 훨씬 뛰어넘는 더욱더 깊은 인간 정신의 순수한 원형에 닿아 있다.

『심청전』과 같은 효녀 이야기는 이제 조상이 물려준 녹이 낀 낡은 구리거울일지도 모른다. 고전의 이야기들은 열심히 닦지 않으면 녹만 묻어날 뿐인 무용지물, 그래서 찬찬히 들여다보기도 전에 이미 이용 불능이라는 결론이 나와버리는 그런 유물이 되어가고 있다. 하지만 거울을 잘 들여다보면 주어진 삶의 환경에서 진지하게 운명에 대응했던 이들의 모습과 또 다른 세계에서 길을 찾고 있는 나의 모습이 함께 비추어진다. 앞서 살았던 사람들의 선택은 연쇄적인 구조 속에서 역사를 이루고, 나의 삶의 바탕이 된다.

인간관계가 와해되고 가족조차 해체되어 고독한 개인들이 살아가는 오늘날, 『심청전』은 나를 비추어주는 낡은 구리거울이 되어준다. 그 안에 있는 희생과 화해와 상생의 메시지를 찾아내고, 그것을 보편적인 삶의 가치로 다듬어내는 일이야말로 현실을 치유하는 행복한 판타지를 만들 수 있는 출발점이 될 것이다.

가부장제(家父長制)

아버지가 한 집안의 중심이 되는 권력구조를 지칭하는 말이다. 최고 연장자인 남성이 한 집안에서 절대적 주권자로 군림하면서 자녀, 배우자, 노예 등의 다른 구성원을 지배하며, 상속에 의해서 가부장적 권력은 승계된다. 사회·경제사적으로는 농업이 시작되며 노동을 통제하고 생산물을 관리하는 과정에서 확립되었다. 현대에는 일반적으로 가족뿐만이 아니고, 사회 전반에 걸쳐 여성의 성, 출산, 노동 등을 억압하는 남성적 지배구조를 뜻한다.

「배꼽을 위한 연가 5」 자기 삶은 스스로 헤쳐 나가는 것

　『심청전』을 여성학적 입장에서 보는 관점들은 심청의 희생에 초점을 맞추어 여성을 억압했던 가부장적 이데올로기의 문제를 지적한다. 특히 후반부의 판타지 부분에 대해 환상을 통해서 이루어질 수 없는 꿈을 대리충족하게 하는 것은 오히려 지배 이데올로기를 강화할 뿐이라고 비판한다.

　다음은 김승희 시인의 연작시 중의 한 편인데 색다른 심청이 등장한다. 또한 심봉사 대신 눈먼 어머니가 시의 청자로 설정되어 있다. 타인의 희생에 의해서 얻는 구원이란 결국은 일시적인 것에 불과하며, 자기 인생은 자신이 책임져야 한다는 이야기를 하고 있다. 죽은 심청을 황후로 살려내는 인당수는 현실에 없으며, 새가 알을 깨고 나오듯이 과거와 아프게 단절해야 새로운 세계를 열 수 있다는 화자의 목소리가 매우 인상적이다.

　　인당수에 빠질 수는 없습니다.

　　어머니,

　　저는 살아서 시를 짓겠습니다.

　　공양미 삼백 석을 구하지 못하고

　　당신이 평생을 어둡더라도

　　결코 인당수에 빠지지는 않겠습니다.

　　어머니,

　　저는 여기 남아 책을 보겠습니다.

나비여,

나비여,

애벌레가 나비로 나르기 위하여

누에고치를 버리는 것이

죄입니까?

하나의 알이 새가 되기 위하여

껍질을 부시는 것이

죄일까요?

그 대신 점자책을 사드리겠습니다.

어머니,

점자 읽는 법도 가르쳐 드리지요

우리의 삶은 모두 이와 같습니다.

우리들 각자가 배우지 않으면 안 되는

외국어 같은 것

어디에도 인당수는 없습니다.

우리는 스스로 눈을 떠야 합니다.

1. 심봉사 대신 어머니를 청자로 설정한 이유는 무엇일까?

2. 어머니에게 점자책을 읽으라고 한 것은 무슨 의미일까?

『심청전』의 주인공과 시의 화자는 서로 전혀 다른 사고방식을 가지고 있다. 두 사람의 문제 해결 방식의 차이점을 설명하라.

| 철 | 학 | 으 | 로 | | 명 | 작 | | 이 | 해 | 하 | 기 |

『맹자(孟子)』 이익보다 항상 인의를 먼저 생각해야 한다

   춘추전국시대 노나라의 사상가였던 맹자(孟子, B.C.372~289)의 저술인 『맹자』는 사서 (四書)의 하나로 동양적 사유 방식의 일부분을 이루는 대저작이다. 맹자는 공자의 인 (仁)의 사상을 바탕으로 인간은 인의예지(仁義禮智)라는 네 가지 덕을 본래 타고난다며 인간본성을 긍정했다. 효에 관한 언급도 많다. "도는 가깝고 쉬운 곳에 있는데, 사람마 다 자기의 어버이를 어버이로 섬기고 윗사람을 윗사람으로 모시는 데서 천하가 화평해 진다."라고 하여, 효를 도의 출발점으로 삼고 있다. 이런 효심은 어디서 오는 것인가?
   다음은 『맹자』 제1권인 「양혜왕」편에 나오는 글인데, 이(利)가 아닌 인의(仁義)야말로 중요한 가치임을 강조하고 있다. 합리적 효율성이나 이익을 따지지 않고 어짊과 의로움 이 가장 우선시되어야 한다는 가르침은 전통사회의 사람들 마음속에 깊은 뿌리를 내리고 있었고, 모든 선택과 결단의 순간에 도덕적 지표가 되었다. 본문을 읽어보자.

맹자가 양혜왕을 만나니, 혜왕이 물었다. "선생께서 천리를 멀다 않고 찾아오셨으니, 또한 내 나라를 이롭게 하실 방법이 있으신지요?" 맹자가 대답했다. "왕께서는 하필이면 이익을 말씀하십니까? 역시 인의(仁義)가 있을 뿐입니다. 왕께서 '어떻게 하면 내 나라를 이롭게 할 수 있을까?' 하시면, 관리들은 '어떻게 하면 내 집안을 이롭게 할까?' 라고 합니다. 그 아랫사람들은 '어떻게 하면 내 몸을 이롭게 할까?' 라고 합니다. 위와 아래가 이익을 다투면 나라는 위태로워집니다.

(중략)

참으로 의(義)를 뒤로 미루어놓고 이(利)만을 앞세운다면, 모두 빼앗지 않고는 만족하지 않을 것입니다.

어질면서 어버이를 저버린 자가 아직 없었고, 의로우면서 임금을 뒷전으로 미루어놓은 자는 아직 없었습니다. 왕께서도 인의(仁義)만 말씀하실 것이지, 어째서 반드시 이(利)를 말씀하십니까?"

■■■ Question

1. 인(仁)과 의(義)의 뜻은 무엇인가?

2. 효(孝)와 인의(仁義)는 서로 어떤 관련이 있을까?

■■■ Expression

이(利)와 인의(仁義)가 가리키는 의미를 현대적 관점에서 설명하라.

「서편제」 한(恨)을 넘어서는 심혼의 소리

1993년에 개봉된 임권택 감독의 「서편제」는 한 국적 서정과 폐부를 파고드는 소리가 아름다운 영 화이다. 100만 관객이라는 대기록을 세우면서 한 국영화에 신기원을 이룩했는데, 남도의 나지막한 산천을 배경으로 펼쳐지는 소리꾼의 이야기가 잃 어버린 삶의 심연을 들여다보게 했다는 평을 받았다.

송화는 소리꾼인 의붓아버지를 따라 떠돌이 생활을 하며 소리를 배운다. 아버지는 송 화의 재주를 알아보고 그녀를 명창으로 만들고 싶어한다. 마음에 한이 있어야 명창이 될 수 있다는 믿음 때문에 아버지는 급기야는 딸의 눈을 멀게 한다. 영화에서 가장 인상 깊 은 것은 소경이 된 송화가 십여 년 만에 해후한 동생의 북장단에 맞추어 소리를 하는 장 면이다. 가슴의 한을 예술혼으로 승화시킨 그녀의 절절한 소리는 세상의 모든 아픔을 위 로하고 감싸 안아준다.

이 명장면에서 나오는 판소리가 바로 「심청가」 중에서 '심청이 인당수에 뛰어드는 대 목'과 '심봉사가 눈을 뜨는 대목'이다. 애절한 소리를 타고, 소경이 된 송화의 한과 소경 아버지를 위해 죽어야 했던 심청의 슬픔이 하나가 된다. 심청이 세상을 개명시켜 자신의 슬픔을 이겨냈듯이, 송화의 소리는 이미 한을 초월해 득음의 경지에 다다르고 있다. 『심 청전』에 숨어 있는 상처와 치유에 대한 원형적인 모티프가 영화 「서편제」에서는 한을 넘 어서는 예술혼이라는 주제로 차용되고 있는 것이다.

송화는 어떻게 자신의 눈을 멀게 한 아버지를 용서할 수 있었을까?

■■■ Expression

영화의 클라이맥스에서 「심청가」가 선택된 것은 이 영화의 주제와 심청전이 어떤 연관성을 갖기 때문일 것이다. 두 텍스트의 내용을 충분히 고려하여 송화와 심청의 공통점을 찾아 서술하라.

21세기에 필요한 효자상을 그려보고, 이 시대에 효라는 정신적 가치가 어떤 의미를 가질 수 있는지를 서술하라.

사회와 권력 5부

인간의 본성과 구조적 모순 개인의 욕망과 사회적 시선 자기 소외와 실존주의

이방인은 어떻게
자기 삶의 주인이 되었는가

『이방인』 알베르 카뮈

『변신』 프란츠 카프카

『지식인을 위한 변명』 장 폴 사르트르

영화 「모던 타임즈」

'살아 있는 것'과 '실존하는 것'은 어떻게 다른가

"절망이 없이는 사랑도 없다." 20세기 프랑스 문학을 대표하는 알베르 카뮈(Albert Camus, 1913~1960)가 했던 말이다. 카뮈는 절망적이고 비극적인 생에 맞서 인간이 어떻게 삶을 사랑하며 살아가야 하는지를 치열하게 고민했던 작가이다. 그는 프랑스 식민지였던 알제리에서 광산노동자의 아들로 태어났다. 가난 속에서 자유를 배웠다는 작가의 말처럼 불우한 환경에서 삶에 대한 긍정과 사랑의 사상을 키워갔다. 대표작이자 노벨문학상 수상작으로 세계적인 반향을 일으킨 『이방인』은 카뮈가 1942년 독일군 점령 하에서 레지스탕스 운동을 하면서 비밀리에 출간한 작품이다. 카뮈는 불합리함으로 가득 찬 사막 같은 세계에 내던져진 인간 삶의 본질과 자세에 대해 평생을 천착했다. 카뮈의 이런 생각들은 '부조리의 문학', '절망의 문학'이라 불리며 전후 실존주의 문학의 큰 흐름을 주도하게 된다.

소설 『이방인』에 나오는 뫼르소는 자기 인생의 주인이 되지 못하는 방랑자이다. 영웅 이야기에 나오는 주인공들과는 물론 다를뿐더러, 속물적인 주인공이 보여주는 인간적인 매력조차도 없는 보잘 것 없는 인간이다. 그에게 삶은 권태롭기만 한 것이고 세상의 모든 일이 그저 무덤덤하고 무의미한 일상의 한순간으로 스쳐지나갈 뿐이다. 그래서 어머니의 죽음 앞에서도 아무런 슬픔을 느끼지 못했고, 심지어는 우발적으로 살인을 하고도 어떤 도덕적 자책도 느끼지 못한다. 체포되어 감옥에 갇힌 후, 판사와 신부는 그가 반성하기를 종용하지만, 그는 오히려 환멸을 느끼며 자신을 질책하는 세상을 지리멸렬하게 바라볼 뿐이다.

뫼르소는 살아 있는 인간이다. 숨을 쉬고 움직이며 직장생활을 한다. 데이트도 하고 친구와 휴가를 이용해서 여행을 가기도 한다. 하지만 그는 정말 살아 있는 것일까? 생물학적인 목숨이 유지된다고 해서, 인간의 실존적 가치도 지켜지는 것일까? 왜 인간은 죽음이라는 극단적 절망을 마주하고서야 비로소 자기 인생의 가치를 발견하게 될까?

뫼르소를 따라가다 보면, 삶의 의미를 찾지 못하고 이방인이 되어 떠도는 우리들의 슬픈 자화상을 발견할지도 모른다.

■■■ 작품 이해를 위한 질문

1. 주인공의 머리 위에서 작열하는 태양은 이 소설에서 어떤 상징적 의미를 갖는가?

2. 검사는 어떤 죄목으로 뫼르소에게 사형을 구형했는가?

3. 사형선고를 전후로 해서 뫼르소의 감정 상태가 어떻게 변화되는지를 비교하라.

4. 뫼르소는 죽음을 앞두고 왜 행복을 느꼈는가?

〉〉 이방인

결국 달라진 것은 아무 것도 없다

〈모친 사망. 내일 장례〉

오늘 어머니가 세상을 떠났다. 어쩌면 어제였는지도 모른다. 양로원에서 전보가 왔다. 양로원은 알제리에서 약 20킬로미터쯤 떨어진 마랑고에 있다. 이틀 동안의 휴가를 냈다. 평소와 다름없이 셀레스뜨네 레스토랑에서 점심을 먹었다. 불현듯 검은 양복이 필요하다는 생각이 나서 에마뉘엘에게 양복과 완장을 빌렸다. 두 시에 간신히 버스를 탔다. 피곤했던지 버스 속에서 계속 잤다.

양로원에 도착하여 원장을 만났다. 원장은 어머니가 친구도 많았고 행복했었다고 말했다. 아마도 그것은 사실이었을 것이다. 집에 함께 살 때, 어머니는 아무 말 없이 나를 바라보기만 하면서 시간을 보냈었으니까. 최근에는 양로원으로 어머니를 만나러 온 일도 거의 없었다. 일요일 하루를 다 허비해야 하고, 버스 정거장까지 가서 차표를 사서 두 시간이나 여행을 하는 것이 귀찮았기 때문이다.

어머니의 관은 하얀 칠을 한 밝은 방에 놓여 있었다. 수위가 시신을 보여주겠다고 했으나 나는 보고 싶지 않다고 했다. 나는 관 앞에 앉아 수위와 이야기를 하며 밀크커피를 마시고 담배를 피웠다. 졸음이 쏟아졌다. 어머니의 양로원 친구들이 밤샘을 하러 왔다. 한 늙은 여자가 울기 시작하자 모두 따라 울었다. 내가 알지 못하는 사람들이 슬피 우는 것이 이상했다. 다음날 장례식이 있었다. 약혼자라는 별명이 붙을 만큼 어머니랑 친했던 빼레 노인이 장지까지 따라왔다. 옆에 걸어가던 인부가 어머니의 나이를 물었으나 정확히 생각이 나지 않았다.

하늘에서 견딜 수 없을 만큼 뜨거운 빛이 쏟아져 내렸다. 아스팔트가 녹진녹진하게 발밑에서 녹아내렸다. 푸르른 하늘, 검은 옷, 옻칠한 영구차, 향냄새, 피로, 정신이 흐리멍덩해졌다. 장례는 빠르고 순조롭게 진행되었다. 빼레 노인의 주름진 뺨으로 눈물이 끊임없이 흘러내렸다. 관 위로 붉은 흙이 떨어졌다. 버스를 타고 돌아오며 이제 실컷 잠을 잘 수 있다는 생각에 기뻤다.

장례식 다음날 해수욕을 갔다. 거기서 회사의 타이피스트였던 마리 까르도나를 만났다. 우리는 함께 수영을 하고 일광욕을 했다. 희극영화를 보고 사랑을 나누었다. 다음날 눈을 떴을 때 마리는 가고 없었다. 아침을 먹고 심심하여 집안을 서성거리고 오랜 시간 의자에 앉아 창밖을 보았다. 사람들이 분주하게 지나가고 휴일의 소란스러움이 간간이 들려왔다. 일요일이 저물어갔다. 내일부터는 다시 일을 시작해야 했고, 결국 달라진 것은 아무 것도 없었다.

다시 일이 시작되었다. 같은 층으로 이사온 레이몽이라는 자와 우연히 친구가 되었다. 난봉꾼에 건달인 그는 자기 정부를 의심하여 곧잘 구타를 했고, 경찰이 출동하는 일도 있었다. 마리와의 데이트도 계속되었다. 마리가 자기와 결혼할 생각이 있냐고 물었다. 나는 마리가 원하면 해도 좋다고 대답했다.

레이몽이 마리와 나를 알제리에 있는 친구 별장으로 초대했다. 헤엄을 치다 배가 고파지면 식사를 했다. 술을 마시고 담배도 많이 피웠다. 우리는 바닷가를 거닐었다. 그때 아랍인들이 다가왔다. 레이몽이 자기가 구타한 여자의 오빠가 아랍인들을 고용했다며 걱정하던 참이었다. 결국 싸움이 벌어졌고 레이몽이 단도에 팔을 찔려 부상을 당했다. 나는 레이몽의 권총을 대신 맡았다. 권총을 쏘아도 좋고 쏘지 않아도 좋다고 생각했다.

혼자서 다시 바닷가로 나갔다. 바닷가에는 햇볕과 침묵만이 있었다. 모든 것이 붉게 일렁거렸다. 햇볕에 머리가 부풀어오르는 느낌이었다. 사건이 전부 끝난 줄만 알았는데, 레이몽과 싸웠던 녀석이 다시 돌아와 있었다. 혼자서 백사장에 드러

누워 일광욕을 즐기고 있었다. 나를 보자 그도 긴장을 하는 듯했다. 어머니의 장례식 때 내리쬐던 것과 똑같은 태양이 머리 위에서 작열했다. 둘 사이는 멀었다. 내가 돌아서면 아무 일도 없을 듯했으나, 바다는 뜨겁고도 무거운 바람을 실어보냈고 하늘에서는 눈부신 불의 칼날이 쏟아졌다. 머리가 지끈거리고 피부가 따가웠다. 태양에서 조금도 벗어날 수 없었다. 나는 한 걸음 한 걸음 그에게 다가섰다. 나를 의식한 아랍인이 꺼내 든 단도가 태양빛에 강렬하게 반사되는 것처럼 느껴졌다. 나는 권총을 힘 있게 거머쥐었다. 요란한 소리와 함께 해변의 정적이 깨졌다. 나는 쓰러진 몸뚱어리를 향해 연거푸 네 방을 더 쏘았다.

죽음 앞에서 다시 살아볼 수 있으리라는 생각을 하다

체포되었다. 판사의 심문도 변호사의 말도 모두 남의 이야기처럼 들렸다. 한참 후에야 내가 사람을 죽였다는 사실이 겨우 생각났다. 변호사는 나의 사생활을 이것저것 알아냈다. 장례식장에서의 나의 행동이나 그 이후 마리와의 관계가 문제였다. 어머니의 죽음을 전혀 슬퍼하지 않았다는 사실이 법정에서는 불리하게 작용할 것이라는 이야기였다.

판사는 그날의 사건을 계속 되풀이하여 진술하도록 했다. 레이몽, 해변, 해수욕, 싸움, 다시 해변, 태양, 다섯 방의 총성, 같은 이야기를 되풀이하면서 나는 지쳤다. 판사는 나 같은 인간을 이해할 수 없다며 하느님의 힘으로 나를 도와주고 싶다고 말했다. 그리곤 어머니를 사랑했느냐는 질문과 왜 시체에 대고 총을 더 쏘았는지를 반복해서 물었다. 나는 잘 대답할 수 없어서 침묵했다. 그는 은제 십자가를 내 머리 위에서 휘두르며 용서를 받으려면 뉘우치는 순수한 마음이 되어야 한다고 했다. 날씨는 더웠고 파리들이 얼굴에 달려들었다.

예심은 11개월에 걸쳐 계속되었다. 판사는 내 사건을 이미 규정지어버린 것 같았다. 심문이 끝나면 형무소로 돌아와 독방에서 시간을 보냈다. 자유로웠을 때의 생각이 나는 것이 처음에는 괴로웠다. 여자나 담배도 그리웠다. 하지만 점점 익숙해졌고 아무렇지도 않게 되었다. 과거를 추억하면 심심한 것도 견딜 만했다. 잠을 자고 지나간 일들을 생각하고 감옥에서 주운 오래된 신문 쪼가리를 읽으며 시간이 지나갔다.

새로운 여름이 시작되고 판결일이 되었다. 사람들이 법정을 꽉 채우고 있어 좀 어리둥절해졌다. 신문기자들까지 몰려들었다. 그들에게는 올여름 최고로 기사거리가 될 공판이 막 열린 것이다. 재판은 착착 진행되었고, 양로원 원장, 수위, 빼레 영감, 레이몽 등이 증인으로 불려나왔다. 더위는 점점 더 심해졌다. 모두가 부채질을 해댔다.

검사는 살인과 어머니의 장례식이 밀접한 관계를 가진 문제임을 시종일관 주장했다. 양로원쪽 사람들은 내가 한 번도 눈물을 흘리지 않았으며, 관 앞에서 졸았고 밀크커피를 마셨다는 진술을 했다. 어머니의 나이조차 몰랐다는 증언도 나왔다. 그 순간 사람들이 술렁거렸다. 새삼스럽게 내가 죄인으로 피고석에 서 있다는 것이 느껴졌다.

마리의 차례였다. 그녀는 울면서 장례식 다음날 희극영화를 보았고 나와 관계를 갖게 되었음을 말했다. 장내가 물을 끼얹은 듯 고요해졌다. 검사는 격한 감정에 휩싸인 음성으로 내가 감정적으로는 처음부터 범죄자였으며, 비정하게 어머니를 매장했고 마침내는 잔인한 살인까지 했다고 주장했다. 나의 의견을 물어보지도 않은 채 나의 운명이 결정되어갔다.

검사는 내가 사회나 도덕과도 아무 관계가 없는 인간이며 인간으로서의 가장 기본적인 감정도 갖지 못했다며 사형밖에는 다른 가능성이 없다고 했다. 재판관은 왜 살인을 했는지 동기를 다시 한 번 말해보라고 했다. 나는 죽이려는 의도는 없었지만, 태양 때문에 어쩔 수 없었다고 말했다. 장내에서 웃음이 일었다. 변호사는 장황한 변론을 했지만, 더 이상 들리지 않았다. 드디어 배심원들의 결정에 따라 재판관이 판결을 내렸다. 프랑스 국민의 이름으로 피고는 광장에서 목이 잘릴 것이라는 말이 들렸다. 아무 것도 생각나지 않았다.

감옥에 누워 계속 죽음을 생각했다. 생각을 떨쳐보려 했지만 헛수고였다. 심장이 뛰는 소리를 듣고 있었다. 태어나서부터 지금까지 줄곧 이렇게 뛰고 있는 심장 소리가 멎는 날이 올 것이라는 것이 믿어지지 않았다. 신부가 찾아왔다. 몇 번이나 면회거절을 했더니 직접 찾아온 것이다. 신부는 하느님 앞에서 죄의 짐을 씻어야 한다고 했다. 나의 죄를 모르겠다는 말에 신부는 탄식하며 다른 생을 살고 싶지는 않았냐고 물었다.

속에서 무언가가 울컥울컥 터져 나왔다. 나는 신부의 멱살을 잡고 욕설을 퍼부었다. 그리고 앞으로 올 죽음에 대해 나는 명확히 인식하고 있노라고 소리쳤다. "나는 죽음이 다가올 새벽녘을 여태까지 기다리며 살아온 것 같다. 중요한 것은 아무것도 없다. 내가 살아온 이 허망한 생애에선 미래의 어둠 속에서 항상 한 줄기 바람이 불어왔다. 그 숙명은 모든 일을 아무런 차이도 없는 것으로 만들어버린다. 단지 죽음이라는 하나의 숙명이 나 자신을 사로잡고 나와 더불어 모든 사람을 사로잡는 것이 아니냐." 나는 내 마음속에 일어나는 모든 말들을 모조리 쏟아냈다.

눈을 뜨자 별이 보였다. 바깥 세상의 소리들이 들려왔다. 밤의 냄새, 흙냄새가 시원했다. 여름밤의 희한한 평화로움이 내 속으로 흘러들어왔다. 어디선가 사이렌 소리가 들렸다. 나에게는 영원히 관계없는 세계로의 출발을 알리는 소리리라. 나는 참으로 오래간만에 어머니를 생각했다. 양로원에서 행복해지려고 애쓰던 어머니……. 꺼져가는 생명 앞에서 어머니는 해방감을 느꼈고, 다시 살아볼 마음을 먹은 것이 틀림없었다. 나도 다시 살아볼 수 있으리라는 생각이 들었다. 나는 처음으로 무관심한 세상에 마음을 열었다. 세계가 나와 같고, 형제 같음을 느끼며 나는 행복했었고 지금도 행복하다고 느꼈다.

>> 부조리한 운명을 어떻게 극복하는가

자기 삶의 주인이 되지 못하는 슬픈 이방인

"자기 삶의 주인은 누구인가?"

누군가 이렇게 물어보았을 때, 주저 없이

"내 삶의 주인은 바로 나 자신이며 나는 나의 의지와 선택에 의해서 내 삶을 책임지고 살아간다."라고 대답할 수 있는 사람은 과연 얼마나 될까?

사춘기에 접어들어 처음 자신의 미래를 진지하게 계획할 때, 또는 힘들게 대학에 진학하여 현실적인 진로를 생각할 때, 대부분의 사람들은 보이지 않는 큰 장벽에 부딪치는 느낌을 갖기 마련이다. 지금까지 열심히 살아온 것 같은데 막상 돌아보면 내가 무엇을 위해 그토록 뛰었는지, 무엇을 해야 행복한지, 과연 내가 스스로의 의지에 의해 여기까지 와 있는지 그 모든 것에 자신이 없어지기 때문이다.

갑자기 자기를 둘러싼 모든 세계, 부모와 친구와 학교 등의 일상들이 낯설고, 내 삶은 나의 의지와 무관하게 흘러가고 있고, 나는 아무것도 아니라는 허무감에 빠져들기도 한다.

뫼르소에게 그토록 많은 독자들이 연민과 공감을 느끼는 것은 그가 사람들이 느끼는 절망을 매우 극적으로 보여주기 때문이다. 그리고 그 절망의 근원을 생각해보도록 해주기 때문이다. 뫼르소는 여러 의미에서 낯선 이방인이다. 그는 자기를 둘러싼 세계에 대해 전혀 마음을 열지 못하는 이방인이며, 더 나아가 자신의 삶에 대해서도 주인이 되지 못하는 낯선 이방인이다.

사회에서는 뫼르소를 함께 살아갈 수 없는 위험한 이방인으로 낙인찍는다. 검사나 변호사 배심원, 신부 등은 사회의 일반적인 상식과 도덕을 상징하는 사람들로 그들은 사회적 권위와 도덕이라는 시선으로 그를 평가한다.

애초에 그는 살인죄로 기소되었지만, 심문 과정에서는 살인행위보다는 어머니의 죽음을 둘러싼 이해할 수 없는 행동에 이목이 집중된다. 그가 아무런 느낌도 없이 했던 행동들, 예를 들면 장례식 날 눈물을 흘리지 않았던 일, 어머니의 시신을 보고 싶어하지 않았던 일, 심지어는 관 앞에서 밀크커피를 마시고 담배를 피운 일까지 비난의 대상이 된다. 그리고 장례식이 끝나자마자 애인과 놀아났다는 사실에서는 재판장에 모인 모든 사람들이 격한 분노를 느낀다. 뫼르소가 저지른 살인은 우발적인 것이 아니고 비도덕적 인간이 궁극적으로 다다르게 되는 예정된 파경이라고 결론지어진다. 그는 비도덕적일 뿐만이 아니라 잔인하고 비인간적이다. 총을 쏜 후에 시체나 다름없는 몸뚱이에 다시 네 발이나 더 쏘았기 때문이다. 가장 문제가 되는 것은 그가 자신의 죄과에 대해 참회하지 않는다는 점이다. 검사의 호소나 신부의 권유에도 불구하고 그는 결코 회개하지 않는다.

검사나 배심원 또는 재판장에 모인 관중들의 눈으로 볼 때, 뫼르소는 파렴치한 살인자임에 틀림없다. 장례식에서 보여준 뻔뻔스럽고도 비도덕적인 인간성은 살인을 저지르고도 남음이 있으며, 이런 위험한 이방인은 사회에서 영원히 제거되어야 한다고 판단한다.

실존주의(實存主義, existentialism)

인간의 주체적 존재성을 강조하는 철학으로 19세기의 키에르케고르와 니체, 20세기 독일의 하이데거와 야스퍼스, 프랑스의 마르셀과 사르트르 등이 대표자이다. 철학 외에도 문학과 종교를 포함하여 사용된다. 불합리한 세계와 충돌하여 자기 행동에 대해 자유와 책임 의식을 갖고 삶에 대한 진지한 탐구를 하는 것을 넓은 의미의 실존주의라고 한다.

하지만 햇빛이 강렬해서 살인을 했다는 고백에서 알 수 있듯이, 뫼르소의 행동은 사회적 잣대나 논리로만은 설명하기 어렵다. 여기에는 보다 본질적인 문제가 숨어 있다. 우리 주위에서도 어처구니없는 일을 저질러 화젯거리가 된 사람들을 종종 접할 수 있다. 도대체 왜 그랬을까, 어떻게 그럴 수가 있을까 하는 논리적인 질문이 닿지 못하는 깊고 어두운 심연이 인간의 내면에는 존재하는 것일까? 카뮈는 논리로는 설명하기 어려운 인간 삶의 모순과 절망적 상황을 이야기하고 있다.

뫼르소 앞에 세상의 모든 일은 그냥 무의미하게 스쳐지나는 것들이다. 법정에서도 자신이 저지른 범죄를 비난하는 사람들을 남의 일 보듯이 무심하게 바라본다. 사회와도 조화를 이루지 못하고, 자기 자신과도 화해하지 못한다. 그는 생물학적으로는 살아 있지만, 자기 인생에 대한 진지한 사유나 선택이 불가능하며 어떠한 책임 있는 행동도 할 수 없는 무기력한 상태에 빠져 있다.

햇빛 때문에 살인을 저질렀다는 것은 이해할 수 없어도, 작열하는 태양 아래 느껴지는 무기력함, 세상이 무언가 나의 의지와는 무관하게 내 앞을 지나 멀리 가버리고 있다는 허무감을 상상하는 것은 어렵지 않다. 정도의 차이는 있겠지만 누구나 그런 의식의 무감각 상태에 빠져 있거나 거기서 벗어나려고 발버둥치며 살고 있다. 일상의 쳇바퀴는 사람들로 하여금 나는 지금 무엇을 위해 왜 사는가라는 질문을 금방 망각하게 만들기 때문이다.

뫼르소는 영원히 이방인이었을까

카뮈는 아무 의미도 못 느끼며 심지어는 절망조차도 하지 못하는 상태를 자의식의 죽음 상태 또는 자살 상태라고 부른다. 불합리한 세계에 맞서 진지하게 모색하는 행동의 중요성을 역설하는 실존주의 철학의 관점에서 자의식의 죽음은 곧 인간의 죽음을 의미한다.

뫼르소는 과연 이방인의 상태로 인생을 마감했을까? 소설에서 가장 중요한 사건은 '사형 언도'이다. 그런데 주목해보아야 할 점은 사형이 언도되고 뫼르소의 의식에 작은 변화가 일기 시작한다는 점이다. 한번도 진지한 사고나 확신이라는 것을 해본 적이 없던 뫼르소였으나, 사형을 생각하면서 자기 의지와는 무관한 운명의 힘(죽음)이 닥치리라는 명확한 의식을 하게 된다. 잠들어 있던 그의 자의식이 깨어나는 순간이다. 그는 자신의 심장이 쉼 없이 뛰고 있음을 느끼며, 역설적으로 이제 곧 끝날 목숨의 내부에 삶에 대한 희망과 기쁨이 잠재해 있다는 것도 아프게 자각한다.

잠든 여름의 희한한 평화가 조수처럼 내 속으로 흘러들었다. 그때 한밤의 끝에서 사이렌이 울렸다. 그것은 이제 나에게는 영원히 관계없는 세계로의 출발을 알리고 있는 것이었다. 참으로 오래간만에 처음으로 나는 어머니를 생각했다. 말년에 왜 어머니가 약혼자를 가졌었는지, 왜 생애를 다시 꾸며보는 놀음을 하였는지, 나는 알 수가 있을 듯했다. 그곳, 생명들이 꺼져가는 양로원 근처에서도 저녁은 서글픈 휴식시간 같았다. 그처럼 죽음 가까이서 해방감을 느끼며, 모든 것을 다시 살아볼 마음이 생긴 것임에

소외(疏外, alienation)

현대 사회를 이해하는 가장 중요한 개념으로 자신이나 노동, 사회, 자본 등으로부터 멀리 분리되어 있는 듯한 감정 상태를 가리킨다. 주관적인 차원에서는 자기 스스로에 대한 괴리감이나 무기력감, 무의미 등을 가리킨다. 또한 노동, 사회구조, 문화 등의 모든 객관적 현실 자체에서, 개인이 중심에서 떨어져 의미 없는 도구로만 취급당하면서 소외가 발생한다.

틀림없었다. 아무도 어머니의 죽음을 슬퍼할 권리가 없다. 그리고 나도 또한 모든 것을 다시 살아볼 수 있으리라는 생각이 들었다.

갑자기 닥친 죽음의 운명에 주인공 뫼르소가 격렬하게 대응하고, 결국은 그것을 받아들이는 장면이다. 절망 없이는 사랑도 없다는 카뮈의 말처럼 죽음을 진지하게 생각하면서 비로소 뫼르소는 자신이 살아 있으며 살아 있다는 것이 기쁜 일임을 통감한다. 죽음을 통해서야 삶의 의미를 느낀다는 것은 불합리하고 비극적이지만 이것이야말로 인간이 처한 부조리한 운명이며, 이 운명을 직시하려는 자세에서 인간의 존엄성이 찾아질 수 있다는 것이 카뮈 사상의 핵심이다.

자기 삶의 이방인이었던 뫼르소는 죽음을 선고받으면서 실존적 자각에 이르게 된다. 따라서 이 소설은 자기 자신과 전혀 화해를 이루지 못하며 이방인으로 서성이던 한 사람이 죽음 앞에서야 자의식이 깨어난다는 것에 초점이 맞추어져 있다. 뫼르소는 삶의 주인으로서 이제 무엇을 할 수 있을까? 그것은 다가오는 죽음을 받아들이는 것이었다. 죽는다는 것을 명확히 인식하는 순간, 죽음을 받아들이겠다고 다짐하는 순간, 그는 이미 자기 삶에서 비켜 서 있는 이방인이 아니고, 자기 삶의 한가운데 서 있게 된다.

나의 의식은 과연 깨어 있는가? 나는 절망의 뿌리까지 한번이라도 투신해본 일이 있는가? 나는 유한한 인생에서 오늘 무엇을 할 것인가? 우리들 각자가 자기 삶의 이방인이 되지 않도록 끊임없이 스스로에게 던져야 할 질문이다.

깨어 있는 정신의 고귀함

13세 먹은 유대인 소녀 안네 프랑크는 언제 닥쳐올지 모르는 죽음에 대한 공포에 시달리면서 일기를 쓴다. 은신처에서 쓰인 소녀의 일기에는 일상의 자잘한 기쁨과 미래에 대한 조심스러운 희망들이 가득 담겨 있다. 1944년 4월 5일의 일기에는 자신의 희망은 죽은 후에도 다시 한 번 살아보는 것이라고 쓰고 있다. 6일 후의 일기에는 만약 신의 은총으로 살아가는 것이 허락된다면, 보잘 것 없는 인간으로 생을 마감하지는 않겠으며 꼭 세상을 위해 인류를 위해 일하겠다고 쓰고 있다. 그녀는 1944년 8월에 체포되어 연합군이 들어오기 직전인 1945년 2월 말경에 수용소에서 사망했다.

식민지의 청년 윤동주는 한 점 부끄럼 없는 순결한 삶을 살려고 했다. 그는 무기력한 자신을 끊임없이 성찰하며, 시인이란 슬픈 천명이지만 등불을 밝혀 시대의 아침을 기다리겠다는 희망의 노래를 한다. 해방을 불과 반년 남긴 1945년 2월 16일, 29세의 젊은 시인은 일본 후쿠오카의 형무소에서 의문의 죽음을 당한다.

안네나 윤동주는 물리적으로는 시대의 폭력에 억눌려 살았지만, 그들의 정신만은 자유롭고 높은 것이었다. 합리적 이성으로는 도대체 설명되지 않는 힘과 폭력의 논리 앞에서도 그들의 영혼은 결코 잠들지 않았다. 죽음의 공포를 늘 옆에 두고도 그들은 오늘의 의미와 내일의 희망을 키워냈다. 의식이 깨어 있을 때, 인간은 자신의 존엄성을 자각할 수 있으며, 비록 그것이 비극적으로 끝나는 것일지라도, 비극적 생을 긍정하는 태도는 그 자체로 고귀하고 위대하다.

반항(反抗, resistance)

반항이란, 절망적인 인간 삶의 조건에 대해 눈 감거나 피하려 하지 않고, 그것을 직시하는 태도, 그리고 조건을 받아들이면서 생을 긍정하는 태도를 의미한다. 생을 긍정할 때 비로소 인간은 운명과 투쟁할 수 있으며, 그 과정이 분열과 상처투성이일지라도 미완성의 노력 자체에서 인간의 위대성은 실현된다.

뫼르소는 자신과 화해하지 못하는 이방인이었다. 자기를 둘러싼 세상에 대한 관심과 사랑을 닫아버렸을 때, 인간은 자기 자신도 사랑할 수 없게 되는 것일까? 현대 사회에는 많은 이방인들이 있다. 그리고 그 이방인들이 느끼는 고독한 소외의식은 다양한 층위에서 발생한다. 뫼르소처럼 스스로의 삶으로부터 소외된 사람들이 있는가 하면 가족관계, 사회 계층, 경제 구조 등등이 빚어내는 수많은 소외의 형태들이 존재한다. 이런 소외에서 벗어나기 위해서는 깨어나서 행동하는 과정들이 필요하다. 절망적인 현실을 직시하고 그것에 대항하려는 의지를 카뮈는 반항이라고 명명했다. 인간 속에 있는 고귀한 그 무엇인가로 자기를 가두는 소외를 극복해야 하는 것은 우리들 모두 앞에 놓인 과제이다.

|다|른| |작|품|과| |비|교|하|며| |읽|기|

『변신』 가족 관계에서도 소외의 상황이 만들어질 수 있는가

프란츠 카프카(Franz Kafka, 1883~1924)의『변신』에는 거짓된 가족애에 의해서 소외되고 희생되는 가엾은 남자 그레고르가 나온다. 그는 가족을 위해 외판사원으로 죽도록 일한다. 식구들은 그러한 상황에 점점 익숙해지면서 그레고르에게 더 이상 특별한 감사조차 느끼지 못한다. 1분 1초를 다투며 기차를 타고 전전하면서 일에 쫓기던 그레고르는 어느 날 아침 흉측한 벌레로 변해 있는 자신을 발견한다. 그레고르가 더 이상 일할 수 없다는 것을 알자 가족들의 시선은 점차 차가워지며 급기야 그를 처치할 생각을 하게 된다.

가족간에 진실한 사랑은 없어지고, 서로를 이용하려는 이기심만 남아있다. 가족들은 그레고르가 평소 얼마나 고통스러운 생활을 했던가하는 전혀 관심이 없었다. 이용 가치가 떨어지자 그들은 냉정하게 돌변한다. 흉측한 벌레란 가장 가까운 사람들로부터 철저하게 소외된 인간이 느끼는 절망과 고독을 상징한다고 할 수 있다. 다음은 그레고르가 아버지가 던진 사과에 맞아서 앓다가 고독하게 죽어가는 장면이다. 그는 마지막으로 자신이 가족을 위해 할 수 있는 일이 죽음이라는 것을 깨닫고 쓸쓸하게 숨을 거둔다.

그는 자기가 이제는 꼼짝도 할 수 없음을 알게 되었다. 놀랍지는 않았다. 지금까지 이 가느다란 다리들을 가지고 몸을 움직였다는 것이 오히려 부자연스럽게 느껴졌다. 온몸이 아프기는 했지만, 고통이 점점 약해져 가다가 마침내 아주 없어져버리는 것 같았다. 그의 등에 박힌 썩은 사과와 온통 부드러운 먼지로 덮인 곪은 언저리도 어느덧 거의 느끼지 못했다. 감동과 사랑으로 식구들을 회상했다. 누이동생은 늘 그가 없어져야 한다고 주장해왔지만, 이제는 자기 스스로가 그 생각을 단호하게 했다. 시계탑의 시계가 새벽 세 시를 칠 때까지 그는 내내 이런 텅 비고 평화로운 숙고 상태였다. 사위가 밝아지기 시작했다. 그의 머리가 자신도 모르게 힘없이 떨어졌고 그의 콧구멍에서 마지막 숨이 약하게 흘러나왔다.

■■■ Question

1. 흉측한 벌레가 상징하는 바는 무엇일까?

2. 가족을 위해서 스스로 죽어야겠다는 결심을 하는 그레고르의 행동을 어떻게 평가할 수 있을까?

■■■ Expression

현대사회에서는 가족간에도 낯선 이방인처럼 살아가며 서로를 소외시키는 경우가 발생할 수 있다. 예를 하나 들어 설명하라.

| 철 | 학 | 으 | 로 | | 명 | 작 | | 이 | 해 | 하 | 기 |

『지식인을 위한 변명』 출구는 스스로가 찾아야 한다

인간이 자기 소외를 극복하고 참된 행복과 자유를 찾기 위해서는 무엇이 필요할까? 다음에 제시한 글은 프랑스의 문학가이며 철학가이자 행동하는 지성의 대표 주자였던 장 폴 사르트르(Jean Paul Sartre, 1905~1980)의 『지식인을 위한 변명』의 일부이다.

그는 내면의 자유란 허위의식으로 전락하기 쉬우며, 인간은 자신이 세계를 자유롭게 할 때 비로소 자유로워질 수 있다고 하며, 의식의 자각과 행동을 강조했다. 외적 억압이나 내적인 갈등이 있더라도 출구는 주어지는 것이 아니라 스스로 만들어가야 한다. 여기에서 특별히 지식인의 역할이 강조되는데, 지식인은 누구보다도 먼저 문제의 핵심을 직시하고, 잠들어 있는 사람들을 깨우쳐주는 사람이다.

우리가 공부를 하고 책을 읽는 것은 근본적으로는 깨어 있는 사람이 되고자 하기 때문이다. 물론 자신뿐만이 아니고 사회를 일깨울 수 있는 사람이 된다면 더 의미 있을 것이다. 그런 의미에서 사르트르가 말하는 '지식인이 할 일'이란, 인간으로서의 존엄과 주체성을 지키면서 살고자 하는 사람들 모두가 행동의 지표로 삼아야 할 강령이기도 하다.

한 사람의 내부에 있는 모순이란 개인적인 문제이기도 하지만, 동시에 사회 전체의 모순이기도 하다. 모든 사람이 목적을 상실한 채, 자기와 무관할 뿐만 아니라 근본적으로 비인간적인 목적의 도구가 되어 있다. 모든 사람이 객관적 사고와 이데올로기 사이에서 분열을 느끼고 있는 것이다. 단지 이러한 모순들은 막연하게 느껴질 뿐이며, 때로는 기본 욕구에 대한 불만족 상태로, 때로는 그 원인을 알 수 없는 불안으로 나타난다.

그렇다고 해서 사람들이 그것을 괴로워하지 않는다는 말은 아니다. 오히려 그와는 정반대다. 그 때문에 죽기도 하고 미쳐버리는 일까지 있는 것이다. 뾰족한 해결 방법이 없기에 그들은 문제를 자각할 엄두도 내지 못한다.

그러나 사람들은 모두 설령 자기가 그것을 의식하지 못한다 하더라도 이러한 자각 – 인간을 끔찍한 괴물로 만들어버리고 노예로 전락시키는 사회를 다시 인간의 손으로 통제할 수 있도록 해줄 – 을 지향하고 있다. 지식인은 자신과 결과적으로 모든 인간을 위해 죽어 있는 의식을 일깨우는 일을 하게 된다.

|영|화|와| |명|작| |비|교|하|기|

「모던 타임즈」 어셈블리 라인에서는 기계가 사람을 돌린다

익명화된 거대 산업 사회에서 인간이 자기 삶의 주인으로 살기가 무척 어렵다. 찰리 채플린의 1929년 작품인 「모던 타임즈」는 대공황 이후 산업화된 사회에서 살아가는 노동자의 모습을 코믹하면서도 슬프게 그리고 있다. 주인공은 공장에서 나사를 조이는 단순노동을 하는 사람이다. 공장의 조립선(assembly line) 앞에 서서 컨베이어 벨트가 움직이는 속도에 따라서 노동자들은 동일한 동작을 반복한다. 손이 몇 초만 늦게 움직이면 전체 작업이 엉망이 되기 때문에 주인공도 해고되지 않기 위해서 제대로 숨도 쉬지 못하고 기계의 속도에 맞추어서 손을 움직인다. 일이 끝나 작업대를 떠나서도 완전 자동으로 움직이는 찰리의 손은 급기야는 앞에 가는 여자의 옷에 달린 단추를 조이려 달려든다. 자신의 몸이 자기 의지대로 움직이지 않고 기계의 리듬에 지배되는 상황을 희극적으로 나타낸 장면이다. 산업사회에 부속품으로 전락한 인간의 모습에 씁쓸한 웃음을 짓게 된다.

공장생활에 잘 적응하지 못하는 찰리는 갖가지 사건에 휘말리며 취직과 해고를 반복하고, 정신병원과 감옥 등을 전전한다. 우연히 만난 고아 소녀와 새로운 길을 찾아 떠나는 마지막 장면은 매우 인상적이다. 하얀 선이 그어진 아스팔트 길을 따라 두 사람이 길을 떠난다. 길은 앞으로 끝없이 뻗어 있다. 그들의 미래는 어디로 이어질 것인가? 대량생산의 신화를 이루어낸 조립선은 동시에 인간을 거대한 기계의 부속품으로 전락시켰다. 개인의 호흡, 개성, 정서 등은 비정하게 돌아가는 기계 앞에서 아무런 의미도 없다. 조립선에서 탈출하여 새로운 길을 떠났다는 점에서 영화는 새로운 희망을 제시하는 듯하다. 그러나 쭉 뻗은 아스팔트 길 역시 인간을 억압하는 또 다른 곳으로 이어져 있지 않을까 걱정되는 것도 사실이다.

인간이 다른 인간이나 사회 경제구조에 억압받지 않고 자신의 인간성을 실현할 수 있는 장소는 어디일까? 그곳은 비록 잘 보이지 않지만, 오늘 해야 할 일은 일단 차가운 아스팔트 길을 걷는 것이 아니겠냐고 채플린의 희극적인 발걸음은 우리들에게 결코 가볍지 않은 메시지를 전해준다.

■■■ Question

1. 대규모 공장의 조립선은 왜 인간 소외의 상징이 될 수 있는가?

2. 『이방인』의 뫼르소가 보여주는 자기 소외와, 「모던 타임즈」에서 볼 수 있는 근대산업사회에서의 소외의 형태는 서로 관련이 있는 것일까?

■■■ Expression

일상생활 속에서도 사람은 조립선 앞에 선 노동자처럼 기계적 행동을 하는 경우가 많다. 예를 들어보라.

 현실에서 발견되는 소외의 형태를 두 가지 이상 설명하고, 미래의 사회에서는 어떤 새로운 양상의 소외가 발생할 수 있을까에 대한 자신의 생각을 서술하라.

2

인간의 속물적 욕망은 어떻게 폭로되는가

『코』 니콜라이 바실리예비치 고골리

고골리의 작품, 웃음과 눈물의 공존

　니콜라이 바실리예비치 고골리(Nikolai Vasilevich Gogol, 1809~1852)은 러시아의 대표적인 사실주의 작가이다. 그는 당시 관료제도의 비리와 모순을 눈물 섞인 웃음으로 묘파해내는 소설들을 주로 썼는데, 그의 소설들에서 환상과 현실이 교차하는 장면은 최근 소설의 환상성에 견주어 읽어도 대단히 새롭다.

　고골리의 대표작인 「코」「외투」「검찰관」「죽은 농노」는 당시 관료들의 속물성을 신랄하게 비판하지만, 환상과 리얼리즘이 결합하고 냉소와 눈물이 공존하며 현실의 고통들이 익살스러운 웃음으로 풍자되고 있다. 고골리의 소설에 대해 도스토예프스키가 "모든 러시아 소설은 고골리의 「외투」에서 나왔다."고 말할 정도로 소설의 깊이나 짜임새가 돋보인다.

　고골리의 대표작인 「코」는 다소 황당하지만 여러 모로 흥미로운 작품이다. 소설의 주인공 꼬발료프는 당시 모순된 관료제도의 표상이자 전형적으로 속물적인 인간이다.

　그는 어느 날 아침, 잠에서 깨어났을 때 자신의 얼굴에서 코가 사라진 것을 발견한다. 잃어버린 코를 찾아 헤매다니는 그의 행동을 통해 인간의 속물성과 욕망, 관료 계급과 사교계의 위선과 허위, 러시아 사회 곳곳의 모순들이 적나라하게 폭로된다.

　코를 찾느라 황망한 주인공이 자신의 코가 고위관료가 되어 멋진 모습으로 나

타나자 머리를 조아리며 대화를 나누는 장면은 웃음 없이는 읽을 수 없는 명장면
이자 당시의 사회 모순을 극적으로 보여주는 예이다. 이 작품을 통해 현실을 비
판하는 풍자와 웃음의 힘에 관해 생각해보자.

■■■ 작품 이해를 위한 질문

1. 8등관 꼬발료프는 어떤 인물인가?

2. 잃어버린 것이 왜 하필 코일까? 코는 어떤 인물이 되어 등장하는가?

3. 이 소설에 등장하는 신문기자, 경찰서장, 의사, 경찰은 어떤 인물인가?

4. 소설에서 묘사되는 계급사회와 사교계, 그리고 사회상은 어떤 모습인가?

5. 서술자가 소설 말미에 등장해 적극 개입하는 부분은 어떤 효과를 갖는가?

>> 코

이발사 이반 야꼬블레비치는 아침식사 중 갓 구워낸 따듯한 빵 속에서
8등관 꼬발료프의 코를 발견한다

3월 25일 아침, 페테르부르크의 보즈네센스끼 거리에 사는 이반의 집에서 황당한 사건이 발생한다. 이발사인 이반 야꼬블레비치가 퉁명스러운 아내의 눈치를 보며 이제 막 구워낸 따듯한 빵으로 아침식사를 하기 위해 빵을 자르려는 찰나, 빵 속에서 희고 단단한 덩어리를 발견한 것이다. 빵 속으로 손가락을 쑤셔넣어 꺼내 보니 그것은 놀랍게도 사람의 코였다. 더구나 아는 사람의 코였는데, 자신에게 매주 두 번 면도를 받는 8등관 꼬발료프의 것이었다. 이반의 아내는 남편이 면도하다 실수로 남의 코를 잘랐다고 생각하고 길길이 뛰며 화를 내고, 공포에 질린 이반은 제정신이 아닐 정도로 당황한다. 하지만 엊그제 면도하다 잘린 코가 갓 구워낸 따듯한 빵 속에 그대로 들어 있다는 것은 도저히 있을 수 없는 일이었다.

죄를 뒤집어쓸 것이 두려운 이반은 출근길에 그 코를 싸들고 나와 어디에든 버리려고 하지만 쉽지 않다. 코를 골목 구석에 막 버리려는 순간에는 친구를 만나고, 길바닥에 떨어뜨리는 데 성공하면 경찰이 불러 도로 줍게 했다. 우여곡절 끝에 이반은 다리의 난간에 기대 서서 슬쩍 물속으로 코를 던져넣는 데 성공하지만 그것을 본 경찰이 다가와 호통을 친다. 새파랗게 질린 이반은 공짜로 일주일에 두세 번씩 이발을 해주겠다고 사정을 하지만 경찰은 계속 이반을 심문한다. 그리고 이 일은 안개 속에 묻히는 듯했다.

8등관 꼬발료프는 자신의 코가 사라져 밋밋해진 것을 보고 소스라치게 놀란다. 허둥대며 코를 찾아다니던 중 자신의 코가 정복을 입은 5등관 고위관료가 되어 행세하는 모습을 보게 된다

8등관이자 소령인 꼬발료프는 허위와 기만으로 가득 차서 높은 지위를 차지하고 막대한 지참금을 가져오는 여자와 결혼할 것만을 꿈꾸는 허영심 가득한 인물이다. 꼬발료프는 잠에서 깨자마자 어제 콧등에 생긴 여드름을 보려고 거울을 보다가 응당 그 자리에 있어야 할 코가 어디론가 사라져버리고 평평해진 것을 보고 소스라치게 놀란다. 하지만 코를 찾기 위해 허둥지둥 집을 나선 꼬발료프는 도저히 이해할 수 없는 기이한 광경에 못 박힌 듯 멈춰 선다. 마차에서 한 정복을 입은 신사가 내려 어떤 집으로 들어가는데 그 신사가 바로 자신의 코였던 것이다. 꼬발료프는 놀람과 두려움 속에서 떨며 코가 다시 나오길 기다린다. 코는 커다란 깃을 세우고 금실로 수놓은 정복에 양가죽 바지를 입고 허리에는 대검을 찬, 자그마치 5등관의 신분이었다. 꼬발료프는 코를 쫓아다니며 "귀하는 자기가 있어야 할 자리를 알고 계실 텐데요? 귀하는 바로 제 코가 아닙니까?"라며 최대한 머리를 조아려 얘기를 건네지만 코에게 면박만 당한다. 그 와중에도 아름다운 여자에게 추파를 던지던 꼬발료프는 자신의 얼굴에서 코가 사라지고 없다는 사실을 다시 깨닫고 절망한다.

그는 신문사로 달려가 자신의 코가 5등관 행세를 하고 다니니 그 코를 찾아달라는 광고를 부탁하지만 그런 기사를 낼 수는 없다고 망신만 당한다. 이번엔 경찰서장을 찾아가지만 돈만 밝히는 서장은 똑똑한 사람이 코를 떼이는 일은 있을 수 없다며 꼬발료프를 구박한다. 꼬발료프는 대령부인인 뽀드또치나를 의심하며 자신의 딸과 결혼하기를 바라던 대령부인이 일이 마음대로 안 되니 요술 할멈을 시켜 자신의 코를 떼어간 것이 아닐까라는 어이없는 상상까지 하기에 이른다. 그러던 중 한 경찰이 기차역에서 체포했다면서 잃어버렸던 코를 가져온다.

**돌아온 코는 제자리에 붙지 않고,
사람행세를 하며 돌아다니는 코를 구경하느라 사람들은 난리법석을 떤다**

코를 찾은 꼬발료프는 형용할 수 없이 기뻤지만 코를 다시 제자리에 붙여야 하는 큰 문제가 아직 남아 있다. 꼬발료프는 조심조심 코를 제자리에 올려놓았으나 아무리 애를 써도 코는 붙지 않았다. 의사를 불렀지만 끝내 코를 다시 붙이지 못한 의사는 그대로 두는 편이 낫다, 냉수나 알코올로 씻어 보관하라, 좋은 가격에 팔아주겠다 등등 헛소리만 늘어놓다가 돌아간다. 대령부인 뽀드또치나에 대한 오해도 풀렸지만 더 이상 청혼도 사교도 할 수 없게 된 꼬발료프는 애간장만 탄다.

한편 이 기괴한 사건에 대한 소문이 온 장안에 퍼진다. 그저 신기한 것만 좇던 사람들은 8등관 꼬발료프의 코가 오후 세시에 거리를 산책한다는 소문을 듣고 수없이 모여든다. 상점에 들어갔다는 소문이 나면 순식간에 사람들이 구름처럼 상점으로 몰려들어 일대 혼란을 일으켜 경찰까지 동원되고, 공원에 나타났다고 소문이 나면 의대생이나 귀부인들이 견학을 자청하는 믿지 못할 사태가 벌어졌다. 시들해졌던 사교계도 이 사건으로 흥분하고 들떴다.

**어느 날 감쪽같이 코는 꼬발료프의 얼굴에 붙게 되고
그는 다시 예전 생활로 돌아간다**

어느 날 아침, 사라졌던 것만큼이나 천연덕스럽게도 코는 시치미를 떼고 꼬발료프의 얼굴 한가운데에 돌아와 있었다. 꼬발료프는 기뻐 어쩔 줄 몰랐다. 늘상 하던 것처럼 이반이 면도를 하러 오는데 이반과 꼬발료프는 대단히 긴장하며 조심조심 면도를 마친다. 다시 오만해진 꼬발료프는 종횡무진 카페와 거리를 휘젓고 다니며 코가 돌아온 기쁨을 만끽한다. 코를 잃어버리기 전에 늘 그랬던 것처럼 친구의 말

을 무시하고 대령부인과 그의 딸에게 거만을 떨고 거리에서 예쁜 여자들에게 연신 추파를 던진다.

소설의 마지막 부분에는 객관적인 서술자의 목소리가 직접 등장해 이 이야기를 평가한다. 서술자는 이 소설은 누가 생각해도 믿기 어려운 내용이며, 코가 도망을 쳐서 5등관의 모습으로 돌아다닌다는 것은 초자연적인 기괴한 사실이고, 구워낸 빵 속에 어떻게 코가 들어 있을 수 있는지 믿을 수 없다고 말한다. 그러면서 작가가 어떻게 이런 종류의 사건을 주제로 삼을 수 있는지, 이것은 인간의 두뇌로는 풀수 없는, 그리고 이런 사건을 주제로 써봐야 국가에 이로울 건 조금도 없다고 덧붙인다. 그러면서 마지막으로 얘기한다. "물론 하나에서 열까지 모두가 비현실적인 것만은 사실이지만, 생각하고 다시 생각해보면 이 이야기 속에는 분명히 무엇인가 내포되어 있다."

〉〉'코'는 무엇을 비판하고 풍자하는가

왜 하필 '코'일까

'콧대가 세다', '코를 납작하게 해준다', '맥없이 코가 빠져 있다' 등 코에 관한 많은 얘기나 속담들에는 공통점이 있는데, 그것은 코가 사람의 자존심이나 자신감을 의미한다는 사실이다. 고골리의 소설 「코」에서 주인공 꼬발료프가 어느 날 황당하게 잃어버린 것이 하필 코인 것도 코가 바로 그의 자존심 혹은 자신감을 의미하기 때문이다. 그래서 꼬발료프가 8등관일 때 사람으로 변신한 코는 5등관이 되어 나타나고, 꼬발료프와 코가 서로 맞닥뜨렸을 때 코는 당당하게 "나는 나 자신일 뿐"이라고 말할 수 있어도 꼬발료프는 "나는 이제 아름다운 부인들 앞에 나타날 수도 없게 되었습니다."라며 풀이 죽는다.

그런데 코를 잃어버리는 것은 얼굴의 어떤 부분, 가령 눈이나 입을 잃어버리는 것에 비해 회화화된 느낌을 준다. 장애나 결핍의 느낌보다는 우스운 느낌이 먼저 들고 속물적이고 탐욕스러운 주인공을 응징하는 가장 그럴 듯한 방법으로 보인다. 얼굴의 중심이자 가장 돌출된 부위인 코가 사라지는 것은 꼬발료프의 오만하고 뻣뻣한 기운을 빼버리는 데 아주 효과적인 상상이다. 한복판이 평평하고 맨들맨들해진 얼굴은 사교계와 관료사회에 목을 매고 있는 그에게 가장 위협적이고 가장 익살스러운 징벌이다. 한편 코를 남성 성기의 상징이라고 보는 해석도 있다. 당시 관료제도에서 소외되거나 사교계에서 아름답고 부유한 여자들의 마음을 사지 못할까봐 두려워하는 주인공의 심리가 코를 잃어버리는 것으로 드러났다는 것이다. 그래서 성적으로 매력이 없거나 콤플렉스를 지닌 주인공의 억압된 심리는 잃어버린 코를 찾아 헤매는 것으로 나타난다. 주인공의 이름인 꼬발료프가 수캐를 의미한다는 것도 이 같은 해석의 근거가 된다.

잃어버린 코가 버젓이 인간처럼 행세하고 다닌다는 이 이야기는 근대소설 중 최초의 변신이야기라고 할 수 있다. 잘 알려진 카프카의 「변신」(1915)도 「코」(1836)가 씌여진 지 약 80년 후에나 쓰였다. 고급관료 행세를 하고 다니는 코에 관한 이 기이하고 놀라운 변신이야기는 당시 러시아의 탐욕스럽고 타락한 관료사회와 속물적이고 부패한 관료들을 유쾌하게 폭로한다. 이 소설의 배경인 페테르부르크는 당시 러시아의 수도이자 유럽문명을 받아들이기 위해 급조한 도시였는데, 계급과 권력의 위계질서가 삼엄해 심지어 '악마성'을 지닌 공간으로까지 인식되었다. 고골리는 이 같은 당시의 시대상과 사회상을 뒤틀어 풍자하기 위해 속물적이고 오만방자한 관료의 코가 사람이 되어 돌아다니는 황당한 상상을 펼쳤던 것이다.

러시아의 소설가들

톨스토이, 도스토예프스키, 푸슈킨, 고골리, 체호프, 솔제니친, 고리키, 솔로호프, 파스테르나크, 뚜르게네프 등 이 저명한 이름들은 세계소설사에 기록된 러시아의 작가들이다. 러시아의 문학은 사실주의(리얼리즘)가 가장 융성했는데 이들은 19세기 세계문학사에 가장 풍요로운 작품들을 남겼다. 이들은 귀족 계급과 전근대적인 농노제, 관리의 부패와 독선, 빈부의 격차, 사상통제와 탄압정치 등에 저항하며 사회를 비판하고 체제를 변혁하는 강인한 의지의 작품을 썼다. 러시아의 리얼리즘 소설은 사회의 어두운 면을 고의적으로 들추어내기보다는 현실에서 고통받는 평범한 인간의 생활상을 세밀하게 묘사하는 특징과 강한 풍자성을 갖고 있었으며 박애주의적 태도와 국민계몽의 의지가 강해 모든 작가들이 '국민을 위하여'라는 이념에 충실했다. 러시아의 사실주의 문학작품은 세계문학사에서 가장 탁월한 것으로 평가되고 있다.

현실을 비판하는 웃음의 힘

고골리의 소설은 일단 재미있다. 웃어야 할지 울어야 할지 모르는 상황이 이어지긴 하지만 의외의 사건이 벌어지고 정형화되지 않은 인물들이 벌이는 이야기가 흥미진진하다. 악당 같은 주인공이 승승장구하고 착하고 성실한 주인공이 어이없이 죽어버리는 이야기가 당황스럽긴 하지만 억지스러운 화해나 도덕적인 교훈이 두드러지지 않아 오히려 한층 사실적이다. 설령 코가 사람이 되어 돌아다닌다거나 주인공이 외투를 잃은 충격에 죽어 유령이 되었다는 황당한 이야기일지라도 어떤 현실비판적인 소설보다 사실적이다.

이 같은 고골리의 소설에는 대단히 비극적인 이야기일 때조차 눈물과 웃음이 반반씩 섞여 있다. 그가 지향하는 휴머니즘과 현실비판은 신랄한 풍자와 웃음의 힘으로 완성된다. 가장 비극적인 순간에도 웃지 않을 수 없고, 인물들이 비정한 현실에 놓여도 그들의 엉뚱한 말과 행동 때문에 박장대소하거나 뭉클한 웃음을 짓지 않을 수 없다. 웃음은 고골리 문학의 기본적인 골격이자 창조적인 힘이며, 고골리의 말처럼 "웃음은 단 하나 긍정적인 것"이라고 할 수 있다.

첫 장면에 등장하는 이반이나 코를 잃어버린 주인공 꼬발료프나 모두 어리석은 인물로 묘사된다. 코를 둘러싸고 벌이는 소동들도 우습지만, 계급사회, 사교계, 신문사, 경찰서장, 의사, 부패한 경찰, 지식인, 시민들을 차례대로 희화화하고 풍자하는 내용은 크고 작은 웃음 없이는 읽을 수 없을 정도이다. 이반이 아내의 구박을 받는 장면과 빵 속에서 코를 발견하고 쩔쩔매는 장면, 그 코를 어디에든 슬쩍 버리려고 전전긍긍하는 장면 등 소설의 도입부부터 웃음을 자아낸다. 물론 고골리가 풍자하는 가장 중심적인 대상은 꼬발료프를 비롯한 관료들이다. 일어나자마자 코에 난 여드름을 살피려고 거울부터 찾는 우스꽝스러운 모습으로 등장하는 꼬발료프는 계급이 높다는 이유만으로 자신의 코에게 극존칭을 쓰며 굽실거리고, 그 와

중에도 예쁜 여자들에게 추파를 던지고 결혼지참금에 골몰하며, 그저 고위직 사람들에게 쩔쩔매는 모습 등으로 희화화되고 웃음거리가 된다. 그뿐 아니다. 경찰서장은 고압적인 자세로 부정과 비리만을 일삼으며 경찰은 뒷돈만을 바라고 의사는 무능하며 관료와 사교계 귀족들은 모두 천박하다. 관료나 귀족은 악인으로 그려진다기보다는 모두 어리석고 속물적인 인간들로 그려진다.

　풍자와 웃음은 현실을 비판하고 부정하는 강력한 힘이다. 고골리는 계급사회의 모순과 허세를 비판하기 위해 꼬발료프를 조롱하고 야유한다. 코가 사라지는 황당한 사건을 통해 그의 오만과 위선을 한번에 꺾는다. 어쩌면 직접적인 비판보다 더 공격적인 것이 풍자와 웃음의 힘이다. 웃음은 우월한 계급과 열등한 계급의 상황을 전복시키고, 유쾌한 상상으로 모순된 현실을 조롱하는 힘을 지니기 때문이다.

"모든 러시아 소설은 고골리의 「외투」에서 나왔다"

도스토예프스키가 남긴 유명한 말이다. 고골리의 소설 「외투」는 러시아의 하급관리의 비참한 삶에 관한 단편소설로 「코」만큼이나 웃음과 풍자와 환상으로 가득한 이야기다. 실제로 고골리는 매우 가난해서 러시아의 추운 겨울을 지낼 겨울외투를 장만하기 어려웠다고 하는데 「외투」는 그 경험을 바탕으로 하고 있다. 주인공은 눈물겨운 희생과 각고의 노력 끝에 겨울외투를 장만한다. 하지만 사람들은 모두 그를 우습게 여기고 그의 외투도 함부로 대한다. 놀림만 당하고 집으로 돌아오던 어느 날 그는 강도에게 외투를 빼앗긴다. 외투를 찾아 헤맸지만 누구 한 사람 그를 도와주지 않자 그만 깊은 시름 끝에 죽고 만다. 그후 그는 유령이 되어 마을을 돌아다니며 고위관료들을 겁주다가 마침내 한 장교의 외투를 빼앗아 입고는 더 이상 나타나지 않았다. 외투를 잃은 주인공이 슬픔에 빠져 죽었다는 것은 다소 비약이라 할 수 있으나 계급과 빈부의 모순을 드러내는 매우 극적인 장치라 할 수 있다.

이 이야기는 과연 사실일까

이 소설의 제목은 '코(nos)'이지만 작가가 처음 생각한 제목은 '꿈(son)'이었다고 한다. 즉, 철자의 순서만 바꾸어 새로운 제목이 된 것이다. '꿈'이라는 제목은 소설 속에 의미적 장치가 있다. 소설 첫머리에서 이반이 빵 속에서 사람의 코를 발견하는 날은 3월 25일이고 소설 말미에서 꼬발료프가 정상적으로 코가 붙어 있는 것을 발견하는 날은 4월 7일인데, 이 두 날짜가 실은 구력과 신력으로 환산하면 동일한 날이라는 것이다. 다시 말해 이 이야기는 하루 동안 일어난 꿈 이야기라고 할 수 있다.

코가 사라져버린 이 황당무계한 상상을 꿈 이야기라고 일축해버리면 긴장감이 떨어지기는 하지만, 꼬발료프의 어리석은 행동들을 통해 불합리한 현실을 비판하려는 풍자의 의도는 뚜렷해진다. 고골리는 여러 작품에서 현실적인 주제와 환상성의 만남이라는, 쉽게 어울릴 것 같지 않은 요소들을 효과적으로 결합시키고 있다. 주제는 사회의 불합리와 모순을 폭로하는 사실적인 내용이고 기법은 의외의 상상과 비현실적인 환상적 요소들로 구성된다. 즉 코가 사라지더니 사람이 되어 돌아다니고(「코」), 외투를 잃고 죽은 사람이 유령이 되어 출몰하며(「외투」), 과대망상에 빠진 하급관리가 개와 편지를 주고받는(「광인일기」) 식이다.

고골리가 사실적인 주제를 환상성과 결합하는 것은 소설의 전통적인 구성을 넘어서는 방식이다. 고골리 소설의 환상성은 현실을 회피하거나 현실로부터 도피하는 것이 아니라 오히려 현실의 모순을 극대화하고 현실을 마음껏 풍자하는 것이다. 물론 교훈성과 권선징악을 강조하지도 않는다. 으레 꿈에서 깨어난 다른 소설의 주인공들 - 가령 『크리스마스 캐롤』의 스쿠루지나 『구운몽』의 양소유 등 - 이 꿈에서 깨어날 때 하듯 지난날을 반성하고 새 삶을 약속하는 모습조차 보이지 않는다. 더욱이 작품 속 인물들은 누구 하나 진실을 말하거나 곱게 말하는 예가 없다. 모두 거짓과 아첨과 악다구니와 명령의 말뿐이며, 겉은 멀쩡해도 속은 탐욕스럽고 비루한 욕망들로 가득 찬 인간뿐이다. 고골리는 관료 계급의 모순과 속물적인 인간의 욕망을 직설적으로 비판하는 것이 아니라 웃음과 유머로 가득한 환상성을 통해 풍자하고 있다.

이 소설에서 발견되는 또 하나의 새로운 기법은 작가가 소설 가운데 불쑥 등장해서 자신의 생각을 늘어놓는다는 점이다. 이를 메타소설적 기법이라고도 하는데 「코」의 끝부분에서 작가는 노골적으로 끼어들어 소설의 허구성을 기정사실화하면서 마치 자신도 한 사람의 독자인 양 작품을 평가하고 작품의 의미를 짚어본다. 그는 작가가 이런 종류의 사건을 주제로 삼는 것이 이해하기도 어렵고 국가에도 아무런 이익이 없겠지만 그래도 무엇인가 내포되어 있을 것이라고 이야기를 끝맺는다. 현실과 환상을 넘나드는 장면, 그리고 허구와 현실을 넘나드는 서술방식은 이 소설을 당시의 다른 소설들과 달라보이게 하는 또 하나의 특징이라 할 수 있다.

러시아 소설 속의 '이반' 들

고골리의 「코」뿐 아니라 도스토예프스키의 『까라마조프가의 형제들』, 톨스토이의 『바보 이반』, 솔제니친의 「이반 데니소비치의 하루」 등에서 볼 수 있듯이 '이반' 이라는 이름은 러시아에서 가장 친근하고 흔한 이름으로 등장한다. 실제로도 왕족부터 서민까지 갖고 있던 대표적인 이름인데, 소설에 등장하는 이반들은 대개 러시아의 평범하고 일상적인 인물들을 상징한다.

「관리의 죽음」 계급은 불평등한 조건이다

러시아의 대표작가 안톤 체호프(Anton Pavlovich Chekhov, 1860~1904)의 단편 「관리의 죽음」에서 주인공 이반 체르바코프는 오페라를 보던 중 재채기를 하는데 그 침이 그만 장군에게 튄 것을 보고 겁에 질린다. 높은 분에게 큰 결례를 저질렀다고 생각한 이반은 깊이 근심하며 장군이 귀찮아할 정도로 자꾸 찾아가 용서를 빌고 또 빈다. 다음은 이 소설의 결말 부분이다.

"각하, 저는 어제 와서 폐를 끼친 사람입니다만……"

장군이 그를 의아한 눈길로 쳐다보자 그는 더듬거리며 말했다.

"그건 각하께서 말씀하신 것처럼 놀리려는 뜻이 아니었습니다. 저는 다만 재채기를 하다가 침이 튄 것에 대해서 사과를 드리려던 것이었지, 놀리려는 생각은 없었습니다. 어떻게 제가 감히 각하를 놀리겠습니까? 만약에 제가 웃었다면 그건 높으신 어른에 대한 존경심 때문입죠. 제가 설마……"

"꺼져!"

장군은 얼굴이 파랗게 질려서 부들부들 떨며 소리를 빽 질렀다.

"뭐라고요?"

체르바코프는 두려움에 질려서 속삭이듯 물었다.

"꺼지라니까!"

장군이 발을 구르며 되풀이해서 말했다.

순간 체르바코프의 뱃속에서 무언가가 터져버렸다. 아무것도 보이지 않고 아무것도 들리지 않는 상태로 그는 문을 향해 뒷걸음질쳤다. 그리고 흐느적흐느적 밖으로 걸어 나왔다. 기계적으로 걸음을 옮겨 집에 돌아온 그는 관복을 벗지도 않은 채로 소파에 누웠다. 그리고……죽었다.

■■■ Question

1. 이반은 장군에게 왜 지나치게 사과를 하고 용서를 빌었을까?

2. '그리고……죽었다' 라는 마지막 문장의 의미는?

■■■ Expression

고골리의 「코」와 체호프의 「관리의 죽음」은 각기 다른 두 계급의 주인공들을 통해 계급사회와 관리제도의 모순을 어떻게 비판하고 있는지 다음 문장을 이용하여 한 문단으로 쓰라.

「코」와 「관리의 죽음」의 주인공들은 코를 잃어버리고 우왕좌왕하는 8등관의 모습과 장군의 호통에 어이없이 죽어버리는 하급관리로 희화화되고 있다.

| 철 | 학 | 으 | 로 | 명 | 작 | 이 | 해 | 하 | 기 |

『양반전』 풍자는 현실을 비판하는 힘이다

연암 박지원의 『양반전』은 양반 계급을 희화화하고 풍자함으로써 양반사회의 무능함과 허식뿐인 관념성을 비판한다. 한 부자 평민이 돈을 주고 양반의 지위를 사는데, 그 매매증서에는 양반이 지켜야 할 행동거지에 대해 다음과 같이 쓰여 있었다.

〈첫 번째 문서〉

야비한 일을 딱 끊고 옛을 본받고 뜻을 고상하게 할 것이며, 늘 오경만 되면 일어나 황에다 불을 당겨 등잔을 켜고 눈은 가만히 코끝을 보고 발꿈치를 궁둥이에 모으고 앉아 동래박의를 얼음 위에 박 밀듯 왼다. 주림을 참고 추위를 견뎌 입으로 설궁을 하지 아니하되, 고치 · 탄뇌를 하며 입안에서 침을 가늘게 내뿜어 연진을 한다. 소맷자락으로 모자를 쓸어서 먼지를 털어 물결무늬가 생겨나게 하고, 세수할 때 주먹을 비비지 말고, 양치질해서 입내를 내지 말고, 소리를 길게 뽑아서 여종을 부르며, 걸음을 느릿느릿 옮겨 신발을 땅에 끈다. 그리고 고문진보(古文眞寶), 당시품휘(唐詩品彙)를 깨알같이 베껴 쓰되 한 줄에 백 자를 쓰며, 손에 돈을 만지지 말고, 쌀값을 묻지 말고, 더워도 버선을 벗지 말고, 밥을 먹을 때 맨상투로 밥상에 앉지 말고, 국을 먼저 훌쩍훌쩍 떠먹지 말고, 무엇을 후루루 마시지 말고, 젓가락으로 방아를 찧지 말고, 생파를 먹지 말고, 막걸리를 들이켠 다음 수염을 쭈욱 빨지 말고, 담배를 피울 때 볼에 우물이 파이게 하지 말고, 화난다고 처를 두들기지 말고, 성내서 그릇을 내던지지 말고, 아이들에게 주먹질을 말고, 노복들을 야단쳐 죽이지 말고, 마소를 꾸짖되 그 판 주인까지 욕하지 말고, 아파도 무당을 부르지 말고, 제사 지낼 때 중을 청해다 재를 드리지 말고, 추워도 화로의 불을 쬐지 말고, 말할 때 이 사이로 침을 흘리지 말고, 소 잡는 일을 말고, 돈을 가지고 놀음을 말 것이다.

〈두 번째 문서〉

하늘이 민(民)을 낳을 때 민을 넷으로 구분했다. 사민 가운데 가장 높은 것이 사(士)이니 이것이 곧 양반이다. 양반의 이익은 막대하니 농사도 안 짓고 장사도 않고 약간 문사를 섭

렴해 가지고 크게는 문과 급제요, 작게는 진사가 되는 것이다. 문과의 홍패는 길이 2자 남

짓한 것이지만 백물이 구비되어 있어 그야말로 돈자루인 것이다. 진사가 나이 서른에 처음

관직에 나가더라도 오히려 이름 있는 음관이 되고, 잘 되면 남행으로 큰 고을을 맡게 되어,

귀밑이 일산의 바람에 희어지고, 배가 요령 소리에 커지며, 방에는 기생이 귀고리로 치장하

고, 뜰에 곡식으로 학을 기른다. 궁한 양반이 시골에 묻혀 있어도 무단을 하여 이웃의 소를

끌어다 먼저 자기 땅을 갈고 마을의 일꾼을 잡아다 자기 논의 김을 맨들 누가 감히 나를 괄

시하랴. 너희들 코에 잿물을 들이붓고 머리끄덩이를 회회 돌리고 수염을 낚아채더라도 누

구 감히 원망하지 못할 것이다.

■■■ Question

1. 위의 두 문서는 각각 양반의 어떤 점을 비판하고 있는가?

2. 부자가 두 번째 증서를 보고 "나를 장차 도둑놈으로 만들 작정인가"라고 혀를 내두르며

   달아나버린 까닭은?

■■■ Expression

고골리의 「코」와 박지원의 『양반전』에서 높은 신분 계층을 어떻게 비판하고 풍자하고 있는

지 서술하라.

「위대한 독재자」 권력자의 횡포에 대한 조롱

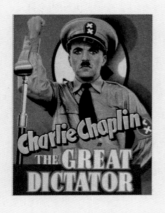

채플린의 영화는 희극이지만 그 웃음에는 사회 모순에 대한 비판의 메시지가 담겨 있다. 그의 작품 가운데 「위대한 독재자」(1940)는 웃음과 풍자가 두드러지는 영화이다. 늘 엉뚱한 행동을 하는 유대인 병사 찰리는 전쟁터에서 비행기 추락사고로 기억상실증에 걸린다. 그즈음 힝켈이라는 독재자가 등장해 유대인 탄압정책을 펼치고 다른 나라와 맺은 불가침조약을 어긴 채 침략하는 등 세계적인 폭군 행세를 한다. 기억상실증으로 세상 물정을 모르는 찰리는 힝켈의 정책에 맞섰다가 수용소로 끌려가지만 군복을 훔쳐 입고 탈출하려 한다. 그러나 찰리는 힝켈과 꼭 닮은 얼굴(찰리 채플린의 1인 2역)과 훔쳐 입은 제복 덕분에 우연찮게 힝켈로 오인되어 독재자의 자리에 서서 연설을 하기에 이른다. 찰리는 연설에서 평화와 휴머니즘의 중요성을 역설하고 희망을 호소해 열렬한 갈채를 받는다.

이 작품은 힝켈이라는 인물을 통해 희대의 독재자 히틀러를 풍자하고 있다. 연설을 마치고 단상에서 굴러 떨어지기도 하고 세계를 통치하려는 과대망상에 빠져 지구본으로 춤을 추다가 끝내 지구본이 터지자 울먹거리는 우스운 행동을 보인다. 작가는 세계 최고의 독재자인 힝켈의 행동을 웃음거리로 만들고 공포스러운 권력자의 횡포를 마음껏 조롱하고 야유하면서 독재자의 야욕을 비판하는 것이다.

1. 찰리와 힝켈은 각각 어떤 인물인가?

2. 찰리의 마지막 연설은 어떤 의미를 갖는가?

채플린의 「위대한 독재자」를 예로 들면서 '웃음은 사회 비판의 메시지를 담기도 한다'는
명제로 한 문단의 글을 쓰라.

많은 예술 작품들이 계급의 모순과 불평등을 비판하기 위해 상층 계급을 희화화하거나 풍자하고 있다. 이들은 상층 계급의 탐욕과 위선과 속물성을 진지하게 비판하기보다는 웃음의 대상으로 폭로하고 있다. 실제 작품을 예로 들면서 현실을 비판하는 풍자와 웃음의 힘에 대해 서술하라.

인간이 휘두르는 폭력은 본성 때문인가
제도 때문인가

『파리대왕』 윌리엄 골딩

『1984년』 조지 오웰

『도덕적 개인과 비도덕적 사회』 라인홀트 니버

영화 「반지의 제왕」

어두움은 인간 본성의 일부인가

    무인도 탐험! 어른이 없는 세계에서 펼쳐지는 모험은 누구나 한번쯤은 꿈꾸어 봤을 가슴 뛰는 이야기이다. 영국의 소설가 윌리엄 골딩(William Golding, 1911~1993)의 대표작인 『파리대왕』은 무인도에 고립된 소년들의 모험담이다. 핵 전쟁이 터지자, 정부에서는 소년들을 대피시키기로 한다. 그런데 비행기가 적군 에게 포격을 당해 다섯 살에서 열두 살까지의 아이들만 망망대해에 떠 있는 낯선 섬에 남겨진다. 구조를 기다리며 아이들은 자기들 힘으로 살아갈 방도를 찾아나 간다. 처음에는 새로운 모험에 신났지만, 시간이 지나면서 아이들은 하나둘 타락 하기 시작한다. 어른들 세계의 부끄러운 모습들(무질서, 폭력, 살인)이 작은 무인 도에서도 똑같이 일어난다.

    이 작품은 2차 대전이후 냉전의 분위기가 짙어가던 1954년에 발표되어 재미있 으면서도 인간에 대한 깊은 통찰을 보여주는 작품이라는 평을 받으며 세계적인 주목을 받았다. 1983년 작가에게 노벨문학상의 영광을 안겨준 대표 작품이기도 하다.

    『보물섬』이나 『로빈슨 크루소』 『15소년 표류기』와 같은 모험담을 기본틀로 하 고 있지만, 이 이야기의 중심은 인간 본성에 대한 깊은 성찰이다. 어른들이 만들 어놓은 어떠한 제도의 영향도 받지 않는 무인도에서 벌거벗은 아이들은 과연 어 떤 행동을 할 것인가? 무인도는 인간성의 본질을 살펴보는 무대가 되어줄 것이 다. 인간의 내면에 잠재된 악마적 본성을 탐구하고 있다는 점에서 이 작품은 철 학적 우화이며, 인간관계와 사회제도가 왜 폭력적인 상황으로 치닫게 되는가를 다루고 있다는 점에서는 정치적인 우화이기도 하다.

　암흑 세계, 악마적 힘의 상징으로 등장하는 '파리대왕'은 과연 우리들의 일부분인가? 아니면 인간이 맞서야 할 적대자인가? 인간의 본성은 선한 것인지, 또는 악한 것인지, 인간이 사회를 이루고 평화롭게 살기 위해서는 무엇이 필요한 것인지를 함께 생각해보자.

■■■ 작품 이해를 위한 질문

1. 인물을 성격에 따라 두 그룹으로 나누어 그 특성을 정리해보자.

2. 소라 고둥, 안경은 각각 무엇을 상징하는가? 봉화와 멧돼지 사냥은 무엇을 상징하는가?

3. 소년들이 타락해간 과정을 정리해보고, 친구를 살해한 원인을 찾아보자.

4. 폭력의 근원은 인간에게 있는가? 외부 세계에 있는가?

>> 파리대왕

이 섬에 우리를 도와줄 사람은 아무도 없어

비행기의 동체가 부딪치며 할퀴고 지나간 정글에는 연기와 불길이 어지럽게 얽혀 있었다. 금발의 소년 랠프는 눈앞에 펼쳐진 낯선 풍경을 망연히 바라보았다. 막 어깨가 벌어지기 시작한 열두 살의 소년은 자기들이 외딴 섬에 불시착했음을 알아챘다. 원자 폭탄 때문에 전쟁이 일어났고, 소년들을 대피시키던 비행기는 적의 공격을 받았다. 화염에 휩싸인 수송기는 아이들만 겨우 외딴 섬에 내려놓고 어디론가 사라져버린 것이다. 두꺼운 안경을 쓴 뚱뚱한 소년 하나가 나무 덤불 사이에서 기어 나왔다. 피기라는 별명의 이 소년은 둔한 몸짓과는 달리 매우 침착하고 영민한 눈빛으로 사방으로 둘러보며 사태를 파악했다.

그들은 상상 속에서나 가보았던 외딴 섬에 자신들이 실제로 와 있다는 것이 믿어지지가 않았다. 그러나 두려움도 잠깐이고, 소년들은 금방 기분이 좋아졌다. 모래사장 저편의 숲 속에는 높은 돌벽이 솟아 있었다. 돌벽에는 야자수들 덕분에 작은 그늘이 져 있었다. 랠프는 풀숲에서 커다란 소라껍질을 찾아내고는 멋진 신호용 나팔이 될 것임을 한눈에 알아보았다. 몇 번의 연습 끝에 멋진 소리를 내는 방법을 알게 되었다. 랠프는 숨을 깊게 들이쉰 뒤 소라 고둥을 불었다. 고둥 소리는 섬 전체에 퍼져나갔고 여기저기에서 소년들이 나타났다. 대여섯 살 먹은 꼬마들이 열매를 집어먹다가 숲에서 튀어나오기도 했고, 쌍둥이 형제도 모여들었다. 모래사장 저편에서 은빛 모자에다 검은 망토를 두른 소년들이 두 줄로 걸어나왔다. 성가대원이라는 소년들의 대장은 키가 훌쩍 큰 잭이라는 소년이었다.

이렇게 한자리에 모인 소년들은 구조되기 전까지 대장을 뽑아 생활해야 한다는 데 의견을 모았다. 하지만 대장을 뽑는 일은 쉽지가 않았다. 자신이 성가대원이자 지휘자이기 때문에 대장을 해야 한다는 잭의 의견도 있었지만, 결국 랠프가 대장으로 뽑혔다. 몸집도 컸고 어른스럽게 침착한데다 무엇보다도 소라 고둥을 가지고 있었기 때문이었다.

소년들은 섬 전체를 둘러보러 탐험을 떠났다. 섬의 제일 높은 곳에 올라 바다를 내려다보았다. 아이들은 망망대해에 떠 있는 작은 섬에 고립되어 있음을 확인하고 구조대가 올 때까지 자기들 힘으로 이 섬에서 살아남아야 함을 정확히 이해했다.

봉화를 피우면 뭘해, 멧돼지 사냥이 더 중요해

대장이 된 랠프가 회의를 열었다. 무인도에서 어떻게 살아가야 할지를 서로 이야기하는 자리였다. 손을 들어서 발언권을 얻고, 발언을 하는 동안에는 소라를 들고 있어야 하며, 소라를 들고 이야기할 때는 아무도 훼방할 수 없다는 규칙이 만들어졌다. 소라 고둥은 놀랄 만한 질서를 만들었다. 살아갈 방도를 진지하게 이야기하며 소년들은 자신들이 모험소설의 주인공이 되어 있다는 사실에 열광했다.

"이 섬은 우리들 거야. 멋진 섬이지. 어른들이 구조하러 올 때까지 신나게 놀자."

랠프는 소라를 흔들며 산꼭대기에 봉화를 올려 구조대가 볼 수 있도록 해야 한다고 말했다. 봉화라는 말은 소년들의 마음에 희망의 불을 켜게 했다. 대장의 명령에 따라 소년들은 합심하여 나무를 했다. 그리고 산꼭대기까지 낑낑거리며 나무를 날랐다. 하지만 결정적으로 불을 피울 도구가 없음을 깨달았다. 잭이 갑자기 피기의 두꺼운 안경을 가리켰다. 성가대원 출신의 소년들이 피기의 안경을 억지로 빼앗았다. 소년들은 빼앗은 안경을 화경삼아 불을 피우는 데 성공했다. 산꼭대기에는 구조를 기다리는 희망의 봉화가 타올랐다.

소년들은 몇 가지 할 일을 정하였다. 조를 나누어 봉화가 꺼지지 않도록 지킬 것, 바닷가에 오두막을 지을 것, 사냥을 할 것 등이었다. 랠프는 오두막을 짓는 데 힘을 쏟았고, 잭의 관심은 오로지 멧돼지 사냥에 있었다. 매사에 서로 의견이 부딪치는 두 소년의 마음속에는 동지애와 동시에 증오심이 스멀스멀 피어났다.

소년들은 섬 생활에 조금씩 적응해갔다. 소년들의 옷은 헤어졌고 머리카락은 마구 자라 흐트러져 있었다. 어린 꼬마 아이들은 하루 종일 닥치는 대로 과일을 따먹으면서 시간을 보냈다. 밤이면 오두막에서 서로에게 의지하며 밀려드는 공포를 이겨냈다. 만성 배앓이에도 차차 익숙해졌다. 잭의 무리들은 사냥에 열을 올리고 있었다. 그들은 전쟁 때와 마찬가지로 진흙을 얼굴에 발라 멧돼지를 속여야 한다는 것도 알게 되었다. 붉은색, 검은색, 흰색 등으로 색을 칠하자 소년들은 다른 사람이 되었다. 낯선 가면은 수치심은 물론 자의식까지도 가려버렸다. 소년들의 웃음소리는 어느새 피에 굶주린 포효로 변해갔다.

어느 날 수평선에 배가 나타났다. 흥분한 랠프는 산꼭대기를 올려다보더니 다음 순간 산꼭대기를 향해 죽을힘을 다해 뛰었다. 봉화가 꺼져 있었던 것이다. "돌아와요! 돌아와요!" 랠프는 바다를 향해 목이 터져라 외쳤으나, 배는 점점 멀어져만 갔다. 랠프는 봉화를 지키지 못한 잭의 무리들을 향해 온갖 욕을 퍼부었다. 그때 노랫소리가 들리더니 잭의 무리들이 사냥한 멧돼지를 장대에 매달고 의기양양하게 돌아왔다.

랠프는 봉화를 꺼뜨린 그들을 질책했으나, 사냥의 흥분에 사로잡힌 소년들은 그 말의 의미를 잘 이해할 수 없었다. "내가 돼지 멱을 땄어.", "피가 엄청나게 솟구치는데!" 랠프는 대장의 권위를 빌려 배를 놓쳐버린 것이 얼마나 큰 사건인가를 설명하려 했다. 하지만 잭은 수모감을 견디지 못하고 피 묻은 창을 손에 든 채 랠프를 노려보다가 애꿎은 피기의 머리통을 쳤다. 피기의 안경 한 쪽이 날아가버렸다.

소년들은 확실히 무언가 서로 어긋나고 있었다.

피의 축제, 파리대왕과 만나다

랠프는 새로운 규칙을 정하기 위해 회합을 소집했으나, 의견이 잘 모아지지 않았다. 꼬마들 사이에 무서운 소문이 돌기 시작했다. 정체를 알 수 없는 무서운 짐승이 나타난다는 것이다. 소년들은 짐승의 실체를 확인하기 위해서 산으로 올라갔다. '그것'과 마주친 순간 제대로 확인도 못 해보고 공포에 휩싸여 그대로 산비탈을 도망쳐 내려왔다. 소문을 타고 공포심은 점점 커져만 갔다. 잭은 대장 노릇을 제대로 못한다며 랠프를 비난하고는 사냥부대를 이끌고 무리를 떠나버렸다.

무리를 이탈한 소년들은 모든 욕구와 분노를 사냥감에 퍼부어댔다. 새끼들과 평화롭게 낮잠을 자고 있던 암퇘지가 사냥감이 되었다. 서슬이 퍼런 창들이 날아들었다. 암퇘지는 옆구리에 창이 꽂힌 채 피를 흘리며 도망을 갔다. 암퇘지의 애처로운 비명소리가 숲을 갈라놓았다. 소년들은 욕정에 사로잡힌 얼굴로 암퇘지에게 덤벼들었다. 땀과 피와 소음과 비명이 뒤섞여 날뛰었다. 잭이 돼지의 멱을 따자 뜨거운 피가 솟구쳤다. 피범벅이 된 소년들은 서로에게 뜨거운 돼지 피를 발라주며 살육의 흥분에 몸을 떨었다. 돼지의 배를 가르고 창자를 바위 위에 쌓아올리고 돼지 머리를 잘라 긴 막대기 끝에 걸어두었다. 숲의 짐승 '그것'에게 선물로 주는 것이었다.

사이먼은 '그것'의 실체를 알고 싶어 혼자서 산으로 올라갔다. 사이먼은 산꼭대기에서 조종사의 시체를 발견했다. 공포스럽기만 했던 짐승의 정체를 알게 된 것이다. 그리고 사이먼은 창자 위에서 들끓고 있는 파리떼와 막대기에 매달린 돼지 머리를 보았다. '파리대왕'이었다. 사이먼은 눈을 돌릴 수가 없었다. 파리대왕이 이쪽을 보고 있었다. "사이먼, 넌 알고 있지. 내가 너희들의 일부라는 것을. 아주 가까운 일부라는 것을 말이야." 사이먼은 산 아래쪽에서 자신을 만나게 될 것이라는 파리대왕의 말을 들었다. 거대한 아가리가 자신을 보고 있었다. 사이먼은 아가리 속의 새까만 암흑 세계로 빨려 들어가는 것 같은 느낌에 사로잡혔다.

사이먼은 그 모든 것을 다른 아이들에게 말해주기 위해서 해변으로 내려왔다. 이미 캄캄해진 모래사장에서 사냥부대 소년들이 광란의 축제를 벌이고 있었다. "짐승을 죽여라. 목을 잘라라. 피를 흘려라." 천둥소리가 들리고 소년들의 광란은 점점 열기를 더해갔다. 그때 숲 속에서 무엇인가가 기어나왔다. 소년들은 짐승에게 달려들어 무조건 찌르고 밟고 찢어댔다. 소낙비가 억수로 퍼부었다. 소년들은 흩어지고 조그만 짐승의 피가 모래사장을 적셨다. 사이먼의 시체는 파도를 타고 바다로 밀려갔다.

전쟁터에서 구조되다

끔찍한 살인이 일어난 것을 알게 된 랠프와 피기, 그리고 쌍둥이 형제는 서로를 위로하며 치를 떨었다. 사냥부대 역시 무엇인가 잘못되었음을 느꼈으나 그냥 모르는 척했다. 그들은 이제 야만인임을 자처했고, 잭은 추장 노릇을 했다. 야만인들은 사냥을 해도 불을 피울 도구가 없음을 깨달았다. 피기의 한 알 남은 안경이 필요했다. 그것을 뺏어야만 했다.

오두막 주위가 갑자기 소란스러워졌다. 야만인들의 습격이었다. 사방에서 주먹이 날아들고 오두막이 폭삭 내려앉았다. 의기양양해하며 돌아가는 잭의 손에는 피기의 깨진 안경이 전리품으로 들려 있었다.

습격을 당한 소년들은 그대로 있을 수가 없었다. 랠프는 회의를 소집하여 이 사건에 대해서 따지려고 잭의 요새를 찾아갔다. 하지만 소라 고둥은 더 이상 아무런 힘도 발휘할 수 없었다. 랠프는 봉화를 피울 안경을 훔쳐간 것을 비난했으나, 색칠한 야만인들의 얼굴에는 아무런 변화가 없었다. 갑자기 잭의 부하들이 쌍둥이 형제를 붙잡아 밟아대기 시작했다. 피기가 소라 고둥을 들고 규칙을 지키면서 구조를 기다려야 함을 외치는데 갑자기 절벽 위에서 바위 움직이는 소리가 들렸다. 절벽 위에 설치된 지렛대 위에 사냥꾼 로저의 그림자가 어른거리더니 커다란 바위가 피기를 향해 굴러 떨어졌다. 바위는 피기를 순식간에 골짜기 아래로 떨어뜨렸다. 온몸이 깨어진 피기가 사지를 부르르 떨며 마지막 숨을 내쉬었다. 야만인들은 이제 랠프를 향해 창을 던졌다. 공포에 휩싸인 랠프는 무조건 도망을 쳤다. 생사를 건 질주와 추적이 계속되었다. 은신처에 잠시 몸을 숨겼으나 그곳도 금방 발각되고 말았다. 야만인들은 정글에 불을 지르며 사냥감을 몰듯 랠프를 추격한다. 사냥감을 쫓는 야만인들의 창이 랠프의 등 뒤까지 바싹 쫓아왔다.

죽을힘을 다해 모래사장까지 뛰어나온 랠프 앞에 제복을 입은 해군 장교가 서 있었다. 랠프 뒤에서는 불길이 섬 전체를 활활 태우고 있었다. 장교와 배를 발견한 소년들이 하나 둘 모여들었다. 전쟁놀이는 끝이 났다. 모래사장을 뒤덮고 있던 이상한 마력이 점차 걷히더니, 이제 섬은 죽은 나무처럼 시들하게 보였다. 랠프는 몸부림치면서 울음을 터뜨렸다. 서러움에 감염된 것인지 다른 소년들도 울음을 터뜨렸다. 잃어버린 순수함과 인간본성의 어두움, 그리고 진실하고 지혜로운 친구 피기의 죽음이 슬퍼서 랠프는 통곡했다. 멀리 한 척의 순양함이 그들을 기다리고 있었다.

>> 아이들은 왜 친구를 고문하고 죽였는가

인간의 본성에는 어두움이 숨어 있는가

천진무구(天眞無垢)라는 말이 있다. 한 점 얼룩이 없는 깨끗한 자연 상태란 의미로, 아이들의 환하게 웃는 얼굴과 아주 잘 어울리는 말이다. 성경에서도 어린아이와 같아야 천국에 갈 수 있다고 한다. 그래서인지 어린아이나 동심(童心)은 늘 예찬의 대상이고 때가 묻지 않은 백지처럼 표현된다.

그런데 아이에 대한 예찬의 소리가 높아질수록 어른들의 세계는 상반되게 연상될 수밖에 없다. 비도덕, 불순함, 폭력 등으로 얼룩진 더럽혀진 세계는 항상 천진무구의 세계를 위협하는 악의 힘으로 그려진다. 그래서 아이들은 어른이 되는 것을 두려워한다. 때로는 피터팬처럼 거부한다.

그런 상식으로 보면 『파리대왕』에 등장하는 주인공들은 일반적인 아이의 이미지와는 매우 다르다. 천진한 아이들이었지만 점차로 어른들과 다르지 않은 악행을 저지르기 때문이다. 처음에는 랠프를 중심으로 작은 공동체가 만들어진다. 어린 소년들이었지만 문명 사회(영국)의 구성원들답게 서로 도우면서 각자 할 일을 하기로 한다. 소라 고둥은 공동체의 질서를 의미한다. 회합을 할 때, 소라 고둥을 든 사람이 발언을 할 수 있고 다른 사람은 그의 말에 귀를 기울여야만 한다. 랠프의 참모격인 피기는 뚱뚱하고 움직이기를 싫어하지만 지성과 판단력을 발휘해 자기의 역할을 한다. 특별히 그의 안경은 불을 지피는 화경으로 쓰인다. 산꼭대기에 피우는 봉화는 소년들의 희망이다. 언젠가는 구조대가 올 것이고, 결국은 부모의 품으로 돌아갈 수 있으리라는 희망을 품고 연기를 피운다. 소라 고둥, 안경, 봉화 등은 고립된 소년들이 무질서나 혼돈에 빠지지 않고 문명세계의 일원으로서 살아가게 하는 중요한 도구 역할을 한다.

그러나 사냥부대원들은 달랐다. 그들에게는 구조를 기다리는 것보다는 신나게 사냥을 하고 고기로 배를 채우는 일이 훨씬 중요했다. 잭은 창과 칼을 만들어 힘으로 아이들을 제압하며 폭력과 살육의 세계로 빠져 들어간다. 소라 고둥으로 대표되는 랠프의 공동체가 이성(理性)에 의해 운영되는 사회를 의미한다면, 창과 사냥으로 대표되는 잭의 집단은 힘에 의해 지배되는 사회를 의미한다. 잭이 섬의 패권을 장악하면서 피기의 안경이 깨지고, 봉화의 불도 꺼진다. 아이들은 급기야는 친구를 고문하고 죽이기까지 한다.

아이들은 천진난만한가? 천진난만한 아이들의 내부에는 무서운 악의 힘이 숨어 있는 것일까?『파리대왕』에서는 그렇다고 말한다. 순수한 아이의 눈망울에서는 그런 그림자가 잘 보이지 않지만 어떤 상황이 만들어졌을 때 악마적 힘은 발현된다. 악마적 힘이 발휘되는 상황을 따져보아야 그 힘과 대결할 방법을 찾을 수 있을 것이다.

파리대왕의 원조는 『산호섬』?

모험담이라는 점에서 『파리대왕』은 『걸리버 여행기』 『로빈슨 크루소』 『15소년 표류기』와 맥을 같이한다. 하지만 이 소설에 실제적인 영감을 준 것은 영국의 작가 발랜타인(1825~1894)의 『산호섬』이라고 알려져 있다. 세 소년이 폭풍우를 만나 표류하다가 무인도에 도착하여 난관을 극복하며 씩씩하게 살아가는 이야기인데, 주인공으로 설정되어 있는 랄프나 현명한 소년 잭 등의 이름이 『파리대왕』과 흡사하다. 또한 섬 탐험이라든가 돼지사냥과 같은 모티프도 비슷한 점이 있다. 이 소설은 19세기의 해양모험소설의 대표작으로 오랜 세월 영국의 소년소녀들에게 애독되었다.

어두운 힘의 상징인 '파리대왕'은 어떤 상황에서 나타나는가

소설의 제목인 '파리대왕(Lord of the Flies)' 이라는 말은 어두움 또는 악마적 힘을 상징한다. 희랍어인 곤충의 왕(Beelzebub, 악마를 상징하는 말)이라는 말을 영어 (flies)로 의역한 것이다. 소년 중의 한 명인 사이먼은 잭 일당이 걸어놓은 멧돼지 머리를 발견한다. 멧돼지 머리는 잭 일당이 광란의 사냥 후에 남긴 전리품이다.

잭은 처음부터 대장이 되고 싶어하고 사냥부대가 필요하다고 주장한다. 무인도 에서 살아남기 위해서 사냥은 필요한 일이다. 늘 리더 노릇만 해오던 잭이 대장이 되고 싶은 것이나 사냥을 하고 싶어하는 일은 비난 받을 일이 못 된다. 그러나 잭 이 자기와 생각이 다른 사람들을 싫어하며 모든 사람 위에 군림하고 싶어하면서 문제가 발생한다. 그에게는 소라 고둥도 봉화도 친구의 안경도 중요하지 않다. 언 제 올지도 모르는 구조대 따위는 믿지 않는다.

현재를 즐기고 자기가 강해지는 것에만 관심이 있다. 오직 창과 사냥만이 중요

『에밀』과
성선설(性善說)

"조물주가 처음에 만물을 창조할 때는 모든 것이 선이었다. 그런데 인간의 손이 닿으면서 모든 것은 타락한다." 프랑스의 사상가인 장 자크 루소(1712~1778)가 쓴 『에밀』의 시작 부분이다. 루소는 인간 은 선하게 태어나나 사회생활을 거치면서 점점 선한 자연성이 훼 손된다고 했다. 에밀이라는 고아를 요람에서 결혼에 이르기까지 이상적으로 교육하는 과정을 서술하고 있는 이 책에서 루소는 사회와 같은 외적 환경, 습관, 편견의 나쁜 영향에서 어린이를 보호해 그의 선한 자연성이 바람직하게 뻗어나가게 해주는 것이 교육의 본 질이라고 이야기한다. 인간은 인의예지(仁義禮智)의 실마리를 갖고 태어나기 때문에 이것을 배양해 야 선한 인간으로 살 수 있다는 맹자의 성선설과 근본적으로 유사한 입장이다. 『파리대왕』과 비교 할 때, 인간성에 대한 낭만적인 희망과 이상주의를 내포하고 있는 입장이라고 할 수 있다.

한 것이며 공포심을 이기기 위해서 사냥은 점점 더 폭력적인 카니발로 변질되어간다. 암퇘지를 사냥하는 장면은 인간은 집단 안에 있을 때, 그리고 그 집단이 이성을 잃고 맹목적으로 욕망만을 추구할 때, 가장 폭력적으로 변화한다는 것을 충격적으로 보여준다. 내걸린 돼지머리는 폭력성의 상징이며 파리대왕이라는 악마적 힘이 세상에 드러나는 순간이다.

사이먼의 눈앞에서 멧돼지 머리는 '파리대왕'이 되어 말을 건넨다. 파리대왕은 자신이 아이들의 일부이며, 계속 자신을 만나게 될 것이라는 위압적 선언을 한다. 사이먼은 끝도 없는 어둠의 심연으로 끌려들어가는 환상을 본다. 내면에 숨어 있던 어두운 본성이 점차 강해져 급기야는 아이들을 지배해버리는 상황을 상징적으로 표현한 장면이다.

새끼에게 평화롭게 젖을 먹이던 암퇘지가 살육을 당해 내걸리고, 그것이 다시 '파리대왕'으로 살아나는 장면은 우리의 이분법적 사고를 뒤흔들어놓기에 충분하다. 선과 악, 질서와 무질서, 문명과 야만은 대립적이면서도 동시적으로 존재한다. 생존을 위해 시작한 사냥은 어느덧 피를 탐닉하는 광란의 카니발로 바뀌어버렸다. 천진무구함은 악한 본성에 패배하고 아이들의 영혼은 피로 얼룩진다.

소라 고둥이 힘을 잃고 피기의 안경이 깨지고 봉화마저 꺼져버린 순간 무인도는 파리대왕의 악마적 힘이 지배하는 섬으로 변한다. 상호간에 대화하고 소통하려는 노력, 공동체를 유지하려는 이성과 지성, 미래에 대한 꿈과 희망은 인간의 어두운 본성을 제어할 수 있는 최소한의 조건이 된다.

어두운 본성은 어떻게 제어되는가

친구를 죽이기 위해 정글을 불태우며 살벌한 추격전을 벌이던 아이들 앞에 순백의 빛나는 제복을 입은 장교가 나타난다. 아이들은 이제 구원을 받아 고향으로 돌아갈 것이다. 제복으로 표상되는 어른들의 세계는 질서와 평화의 상징처럼 보인다. 모든 갈등이 해결되고 행복한 결말만이 남아 있는 동화의 끝장면 같기도 하다.

하지만 순백의 제복, 거대한 순양함이 전 세계의 바다를 휩쓸고 다니는 어른들의 세계는 과연 평화로운가? 이 소설에 등장하는 아이들은 인간의 가장 원초적인 모습을 나타내며, 무인도는 어른들의 세계를 상징적으로 축소해놓은 공간이다. 따라서 순백의 제복이 순수하지만은 않을 것이며, 거대한 배가 휘젓고 다닐 넓은 세계는 더욱 무섭고 복잡한 폭력으로 얼룩져 있으리라는 것을 쉽게 짐작해볼 수 있다.

타락한 섬은 해군장교가 구원해주었다고 하지만 순양함이 바다를 누비고 다니며 행할 악덕은 누가 구원해줄 것인가. 인류의 역사를 돌아보면 침략 전쟁에는 늘 문명세계가 야만세계를 구원한다는 논리가 숨어 있었다. 문명의 이름으로 수많은 폭력이 자행되었다. 19세기에 서양열강들은 서구 문명의 위대함을 전파한다는 명목으로 아시아와 아프리카를 짓밟았다. 지금도 일본은 자신들이 침략자가 아니며,

캠퍼스의 대왕

『파리대왕』은 출판 당시 소년들의 모험이야기로만 여겨져서 별로 주목을 받지 못했다고 한다. 그러던 것이 1960년대 쿠바미사일 위기 때, 핵전쟁에 대한 긴장감이 고조되면서 평단의 주목을 새롭게 받게 된다. 현실 정치의 긴박한 상황 때문에 핵전쟁 이후의 세계를 가정하고 쓴 이 소설의 정치적 알레고리가 실감나게 읽힌 것이다. 이때부터 『파리대왕』은 광범위한 독자층에 호응을 얻으며, 영문학 강의실에서 가장 많이 읽히고 논의되는 작품 중의 하나로 자리 잡았다. 윌리엄 골딩에게 '캠퍼스의 대왕'이라는 애칭이 붙었다는 것에서도 『파리대왕』의 영향력을 알 수 있다.

조선에 근대화의 초석을 만들어준 것이라며 조선병합을 합리화한다. 무인도에서 아이들이 얼굴에 색칠을 하고 거리낌 없이 악행을 저지른 것처럼, 어른들은 제복과 화려한 논리로 무장하고 상대를 억누른다.

인간의 역사에서 발견되는 수많은 악행의 원인은 제도, 문화, 환경 등 다양한 차원에서 찾을 수 있겠지만, 그 모든 것의 근본에는 인간 본성의 어두움이 있다. 이처럼 인간성의 결함이 근본적으로는 인간 자체에 내재된 것이라면 이것에 어떻게 대응해나갈 수 있을까? 플라톤의 『국가』에는 기게스의 이야기가 나온다. 착한 목동이었던 기게스는 투명인간이 되는 반지를 얻게 되고 그때부터 온갖 악덕을 저지르게 된다. 아무리 착한 인간일지라도 자신을 견제해줄 사회의 시선, 도덕적 압박이 없다면 타락의 유혹에서 벗어나기 힘들다는 것이다. 외부적 규제나 질서가 꼭 필요하다.

순자의 성악설(性惡說)도 비슷한 맥락에서 이해할 수 있다. 순자는 인간 본성이 악하다고 지적한다. 하지만 그가 강조하고자 하는 것은 악한 본성이 아니라, 악하기 때문에 오히려 이겨내기 위한 노력이 절실하게 필요하다는 사실이다.

사회적 존재로서의 자신의 위치를 이해할 때 인간은 비로소 도덕적 책임감을 가질 수 있다. 자신의 욕망과 대면하여 이성과 지성을 발휘하는 노력을 할 때 인간은 어두움을 이겨낼 수 있다. 랠프와 잭이 처참한 모험을 겪는 외딴 섬은 선과 악이 끝없이 싸우는 우리들의 고독한 내면의 다른 모습이다. 그리고 순양함이 다니는 망망대해는 더욱더 힘든 도덕적 결단이 필요한 세계인 것이다.

|다|른| |작|품|과| |비|교|하|며| |읽|기|

『1984년』 인간 타락의 중요한 원인은 잘못된 제도에 있다

　인간은 인간으로 태어나는 것이 아니고 인간으로 자라난다는 말이 있듯이, 인간은 사회
화 과정을 통해서 동물과 다른 인간만의 특성을 부여받는다. 이러한 관점에 따르면 인간
의 악함은 본성보다는 사회제도의 문제점에서 비롯된다. 사회가 비도덕적이고 폭력적일
때, 그 안에서 형성되는 인간성 역시 문제가 있을 수밖에 없다. 조지 오웰(George Orwell,
1903~1950)의 『1984년』은 전체주의 사회에서 살아가는 인간의 운명을 사실적으로 그려내
고 있는 작품이다. '빅 브라더'로 상징되는 독재 권력은 국민의 사생활은 물론이고 기본
적인 감정과 욕구까지도 감시한다. 역사는 날조되고 사상은 통제되며 국민은 거짓 이데올
로기에 세뇌된다. 폭력적 사회체제에서 개인이 얼마나 무력한 존재인가를 처절하게 보여
준다. 다음은 『1984년』의 한 부분으로 사회제도에 의해 왜곡된 인간성의 단면이 잘 그려
져 있다.

　　"손들어!" 사나운 목소리가 귀청을 때렸다.

　　귀엽고 야무지게 생긴 아홉 살짜리 사내아이가 테이블 뒤에서 불쑥 뛰어나오며 장난감
　자동 권총으로 그를 위협했다. 그보다 두 살쯤 어린 여자아이도 나무토막을 들고 제 오빠
　흉내를 냈다. 두 꼬마는 스파이단 제복인 푸른색 바지와 회색 셔츠를 입은 데다 붉은 머플
　러를 두르고 있었다. 윈스턴은 머리 위로 손을 들었지만, 기분이 영 께름칙했다. 사내아이
　의 태도가 너무 거칠고 당돌해서 전혀 장난 같지가 않았다.

　　"너는 반역자야! 사상범이라고! 너는 유라시아의 스파이야! 너를 총살하겠다! 없애버릴
　테다! 소금광산으로 보내버리겠다!" 사내아이가 거침없이 떠들어댔다.

(중략)

일 년 후면 이 아이들은 이단의 낌새를 찾으려고 어머니를 밤낮으로 감시할 것이다. 오늘날에는 거의 모든 아이들이 무섭다. 무엇보다도 끔찍한 것은 '스파이단' 같은 조직이다. 스파이단은 제도적으로 아이들을 소야만인으로 개조하여 당의 강령에 조금이라도 반발하지 못하도록 만든다. 반발하기는커녕 당과 당에 관계되는 것은 무엇이든 찬양하도록 만들어버린다. 군가, 행진, 깃발, 등산, 모의총훈련, 슬로건 복창, 빅 브라더 숭배…… 이런 것들은 그들에게 일종의 영광스러운 놀이였다. 아이들의 잔인성은 국가의 적과 외국인을 비롯하여 반역자, 파업자, 사상범에게 향하고 있었다. 서른 살 이상의 부모들이 자기 자식을 두려워하는 것은 거의 보편적인 일이 되어버렸다. 그도 그럴 것이 고자질하는 아이(이들을 흔히 '꼬마 영웅'이라고 한다)가 부모의 대화에서 어떤 위험한 말을 슬쩍 엿듣고는 사상경찰에 고발했다는 기사가 일주일이 멀다 하고 「타임즈」에 실리기 때문이었다.

■■■ Question

1. 아이들의 잔인성은 어떻게 형성되었을까?

2. 당은 왜 스파이단을 만들었을까?

■■■ Expression

위의 제시문을 논거로 이용하여 '잘못된 제도는 인간을 타락하게 한다'는 명제를 한 문단으로 설명해보라.

『도덕적 개인과 비도덕적 사회』 욕망이 인간을 점점 더 폭력적으로 만든다

다음은 라인홀트 니버(Reinhold Niebuhr)의 『도덕적 개인과 비도덕적 사회』 중의 일부이다.

동물에게 있어서 자기 보존의 본능은 자연이 제공해주는 필요한 물질 이상으로 뻗어가지 않는다. 동물은 굶주리면 죽이고, 위험해지면 싸우기도 하고 달아나기도 한다. 사람은 자기 보존의 충동이 대단히 쉽게 세력 증식에의 욕구로 변화된다. 인간의 의식 속에는 이 경향을 유난스럽게 하는 병적인 요소가 있다. 자아 의식이란 무한 안에서 유한을 느끼는 것이다. 지성은 광막한 세계 속에서 에고(ego, 自我)를 하나의 무의미한 점으로 인식한다. 모든 생동적인 자아 의식 속에는 이 유한성에 대항하는 표적이 있다. 그것은 종교에서는 무한에 흡수되려는 욕망으로써 그 자체를 표현한다. 세속적 차원에서는 그것은 인간 자신을 보편화하고 또 자기를 넘어선 어떤 의미를 자기 생명에 부여하려는 인간의·노력에서 그 자체를 표현하고 있다. 제국주의의 뿌리는 그러므로 모든 자아 의식 안에 있다.

일단 자기 자신 이상의 중요성을 얻으려는 노력이 성공하면, 사람은 생명을 위하여 싸운 것과 똑같은 정당성의 느낌을 가지고 자기의 사회적인 출세와 증가된 중요성을 위하여 싸우는 것이다. 자연의 경륜은 방어의 수단이 쉽게 공격의 수단으로 바뀔 수 있도록 해놓았다. 그러므로 생의 의지와 권력의 의지 사이에 명확한 선을 긋기는 불가능하다. 감정에 있어서도 방어 태세와 공격 태세가 혼합되어 있어서 공포가 쉽게 용기로 변하기도 하고, 용기로 얻어진 승리를 공고히 하기 위해 새로운 공포가 생기는 수도 있다.

1. 제국주의의 뿌리가 자아 의식 안에 있다는 말은 무슨 뜻인가?

2. 공포가 용기로 변하고, 승리 때문에 새로운 공포가 생긴다는 말을 설명하라.

■■■ Expression

위의 제시문의 논지에 의거하여 잭 일당이 먹기 위해서 사냥하지 않고, 살육을 위해 사냥을 즐기게 된 원인을 분석해보라.

│영│화│와││명│작││비│교│하│기│

「반지의 제왕」 프로도에게는 있었지만 골룸에게 없었던 것은 무엇인가

인간의 양면성을 보여주는 가장 친근한 캐릭터는 「반지의 제왕」에 나오는 골룸이다. 영화의 중심 소재인 절대 반지는 악의 상징으로 세계의 운명을 좌지우지할 수 있는 절대적 힘을 갖고 있다. 반지는 사람의 마음속에 숨어 있는 욕망을 부추겨 반지의 노예로 만들어버린다. 반지의 힘은 화염 속에서 번쩍이는 거대한 눈으로 표현된다. 온 세계를 감시하고 있는 이 눈이야말로 세계 속에 잠재한 근원적인 어두움을 상징한다. 만물의 근원(아르케)이 무엇인가에 대한 많은 철학적 질문이 있었지만, 「반지의 제왕」이나 『파리대왕』에서는 악마적 힘 또한 근원의 일부라고 말하고 있다. 그래서인지 절대반지나 거대한 눈은 사이먼이 빨려 들어갔던 멧돼지 머리의 컴컴한 아가리와 매우 유사한 이미지이다.

반지의 힘에 휘말리기 시작한 사람은 누구나 할 것 없이 맹목적인 소유욕의 노예가 되고 만다. 주인공 프로도는 반지를 영원히 없애버릴 수 있는 불의 산까지 반지를 운반하는 역할을 하지만 그 역시 반지의 유혹에 끊임없이 시달린다. 착한 호빗(난쟁이족) 스미골은 반지를 차지하겠다는 욕망 때문에 몸도 마음도 타락하여 추악한 괴물인 골룸으로 변해버린다. 골룸의 내면에는 착하고 유약한 스미골이 살아 있다. 프로도와의 약속을 지키자는 스미골과 프로도를 죽여버리고 반지를 차지하자는 골룸은 늘 갈등을 일으킨다.

내면의 싸움은 결국 골룸의 승리로 끝나게 된다. 이미 몸이 추악한 짐승의 형상으로 퇴화해버린 데서 알 수 있듯이, 선의 힘은 미약하기 그지없다. 반지의 유혹이 너무 거대하기에, 스미골은 그 힘을 이겨낼 수 없었던 것이다. 프로도에게는 유혹에 빠질 때마다 그를 붙잡아주는 친구 샘이 있었고, 반지 운반자라는 막중한 도덕적 책임감이 있었다. 질책하고 때로는 위로해주는 친구와 자신을 믿어주는 많은 사람들의 기대가 프로도를 지켜준 것이다. 하지만 스미골과 골룸에게는 무엇이 있었을까? 골룸이 반지의 유혹에서 벗어날 방법은 정말 없었을까?

■■■ Question
반지의 유혹이 있을 때, 프로도와 골룸은 각각 어떤 대응을 하는지 비교하라.

■■■ Expression
골룸이 반지의 유혹을 이겨내기 위해서는 무엇이 필요했을까?
새로운 아이디어를 제시하라.

인간이 악행을 저지르게 되는 근본적인 원인은 본성에 있는 것인가? 아니면 사회 제도(환경)에 있는 것인가? 어느 한 쪽을 선택하여 기술하되, 선한 인간성을 유지하기 위해 필요한 조건에 대해서도 함께 서술하라(유의사항, 『파리대왕』 또는 『1984년』을 사례분석의 예로 활용하라).

명작 속에 숨어 있는 논술

펴낸날　초판　1쇄　2005년　11월 28일
　　　　초판　6쇄　2015년　11월　9일

지은이　이은정·한수영
펴낸이　심만수
펴낸곳　(주)살림출판사
출판등록　1989년 11월 1일 제9-210호

주소　경기도 파주시 광인사길 30
전화　031-955-1350　팩스　031-624-1356
홈페이지　http://www.sallimbooks.com
이메일　book@sallimbooks.com

ISBN　978-89-522-0447-9　43100